"十四五"职业教育国家规划教材

高职高专应用写作

（第三版）

主 编 陈君奇 宋亦佳
副主编 马兴波 樊 键 杨 婷
　　　　方爱莲 陶 虹

中国财经出版传媒集团
中国财政经济出版社

图书在版编目（CIP）数据

高职高专应用写作／陈君奇，宋亦佳主编． －－3 版
． －－北京：中国财政经济出版社，2023.8（2024.1 重印）
"十四五"职业教育国家规划教材
ISBN 978 – 7 – 5223 – 2388 – 6

Ⅰ．①高… Ⅱ．①陈… ②宋… Ⅲ．①汉语 – 应用文 – 写作 – 高等职业教育 – 教材 Ⅳ．①H152.3

中国国家版本馆 CIP 数据核字（2023）第 142828 号

责任编辑：樊　闽　　　　　责任校对：胡永立
封面设计：卜建辰　　　　　责任印制：张　健

高职高专应用写作
GAOZHI GAOZHUAN YINGYONG XIEZUO

中国财政经济出版社 出版

URL：http：//www.cfeph.cn
E – mail：cfeph@ cfeph.cn
（版权所有　翻印必究）
社址：北京市海淀区阜成路甲 28 号　邮政编码：100142
营销中心电话：010 – 88191522
天猫网店：中国财政经济出版社旗舰店
网址：https：//zgczjjcbs.tmall.com
北京密兴印刷有限公司印刷　各地新华书店经销
成品尺寸：185mm×260mm　16 开　14.25 印张　347 000 字
2023 年 8 月第 3 版　2024 年 1 月北京第 3 次印刷
定价：42.00 元
ISBN 978 – 7 – 5223 – 2388 – 6
（图书出现印装问题，本社负责调换，电话：010 – 88190548）
本社质量投诉电话：010 – 88190744
打击盗版举报热线：010 – 88191661　QQ：2242791300

编写 说明

本书是"十四五"职业教育国家规划教材，作为全国高职高专院校公共基础课教材使用。

为了满足高等职业教育的实际需要，坚持"以服务为宗旨，以就业为导向，走产学研结合的发展道路"修订本教材。本次教材修订贯彻落实党的二十大精神，把全面推进习近平新时代中国特色社会主义思想和党的二十大精神进教材作为首要任务，结合学科特点，发挥育人作用，将价值塑造、知识传授和能力培养三者有机融合，同向发力，形成育人合力。注重讲故事、用案例，以小见大，增强现实感，确保习近平新时代中国特色社会主义思想和党的二十大精神进教材落实到位，发挥铸魂育人实效。本教材在每个项目中都加入了思政元素，课程思政中融入二十大精神，将专业知识点与课程思政有机融合，坚持教书与育人并行，用习近平新时代中国特色社会主义思想铸魂育人，引导学生做有理想、敢担当、肯奋斗的新时代好青年。

本次教材修订认真落实新职业教育法，结合多年教学中的实践经验，以实用文体为重点，以培养和提高学习者的写作能力为目标，以写作训练为主线，强化基础能力，适应"职教高考"的发展需求，旨在培养学习者的应用写作技能。

本教材属于社会应用写作学的范畴，内容编写具有两大特色：一是对写作理论进行全面讲解，为写作打好理论基础，使写作规范化；二是经济应用文的内容直接反映当下经济形势，用理论指导实践，目的明确，实用性强。

本书由陈君奇、宋亦佳担任主编并作如下编写分工：宋亦佳编写第一章（第一节和第二节的第一至第四），樊键编写第一章（第二节的第五）和第二章（第五节），陈君奇编写第二章（第一节至第四节），陶虹编写第三章，杨婷编写第四章，方爱莲编写第五章，马兴波编写第六章。由杨婷初审，陈君奇终审。本教材通过对应用文基础知识的讲授和应用文写作训练，培养学生阅读和撰写应用文的能力。每章节按"情景导入""基础知识""例文分析""情境写作""相关知识""综合练习"等内容安排结构。

本书为任课教师提供了课后习题答案和电子课件，如需要获取相关教材配套资源，请以电子邮件形式联系中国财政经济出版社，Email：caijingjiaocai@163.com，也可访问如下网址下载：http://jiaocai.cfeph.cn。

本教材在编写过程中总结继承了前辈教师的经验成果，参阅并引用了相关教材、专著和报刊，特作说明，并向原作者表示诚挚的感谢！由于编写时间有限，书中难免有不足和疏漏之处，我们将听取各方面的意见，不断修订完善。

编　者

2023 年 7 月

目 录

第一章 应用文概述 (1)
    第一节 应用写作概述 (1)
    第二节 应用写作基础知识 (4)
    综合练习 (9)

第二章 党政机关公文 (12)
    第一节 概述 (13)
    第二节 党政机关公文的种类 (16)
    第三节 党政机关公文的行文规则 (18)
    第四节 党政机关公文的格式 (22)
    第五节 常用公文写作 (30)
    综合练习 (59)

第三章 事务文书 (66)
    第一节 概述 (66)
    第二节 计划 (69)
    第三节 总结 (76)
    第四节 调查报告 (83)
    第五节 简报 (90)
    第六节 规章制度 (95)
    综合练习 (105)

第四章 经济专用文书 (112)
    第一节 概述 (112)
    第二节 经济合同 (114)
    第三节 市场调查报告 (119)
    第四节 市场预测报告 (126)
    第五节 经济活动分析报告 (135)
    第六节 审计报告 (141)
    综合练习 (148)

第五章　经济事务文书 (152)
第一节　经济新闻 (152)
第二节　意向书 (160)
第三节　协议书 (163)
第四节　招标书　投标书 (166)
第五节　催款书 (174)
第六节　财务情况说明书 (176)
综合练习 (182)

第六章　礼仪文书 (186)
第一节　求职信　感谢信　慰问信 (186)
第二节　个人简历 (194)
第三节　邀请函 (197)
第四节　启事 (199)
第五节　申请书 (203)
综合练习 (207)

主要参考文献 (209)

附录 (210)

第一章
应用文概述

情景导入

目前，第四次工业革命已经深入家庭、学校、社会，人类进入全民信息化时代，获取信息和知识的成本大大降低，人人都可以从各种平面媒体、立体媒体、交互媒体等渠道获取信息。在处理纷繁复杂的信息时，一个重要环节是"信息记录"，这一环节在实际生活中的应用和体现便是应用文写作。随着时代的发展，应用文写作在社会生活中的作用越来越大，使用越来越频繁。为了适应未来职场需要，大学生需要具备各类文书的写作能力，如通知、通报、请示、报告、会议纪要、商品广告、营销推广计划等；着眼日常，也面临着各类私人文书的写作，如求职信、邀请函、申请书以及各类电子网络文体，如博客、微信等。著名教育学家叶圣陶先生说过："大学毕业生不一定要能写小说诗歌，但是一定要能写工作和生活中实用的文章，而且非写得既通顺又扎实不可。"大学生只有具备了应用文写作基本技能，才能适应工作和生活需求，顺利融入社会。

写作对工作生活和社会生产的重要影响已成为人们的共识，应用文是信息时代不可替代的重要传播手段和工具。大到管理国家、处理政务、发展科学、推广成果，小到日常生活中传递信息、交流思想，都离不开应用文。随着社会的发展，应用文写作的要求也逐步提高，文体格式也逐步完善。写好应用文是当今社会公民的基本素质之一，作为大学生则更必须学好应用文，学会应用文写作。

第一节　应用写作概述

一、应用文的概念

应用文是国家机关、企事业单位、社会团体以及个人在工作、学习和日常生活中用来处理事务的具有实用价值和法定或惯用格式的文体。随着社会经济的发展，应用文作为一种工具文书，它的信息载体功能越来越被人们所重视。应用写作是写作学科的一个重要分支，它是以应用文书为写作、学习和研究对象，以实用性为特点的写作形式。

二、应用文的特点

应用文既是以实用为目的的写作文种，又是研究应用文体写作基本理论、基本知识与技能技巧的一门学科。因此，应用文作为一种独立的文章样式，具有如下特点：

（一）应用性

应用文是公务往来中最常用、最实用的文种，具有服务社会管理、经济要务的功能。应用文写作"因事而发"，是为了解决实际问题或达到某种目的而进行的写作。如写一篇请示，是为了向上级请求批准办理某件事项；写一份申请书，是个人或集体需要向组织表达某种愿望。应用文写作直接关系到人们日常事务的处理和工作的进展，所以，应用性是应用文最根本的特点。

（二）程式性

应用文在格式上具有程式性，即应用文写作一般都有比较固定的格式，一旦约定俗成，即具有相对稳定的特点。

1. 人们在长期使用中约定俗成的惯用格式。如请假条，标题"请假条"居中写在正上方，下一行顶格写称谓，后标冒号，正文另起一行空两格，正文右下方落款。

2. 政府部门统一规定的法定格式。如《国家行政机关公文处理办法》中规定了 15 种文种的机关公文通用纸张的尺寸、规格、书写格式和公文各组成部分的排列顺序等，并且对文种的使用有严格的规定。法定格式必须遵守，不得违反，不能混用，使得公文的撰写有"格"可依，有"式"可循。

（三）真实性

应用文写作都是为了解决某个具体问题，因事而写。因此，它的内容必须客观、准确，要实事求是地反映情况，真实地叙述、记录或报道事物或者意见。应用文的真实性特点不允许作者主观臆造、歪曲事实、文过饰非，也不能任意夸大或缩小事实。如一篇市场预测报告，如果材料不真实，仅凭作者的猜测推断来杜撰，不但不能达到解决现实生活中实际问题的目的，还会造成重大的经济损失。

（四）时效性

时效性主要是指写作的及时性和作用时间的有限性。处理公务的应用文一般都比较讲究时效。有些问题亟待解决，必须及时行文，否则会贻误工作，造成损失；有时延误了时间，便会失去实用价值。所以应用文不但要求写作及时，而且要求办理及时。如会议通知要及时发出，否则就会影响会议的召开；制度的制定要标明生效或执行的具体时间。

三、应用文的作用

应用文作为一种工具，对社会的发展和进步都起着极其重要的作用，主要表现在以下几个方面：

（一）贯彻政策，指导工作

党和国家对整个国民经济活动进行领导、掌握和管理所制定的路线、方针、政策是通过各种文件和文书来下达的。如上级机关发布的决定、意见、通知，都起着管理和约束的作用，下级机关必须遵照执行或根据本地区的实际情况参照执行。这些应用文从不同程度上规范人们的行为，在维护正常社会秩序、安定社会生活、保障公民的合法权益等方面都起到了重要作用。如果没有应用文，法规政策将得不到贯彻执行。

（二）传播信息，宣传教育

机关、团体、企事业单位经常利用应用文来交流信息、联系工作、洽谈业务。如国家利用应用文来上传下达；基层利用应用文来加强联系；人们利用应用文来交流思想；各企业利用应用文宣传企业文化、理念和形象，以此提高了经济效益。同时，应用文经常以总结经验教训、表彰先进和批评错误等为主题，通过舆论进行宣传批评教育，以提高工作质量和文化素养。

（三）记载史料，归档凭证

应用文的写作素材来源于工作、学习、生活实践活动以及通过调查研究所获得的全部事实。应用文往往被作为文献资料或历史档案予以立卷归档，作为今后检查和监督的依据，如计划、总结、审计报告等。而有些法规、政策、条据、合同等既是工作生产中的凭证，又具有法律效力，特别是有关财、物交易的。行政公文是施政的依据和准绳，其凭证作用更加明显。所以，应用文作为一种文字记录载体，具有凭证和依据作用。

【例文】

求职信

尊敬的××商业大厦经理先生：

　　昨日阅毕《××日报》，获悉贵公司招聘会计三名。我毕业于××财经学院会计专业，自问对于此项工作尚能胜任，故大胆投函应征。

　　作为一名会计学专业的学生，我热爱这个专业，并在大学四年的学习生活中为其投入了巨大的热情和精力。求学期间，我主修电算化会计专业，并参加过计算机操作技能的严格训练，这使我有能力在贵公司这样一家专业化水平比较高的单位任职时熟练运用计算机处理各种会计业务。此外，人际关系和心理学方面的训练，将有利于我与公司客户建立融洽的业务关系。

　　我曾在××百货公司做过业余会计工作，在实践中受益匪浅，随后还在该公司任财务分析员，时间长达两个月。其他关于该项工作的任职资格，请见随信附后的个人简历。

　　处于人生精力最充沛时期的我，渴望在更广阔的天地里展露才华，期望在实践中得到锻炼和提高，因此我希望能够加入贵公司以进一步提高自己。感谢您在百忙之中给予我的关注，给我一片蓝天，我将还您一份惊喜。热切期盼您的回音！

此致

敬礼

求职人：×××
2020 年 4 月 15 日

　　附：（1）个人简历

　　　　（2）相关资料：成绩表、奖状证书等

　　　　（3）联系方式：（略）

【评析】

这封求职信主旨鲜明，明确提出了求职要求，清楚地阐述了作者所具备的特长和能力。语言平实，态度诚恳。格式完整、规范。附上资料，增强对应聘者的信任。

【技能训练】

一、从结构和语句上，指出下文所存在的问题

申请书

××××厂人事处：

我于 2015 年 8 月参加工作，至今已有五年工龄。由于领导对我不重视，致使我得不到发展。我觉得我的能力能够找到更好的工作，所以决定辞职。正好现我与本单位所签订的劳动合同也已到期。

特此申请，请领导慎重考虑。

申请人：×××
2020 年 3 月 22 日

二、情境写作

你的家庭经济条件不太理想，现在学校有贫困补助的名额，你想减轻家庭负担，申请贫困补助，请你向学校写一封申请书。

第二节　应用写作基础知识

一、应用文的主题

（一）主题的含义

主题又称主旨，应用文的主旨是指通过文章的具体材料所表达出来的基本思想或基本观点，即该篇应用文要解决的问题，包含作者对文章中所反映的客观事物的基本认识、理解和评价。

（二）主题的作用

1. 主题是文章的灵魂。主题是文章的灵魂，决定着文章的质量。一篇应用文，如果只是罗列材料，没有说明什么问题、解决什么问题，就不可能对工作起到任何帮助作用。所以只有主题确立，才有益于工作的开展。

2. 主题是文章的统帅。写文章提倡"以意为主"，体裁的确定、材料的选择、结构的安排、表达方式以至遣词造句都要为表达主题服务。所以应用文的主题形成，往往是"意在笔先"。

（三）主题的要求

1. 正确。应用文的主题要正确，必须符合党和国家的方针、政策、法律、法规，同时

还须符合客观实际、揭示客观事物的本质规律。因此作者必须从客观实际出发，详细把握材料，进行深入分析、归纳，从材料中提炼出合乎实际的正确结论。

2. 鲜明。应用文的主题必须鲜明，赞成什么、反对什么、什么可以做、什么不能做，都要表述得清楚、明白，不可模棱两可、含糊其辞。应用文的写作目的，是为了办好事情，所以哪些事情该办或不该办、怎样办，都应写得明白无误，没有歧义。

3. 集中。主题集中是指主题的简明和单一。应用文讲究一文一事，要围绕一个中心把问题说深说透，同时要限定文章的范围，集中笔力解决一个问题或一个方面的问题。主题集中能防止行文混乱，使表达有条理，便于迅速传递信息，提高办事效率。

4. 深刻。主题深刻是指应用文主题要具有一定深度，能揭示事物的本质及其内部规律。比较重要的应用文往往善于抓住事物的主要矛盾，发掘具有实质性和倾向性的问题，提炼出规律性的认识和行之有效的工作措施，提出推进社会发展的有益见解。

二、应用文的材料

（一）材料的含义

材料是人们为写作而搜集的各种理论和事实的依据。应用文的材料是用以表达主题的事例、数据、资料以及相关的政策、法规、文件和条文等。一是事实材料，包括具体事例、统计数据、现实情况、人物和事件等；二是理论材料，包括党的方针政策、法律法规、上级指示精神、名人名言、公式定理等。

（二）材料的来源

1. 观察。观察要确立观察点，了解事物和现象外部的形态及特征，同时又须进一步透视其内在本质，研究其运动规律。观察后要善于思考，要能发现问题、提出问题，并对事物进行科学判断。

2. 调查。调查就是从现场或知情者处了解真实情况，进行分析研究，认清本质，抓住要点。调查是获得第一手材料的重要方法，撰写应用文，更应该注重调查研究，要弄清事实真相，摸清规律，做到心中有数再下笔。

3. 检索。检索包括读书看报、翻阅档案，并从中查找同类问题或相关问题的现实研究资料及历史资料。这些资料的搜集与积累，对研究问题、撰写文章有重要的借鉴作用和参考价值。若想写好财经应用文，作者就必须要及时查阅和搜集与国家的路线、方针、政策、法规等相关的文件以及能反映新经验、新问题的文字材料。

（三）选材的要求

1. 真实。要确有其人其事，符合实际情况。不能凭空想象，也不能夸大或缩小。选用二手材料时，要注意考察其可靠性，核实其真实性。财经应用文写作所选用的材料要绝对真实，对材料中的时间、地点、人物、事件的过程及具体的数据加以核实。真实性是它的生命，它决定着应用文的实用性。

2. 典型。典型性是指材料所具有的代表性和普遍意义，能起到以少胜多，以一当十的作用。典型性材料能够反映事物的共性和特征，揭示事物的本质和规律，对证明观点有很强的说服力。应用文需要在有限的篇幅中给读者传递核心信息，所用材料必须是典型事例。

3. 新颖。要选择具有新颖性的材料，因为新颖性材料往往反映新事物、新情况、新思想，更符合时代特点，容易引起共鸣，给读者以思想上的启迪。财经应用文本身具有很强的时效性，要选择时间最近、思想最新的材料，以便及时反映新成果、新经验、新问题。

三、应用文的结构

（一）结构的含义

应用文的结构，是指对其内容进行组织安排后构建出的观点与材料、内容与形式有机组合的骨架。它包括两层含义：一是文章的总体格式；二是对文章的层次、段落、开头、结尾、过渡、照应和主次等具体写作规律要求。应用文的结构要完整严谨、纲目清楚、层次分明、言之有序，避免松散与重复。

（二）结构的类型

1. 篇段合一式。一个段落就是一篇完整的文章，如条据类应用文。
2. 分段式。把正文内容在同一个主旨下分成几个部分写作，一般情况下开头写明缘由，主体写清具体事项，结尾写出要求。
3. 表格式。不少经济类文书，由于涉及数字较多，采用此方式结构写作一目了然。
4. 条文式。在行文中，分条列项，排列有序，简洁明了。法律法规、规章制度等常采用这种结构。
5. 条文表格式。此结构开头和结尾用文字表述，主体部分采用文字与表格相结合的方式写作。

有些应用文正文主体内容较多，可按思维方式组织结构。

1. 纵式结构。即按事物发展的过程，分层次安排材料，层层推进，说明观点，揭示规律。
2. 横式结构。即按事物的不同性质分几个问题进行叙述，逐层表述观点，揭示问题的实质。其层次之间是并列关系。
3. 纵横交错结构。它是以上两种方式的结合，既考虑时间的先后顺序，体现事物发展的过程；又可以按内容性质分类，突出几个问题，事理结合。

（三）结构的要求

1. 完整。完整是指文章材料和观点统一，详略得当，重点突出，符合格式要求。
2. 连贯。连贯是指文章思路明晰，条理清楚，语言紧密衔接，逻辑性强，脉络分明。
3. 严密。严密是指文章结构精当严谨，顺理成章。

四、应用文的语言

应用文的语言总体上属于事务语体，尽管不同的应用文在用语习惯和用语规范上有其各自的特点，但都具有以下几个方面的共性：

（一）书面化

应用文的写作有规范得体、明白晓畅、不悖事理、表意恰如其分、行文干净利落，语体典雅庄重等要求，而书面语能较好地达到这些语言要求，因此应用文语言大多采用书面语。

（二）程式化

大多数应用文的习惯用语是长期以来约定俗成、相习沿用而不能随意改变的。常用的程式化语言大致有如下内容：

称谓用语：该局、贵厂、本部、你、我等；

开头用语：根据、为了、关于、按照、遵照、兹、随着、由于、据悉、现将等；
结尾用语：为荷、为盼、此致、敬礼等；
征询用语：是否、当否、妥否、可否、如无不妥等；
经办用语：兹经、业经、经研究、商请、部署等；
期请用语：恳请、希、敬请、请、务请、拟请等；
表态用语：遵照执行、即办、同意、照办等；
敬谦用语：蒙、承蒙、企盼等。

（三）特定性

应用文有特定的语法类型，一般多采用陈述句、肯定句，较多使用无主句，极少使用感叹句，而且句子成分大量使用介宾短语作定语和状语。

此外，应用文在词语的选择上还具有以下特点：

1. 常用介词，少用修饰性词语。
2. 常用规范的专用词语，少用语气词。
3. 常用文言词语，少用口语。

五、应用文的表达方式

应用文是实用性文体，其文体特点和写作目的决定了应用文的表达方式主要以叙述、议论和说明为主，极少采用描写和抒情。

（一）叙述

叙述是应用文书的基本表达方式，可以作为以陈述情况为主的情况报告、表彰或处分通报、市场调查报告等文种的主要表达方式。交代背景、介绍文章涉及的人、单位或事件的基本概况、事物发展变化过程以及相互关系都离不开叙述；为议论提供事实依据也要用到叙述。

应用文书的叙述特点：

1. 记事为主。应用文写作反映现实，解决问题，与记叙文以写人为主不同，应用文书多以记事为主。

2. 概括叙述。应用文书对叙述的要求是概括准、线条粗。只注重对事件的整体勾画，不要求细节的具体、内容的详尽。只叙述与表达主旨、说明问题有直接关联的部分，或者只是综合地、概括地叙述若干人或事的共同点。

3. 多用顺序。为使应用文条理清晰，让读者掌握理解所述的客观事实，在文章中常常使用顺序。在叙述时有的则按照时间顺序，有的以事件发展为顺序，有的则按人们认识的客观过程来叙述，这样叙述能使较复杂的事实头绪清晰、一目了然。

4. 语言平实。应用文的语言要求平铺直叙，较少使用修饰性词语，笔法较朴实。

（二）说明

以说明的方式来介绍背景材料和环境，可以为叙述起到铺垫作用。

应用文书的说明特点：

1. 科学性、客观性。说明要客观地反映事物的真实面貌和本质特征，所以要求说明必须内容科学、态度客观，尽量不掺杂个人的主观见解和评论。

2. 准确性。说明事物表述要准确，解释事理时，语言要准确、精当，恰当运用术语，抓住事物的主要特征。

3. 综合使用多种说明方法。在说明方法的使用过程中，常常多种方法结合起来使用。如数字说明和比较说明、定义说明和分类说明等说明方法结合运用，这样可以把事物说得更具体、准确。

（三）议论

议论在应用文中运用很广泛，如发表意见、阐明道理、做出评价、批驳他人观点等，但大多数应用文往往不单独进行完整的议论，只就所叙述的事实和说明的现象进行分析、议论。

应用文书的议论要求：

1. 观点正确、鲜明。观点正确就是必须用科学的态度提炼观点，使观点符合客观规律，经得起实践考验；鲜明就是观点要集中、突出。

2. 论据充分、可靠、典型。论据充分，理由才令人信服；论据可靠、确凿，才能保证观点的正确；论据典型，见解才深刻。

3. 论证严密、合乎逻辑。用论点论证观点的过程中，要恰当安排材料，进行合理推理，使观点和材料高度统一，论点与论据完全一致。

【例文】

关于到西格玛软件职业技术学院交流学习的函

西格玛软件职业技术学院：

为学习贵校创新创业的经验和做法，加强校际间的交流，东华高等专科学校于2020年10月10日上午，由张辉校长带领3名教师到贵校进行交流学习，现将有关事项函告如下：

一、参加学习人员名单

张　辉　校长

陈　哲　就业指导中心主任

黄　伟　信息工程系主任

李海靖　团委书记

二、联系人及电话

李海靖　团委书记　电话：188××××××××

东华高等专科学校
2020年9月30日

【评析】

这是一篇函，函适用于不相隶属的机关之间商洽工作、询问答复。从内容上来看，本文属于一篇公务拜访函，篇幅短小，结构清晰，言简意赅地说明了拜访的目的、时间、人员、地点等重要信息，语气平和有礼。函是党政机关、企事业单位、人民团体在公务活动中经常使用的文书，本文的写作值得借鉴学习。

【技能训练】

一、从内容和格式的写作要求上，简析下面这份会议通知不恰当的地方

××市人民政府
关于召开区、县旅游工作会议的通知
×府发【2020】×号

各区、县人民政府：

　　为部署2020年下半年旅游工作，进一步发展我市旅游事业，定于2020年6月15日（星期一）下午2时，在市府第一会议室（长江路108号）召开区、县旅游工作会议，会期半天，请各区、县分管旅游工作的副区长、副县长和旅游局长准时出席。

××市人民政府（公章）
2020年6月3日

二、情境写作

学校要进行主题班会比赛，请你为班级写一个活动计划。

【相关知识】

　　语体是指适应不同的社会活动领域的交际需要所形成的，具有一定功能风格特点的语言表达体式，是语言交际历史发展的产物。一般可划分为口头语体与书面语体，又可再分为文艺语体、政论语体、科技语体、事务语体等类型。事务语体与文艺语体的区别如表1-1所示。

表1-1

名称	事务语体	文艺语体
思维方法	抽象思维	形象思维
社会功能	实践指导、说明事理、阐述道理	艺术感染、引起共鸣、产生联想
感情色彩	客观的，具有理智性	主观的，带有浓厚感情
语言特点	程式性、抽象性、常规性	情意性、形象性、变异性
表现形式	简约、朴实、平直、明快、严肃	繁华、藻丽、典雅、含蓄、幽默

综合练习

一、不定项选择题

1. "为荷""为盼""此致"属于（　　）。
   A. 征询用语　　　　　　　　　　B. 表态用语
   C. 结尾用语　　　　　　　　　　D. 经办用语

2. "恳请""敬请""拟请"属于（　　）。
   A. 征询用语　　　　　　　　　　B. 表态用语
   C. 期请用语　　　　　　　　　　D. 经办用语

3. 叙述的要求是（　　）。
   A. 交代明白　　　　　　　　　　B. 详略得当

C. 线索清楚 D. 形神兼备
4. 常用的过渡形式有（　　）。
A. 过渡段 B. 文言词语
C. 过渡句 D. 关联词语
5. 材料的可靠的含义是（　　）。
A. 必须是生活事实 B. 必须是直接获取的
C. 必须真实、确凿 D. 必须符合艺术真实
6. 应用文所用的材料必须是（　　）。
A. 现实事件 B. 传奇故事
C. 特殊事例 D. 典型事例

二、填空题

1. 在生活和工作中，最具有实用价值的文体是_____。
2. 应用写作，是以_____为目的的写作。
3. 应用文具有_____、_____、_____和_____的特点。
4. 应用文在国家管理和社会生活中的重要作用包括_____、_____、_____。
5. 主题的要求有_____、_____、_____、_____。
6. 应用文的材料分为_____材料和_____材料。
7. 应用文的语言具有_____、_____、_____、_____的特点。
8. 应用文的表达方式主要以_____、_____、_____为主。
9. 材料是人们为写作而搜集的各种_____和_____的依据。
10. _____是文章的灵魂，决定着文章的质量。
11. 应用文的材料来源于_____、_____、_____。
12. 应用文语言大多采用_____进行书写。
13. 应用文书的基本表达方式是_____。

三、判断题

1. 应用文是人们在工作、生活中为了处理具体事务及相互沟通时使用的具有一定格式的文书。（　　）
2. 应用写作所采用的是事务语体，而不是文艺语体，这是由应用写作的运用范围、思维方式决定的。（　　）
3. 应用文"材料真实"的含义是材料必须是直接获取的。（　　）
4. 涉及事项较多的应用文可以采取"一文多事"。（　　）
5. 广告也属于应用文，但写作广告文可以积极使用修辞。（　　）
6. 应用文是一种独特的文体，与其他文体如记叙文、议论文等没有联系。（　　）

四、改错题

1. 应用文的性质、特点决定了它的表达方式主要有三种：叙述、描写和议论。

2. 结构完整是应用文的生命。

3. 某总结的正文为:"鸿城购物中心3月份共完成销售额900万元,相比2月份的1 500万元降低了60%。"

4. 某凭证性条据的正文为:"肖平从公司财务部借到人民币2 300元整。"

5. 某通知的正文为:"各单位、各部门可以多种形式自行组织学习、宣传《交通安全法》"。

6. 某报告的正文为:"泥石流把乡政府的办公楼冲得片甲不留,重建的压力导致乡财政捉襟见肘,雪上加霜。"

五、分析下面这份简报开头部分所存在的问题

当有关职能部门屡屡叹息大学生思想政治工作特别难做的时候,当有些政工干部对大学生产生的一些深层次问题难以处理、感到一筹莫展的时候,最近,我校×单位和×单位却独辟蹊径,联合举办了"青年理论工作者系列讲座",请我校一些学有成就的青年教师联系自己的成长,现身说法,从理论高度和大学生进行思想和情感的交流,受到了大学生的欢迎。讲座设在窗明几净、一尘不染的××大楼201教室,只靠一张海报,吸引了难以计数的听众。每次讲座,教室里济济一堂,座无虚席,有时甚至人山人海,摩肩接踵,拥挤不堪,热闹非凡,别有一番气氛。(某份简报开头部分)

第二章
党政机关公文

情景导入

武松为何相信官府"印信榜文"

　　《水浒传》中武松打虎的故事大家都熟知。阳谷县某酒家因酒好号称"三碗不过冈"。武松来到酒店，店小二只筛了三碗酒给武松，便不卖酒给武松了。武松逼店家卖酒给他，共吃了十五碗，便向景阳冈走去。酒家连忙赶出来阻止，说山上有老虎，已伤了二三十条大汉的性命，要来往客人结伙成对白天过冈。武松说自己是清河县人，这景阳冈少说也走了一二十遭，从没听说过有老虎，说店家拿这鸟话来吓他，即便有，他也不怕。

　　武松不相信酒家的话，仍上了景阳冈。他走了四五里路，见冈下一棵大树被刮去了皮，一片白，上写两行字："景阳冈的老虎伤人，过往客商，只能在白天三个时辰结伙成队过冈。"武松认为这又是酒家诡诈，惊吓客人，要客人去酒店歇宿。他不理，仍往冈上走。又走出半里多路，来到一个败落的山神庙前，见这庙门上贴着一张"印信榜文"，上面写的内容和店家说的一样。武松这才真的相信确实有老虎，想转身回去，又怕店家耻笑他不是好汉，只好硬着头皮仗着酒胆继续往冈上走……

　　这旧时官府的"印信榜文"就如同今天的党政机关公文，为什么武松看了"印信榜文"才真正相信冈上有老虎呢？因为这官府的"印信榜文"就如同今天的"通告"，它的发文机关是阳谷县衙，是国家权力机关，代表国家的权威，这"榜文"格式规范，还郑重地盖上官府的大印，是具有法定效力的文书，不由得武松不信。

第一节 概 述

一、党政机关公文的含义

2012年4月16日，中共中央办公厅和国务院办公厅联合下发的《党政机关公文处理工作条例》（以下简称《条例》）第三条规定："党政机关公文，是党政机关实施领导、履行职能、处理公务的具有特定效力和规范体式的文书，是传达贯彻党和国家方针政策，公布法规和规章，指导、布置和商洽工作，请示和答复问题，报告、通报和交流情况等的重要工具。"

二、党政机关公文的特点

（一）鲜明的政治性和政策性

从党政机关公文基本职能来讲，它承担着传达贯彻党和国家路线、方针、政策，实施党的领导和国家的行政措施，处理党政机关事务的功能。它还直接体现着党和国家明确的政治意向、政治立场、政治意志和坚定的政策原则，是人民根本利益的直接反映。因此，它与党的路线、方针、政策，上级的指示精神和国家的政务、法律法规都紧密相关，体现了鲜明的政治性和政策性。

我国党政机关公文中，用命令（令）、决议、通知等发布行政法规和规章，这一类是发布政策，法令，阐述政策措施的；另一类虽然不是专门阐述政策的，如通报、函、纪要等，也体现着党和国家的有关政策。所以说，党政机关公文的制发是一项政治任务，是一项严肃的工作，公文中提出的观点、意见、办法等都必须正确地体现党和国家的路线、方针、政策。

（二）法定的权威性

公文法定的权威性表现在作者的权威性。党政机关公文不是谁都可以任意制发的，是由法定的作者制成和发布的。每个党政机关都被赋予一定的职能和权力，公文是党政机关根据法定的权限和职责制作和发布的，也就是说，文件以机关的名义或机关的某一部门的名义制发，代表着制发机关的法定权威，具有法律性和政策性，它要求有关组织和个人必须严格执行。

公文法定的权威性还表现在公文内容的权威性。公文的内容不仅要求有关单位和个人必须了解，而且要求必须遵守或执行。有禁必止，有令必行，以法定的服从为前提。如党中央的文件，就代表着党的中央委员会这一党的最高领导机关的法定权威，传达的是党中央的意见。

（三）特定程式的规范性

党政机关公文与其他文书的明显区别是具有特定的程式化的特点。程是程序，式是指格式。

公文有规定的处理程序，公文的制发和办理必须按照规定的程序。比如公文的制发，必须有起草、审核、签发的程序。文稿签发前，应当由发文机关的办公室进行审核，然后再报送本级机关的负责人审批签发。任何人不得违反上述程序擅自处理，只有这样才能保证公文运转和公文办理的科学化、规范化和制度化，才能维护公文的严肃性和权威性。

公文的特定格式就是公文的表现形式。公文格式的范畴包括公文采用的介质、公文印制要求、公文中数据的表示、公文各要素的排布等内容。特定格式要求公文的排布和标志要素统一规范，要标准化，不能随心所欲，另搞一套。这也是为了维护公文的严肃性和权威性的重要保证。

三、党政机关公文的作用

（一）领导指导作用

各级领导机关通过公文可以把党和国家的方针、政策和自己的决策、要求、意见等内容传达给下级组织和广大干部群众，或部署各项工作，安排具体事务，对下级的工作进行具体领导和指导。

（二）法规准绳作用

党政机关制发的公文，一个显著特征是有特定效力，是党和国家执政和行政的具体体现，具有法律层面上的要求。不仅是对机关，对个人也有一定的制约作用，如命令、决定等。要求必须据此作为公务活动的准绳，不得超越规定的范围。

（三）联系沟通作用

机关公文在各机关之间的协调联络作用越来越重要、越来越广泛。一个机关的工作活动，不是孤立运行的，通过公文的运转可以沟通上下级的联系，使上情下达、下情上报。上级机关一般利用公文把法律、法规、方针、政策传达下去；下级机关要用公文向上级机关报告情况和请示问题。同时，在平级机关之间和不相隶属的机关之间，通过公文往来，可以协调关系、商洽工作、交流信息、沟通情况。因此，公文是联系和沟通上下左右机关单位关系的重要纽带。

（四）传递信息作用

公文是传递信息的重要工具和渠道。党和国家的方针、政策、重大决策部署等重要信息，常常是通过公文这一重要载体的传递来实现的。比如，下级机关通过接收上级机关的指示、决定、通报、通知等公文，就能及时掌握上级机关传递出的信息，及时跟进和开展好工作。通过信息的及时传递，各项工作得到及时的处理和解决，从而保证了各级机关的工作有序运转。

（五）凭据作用

公文记录着机关的公务活动。通常情况下，文件在传递信息、联系公务的同时，也具有一定的凭据作用。对于受文机关来说，不论是上级机关还是下级机关，或是不相隶属机关之间，都可将所受的文件作为安排工作、处理具体事务的依据。比如，上级机关在制发公文时，以下级机关反映的情况为依据。同时，公文也是各级机关公务活动的历史记录，是机关史料的积累，所以公文在完成了它的现行作用之后，都要立卷归档保存，对今后的工作起记载、凭证和查考的作用。

【例文】

教育部 财政部关于实施中国特色高水平
高职学校和专业建设计划的意见

教职成〔2019〕5号

各省、自治区、直辖市教育厅（教委）、财政厅（局），新疆生产建设兵团教育局、财政局：

为深入贯彻落实全国教育大会精神，落实《国家职业教育改革实施方案》，集中力量建设一批引领改革、支撑发展、中国特色、世界水平的高职学校和专业群，带动职业教育持续深化改革，强化内涵建设，实现高质量发展，现就实施中国特色高水平高职学校和专业建设计划（以下简称"双高计划"）提出如下意见。

一、总体要求

（一）指导思想

以习近平新时代中国特色社会主义思想为指导，牢固树立新发展理念，服务建设现代化经济体系和更高质量更充分就业需要，扎根中国、放眼世界、面向未来，强力推进产教融合、校企合作，聚焦高端产业和产业高端，重点支持一批优质高职学校和专业群率先发展，引领职业教育服务国家战略、融入区域发展、促进产业升级，为建设教育强国、人才强国作出重要贡献。

（二）基本原则（略）

（三）总体目标（略）

二、改革发展任务（略）

三、组织实施（略）

（十七）优化改革发展环境

各地要结合区域功能、产业特点探索差别化的职业教育发展路径，建立健全产教对接机制，促进人才培养与产业需求有机衔接。加大"双高计划"学校的支持力度，在领导班子、核定教师编制、高级教师岗位比例、绩效工资总量等方面按规定给予政策倾斜。深入推进"放管服"改革，在专业设置、内设机构及岗位设置、进人用人、经费使用管理上进一步扩大学校办学自主权。建立健全改革创新容错纠错机制，鼓励"双高计划"学校大胆试、大胆闯，激发和保护干部队伍敢于担当、干事创业的积极性、主动性、创造性。

教育部　财政部
2019年3月29日

【评析】

这份公文的发文机关是中华人民共和国教育部、财政部，教育部、财政部分别代表国家行使行政管理的权力，因此这份意见是按照规范体式写的具有法定效力的公文。通过学习这份意见，能让职业院校师生深刻体会到职业教育作为一种类型教育在服务国家战略、融入区域发展、促进产业升级方面的重要地位。

【技能训练】

一、指出下面这份通知的错误之处

通　知

全体员工：
　　经研究决定，于12月12日上午召开全体员工会议，请准时参加。
　　此致
敬礼

　　　　　　　　　　　　　　　　　　　　　　　　　　　厂办
　　　　　　　　　　　　　　　　　　　　　　　　　　　即日

二、情境写作

某大学想让相关专业的学生参观某计算机管理的大型电力中心项目，目的是想增强学生对现代电力工程管理的感性认识。请以该大学名义写一封联系参观事宜的公函。

第二节　党政机关公文的种类

一、《党政机关公文处理工作条例》规定的文种

《党政机关公文处理工作条例》第八条规定，我国党政机关公文种类有：决议、决定、命令（令）、公报、公告、通告、意见、通知、通报、报告、请示、批复、议案、函、纪要15种。划清各文种的使用界限，明确适用范围，正确使用公文文种，对于处理好公文文书具有十分重要的意义。

1. 决议。适用于会议讨论通过的重大决策事项。
2. 决定。适用于对重要事项或者重大行动做出安排、奖惩有关单位及人员、变更或者撤销下级机关不适当的决定事项。例如《国务院关于实行公民身份证制度的决定》。
3. 命令（令）。适用于公布行政法规和规章、宣布施行重大强制性措施、批准授予和晋升衔级、嘉奖有关单位和人员。"令"是"命令"的另一种名称。一般标题中写出事由的用"命令"或"通令"，不写出事由的用"令"，例如《中华人民共和国主席令》《国务院关于在我国统一实行法定计量单位的命令》。
4. 公报。适用于公布重要决定或者重大事项。
5. 公告。适用于向国内外宣布重要事项或者法定事项。主要用于公布宪法，国家重要领导人出访、任免、逝世以及其他一些国家重大事项等。
6. 通告。适用于在一定范围内公布应当遵守或者周知的事项。例如《广东省人民政府关于禁毒的通告》。
7. 意见。适用于对重要问题提出见解和处理办法，例如《国务院关于进一步做好退耕还林还草试点工作的若干意见》。
8. 通知。适用于发布、传达要求下级机关执行和有关单位周知或者执行的事项，批转、

转发公文。例如《××市林业局关于召开会计决算编审工作会议的通知》。

9. 通报。适用于表彰先进、批评错误、传达重要精神和告知重要情况。例如《山东省人民政府关于表彰全省矿业秩序治理整顿工作先进单位的通报》。

10. 报告。适用于向上级机关汇报工作、反映情况、回复上级机关的询问。例如《关于全省减轻农民负担工作情况的报告》。

11. 请示。适用于向上级机关请求指示、批准。例如《××工厂关于增拨技术改造资金的请示》。

12. 批复。适用于答复下级机关的请示事项。例如《关于同意本市整顿住房建设收费取消部分收费项目的批复》。

13. 议案。适用于各级人民政府按照法律程序向同级人民代表大会或人民代表大会常务委员会提请审议事项。例如《国务院关于提请审议〈中华人民共和国船舶吨税法（草案）〉的议案》。

14. 函。适用于不相隶属机关之间商洽工作、询问和答复问题、请求批准和答复审批事项。例如《关于随班代培统计人员的函》。

15. 纪要。适用于记载会议主要情况和议定事项。例如《最高人民法院关于审理毒品犯罪案件工作会议纪要》。

二、党政机关公文的分类

为了保证机关文书工作有序、高效地开展，就需要对机关日常工作活动中所使用的公文进行科学分类，常用的是从行文方向分。就一个单位的对外文件来看，按照文件的行文方向可以划分为上行文、平行文和下行文。

1. 上行文。是指下级机关向所属的上级领导机关所发送的文件，也就是自下而上的行文。上行文是下级机关向上级领导机关、下级业务主管部门向上级业务主管部门汇报工作、请示问题、反映情况等的文件，能为上级机关决策和更有针对性地指导下级机关的工作提供依据，如请示、报告等。

2. 平行文。是指平行机关或不相隶属机关之间的行文。平行文的主要作用是沟通情况、商洽工作、联系相关公务。公函是一种很常用的平行文。

3. 下行文。是指上级领导机关对所属下级机关的行文。下行文的主要作用是上级机关对下级机关实施领导、指导责任、传达领导机关意图、部署安排公务活动、要求下属机关遵照执行的重要工具，如命令、决定、批复等。

【技能训练】

一、指出下面这份意见存在的问题

××县关于处理山体滑坡事故的意见

××市人民政府：

由于我县近期连续遭受暴雨袭击，6月20日上午，位于××山西侧的山体出现大面积滑坡；除毁林近百亩外，还使位于山下的××村5组的11户农房被毁，7头牲畜死亡；幸好山体滑坡发生在白天，故无人员伤亡。为处理好这一事故，特提出如下意见：

1. ××山体仍有滑坡的可能，加之××村地处山区，还未脱贫，建议干脆将该村的全部

250户村民迁往市外安置，请按有关政策，给这250户村民予以一次性补贴。

2. 请上级速派有关专家来现场排除滑坡险情，若排险成功，我县可酌情给有关专家作点小小的表示。

3. 请上级顺便给我县拨20万元排险救灾款。

××县人民政府办公室
2020年6月27日

二、情境写作

召开一次班委会，讨论班级周末是否要上晚自习的问题，形成会议纪要。

第三节　党政机关公文的行文规则

一、行文规则的概念

行文规则是指党政机关公文在行文过程中所遵循的各种规定。行文应当本着确有必要、讲求实效的原则，注重针对性和可操作性。可发可不发的公文不发，可长可短的公文要短。行文关系根据隶属关系和职权范围确定，一般不得越级行文。特殊情况需要越级行文的，应当同时抄送被越过的机关。党委、政府部门依据职权可以相互行文。部门内设机构除办公厅（室）外不得对外正式行文。

按照隶属关系行文。例如，省政府可向地（市）政府发文，地（市）政府可向县（区）政府发文，省委可向地（市）委发文，地（市）委发文可向县（区）政府发文，但省委不能向地（市）政府发文，地（市）委也不能向县政府发文。如工作需要，一定要行文，则可由省委、省政府、市委、市政府联合向下级行文，但省政府的部门如省财政厅一般不得向地（市）政府正式行文，可以用函的形式商洽工作、询问和答复问题、审批事项的除外。

按照制发机关的职权范围行文，不可超越职权。对下行文，一般原则是属于领导机关才能向下行文。作者不具备规定的权限，则不能行文。例如，发行新版人民币，这是涉及全国乃至世界的大事，中国人民银行无权发布公告，只有国务院才有权发布。再如，存贷款利率的调整，看起来属于部门职权范围内的事务，可以由中国人民银行行文，但这是涉及全国金融系统的大事，要由中国人民银行报请国务院批准，国务院批准后，中国人民银行才能发布公告实行，文中还应当注明已经国务院同意。

二、行文规则的主要内容

（一）向上级机关行文的规则

1. 原则上主送一个上级机关，根据需要同时抄送相关上级机关和同级机关，不抄送下级机关。

2. 党委、政府部门向上级主管部门请示、报告重大事项，应当经本级党委、政府同意或者授权；属于部门职权范围内的事项应当直接报送上级主管部门。

3. 下级机关的请示事项，如需以本机关名义向上级机关请示，应当提出倾向性意见后上报，不得原文转报上级机关。

4. 请示应当一文一事。不得在报告等非请示性公文中夹带请示事项。请示的公文应逐级上报，因特殊情况必须越级行文时，应抄送越过的机关。

5. 除上级机关负责人直接交办事项外，不得以本机关名义向上级机关负责人报送公文，不得以本机关负责人名义向上级机关报送公文。

6. 受双重领导的机关向一个上级机关行文，必要时抄送另一个上级机关。

（二）向下级机关行文的规则

1. 主送受理机关，根据需要抄送相关机关。重要行文应当同时抄送发文机关的直接上级机关。

2. 党委、政府的办公厅（室）根据本级党委、政府授权，可以向下级党委、政府行文，其他部门和单位不得向下级党委、政府发布指令性公文或者在公文中向下级党委、政府提出指令性要求。需经政府审批的具体事项，经政府同意后可以由政府职能部门行文，文中需注明已经政府同意。

3. 党委、政府的部门在各自职权范围内可以向下级党委、政府的相关部门行文。

4. 涉及多个部门职权范围内的事务，部门之间未协商一致的，不得向下行文；擅自行文的，上级机关应当责令其纠正或者撤销。

5. 上级机关向受双重领导的下级机关行文，必要时抄送该下级机关的另一个上级机关。

（三）联合行文的规则

同级党政机关、党政机关与其他同级机关必要时可以联合行文。属于党委、政府各自职权范围内的工作，不得联合行文。需要几个机关在职权范围内共同办理才能解决的问题，大致分为以下几种：

1. 同级政府、同级政府各部门可以联合行文，如广州市财政局、广州市林业局可以联合行文。

2. 上级政府部门与下一级政府可以联合行文，如湖南省人事厅与长沙市人民政府可以联合行文。

3. 政府及其部门与同级党委、军队机关可以联合行文，如昆明市人民政府、中共昆明市委、昆明市军分区可以联合行文。

4. 政府部门与同级人民团体和具有行政职能的事业单位可以联合行文，如武汉市农业局、武汉市妇联和武汉市工商管理局可以联合行文。

需要注意的是，以上四条除第二类外，都有一个共同的特点，即同级机关才能联合行文。又如平行机关分管某一方面工作，有时需共同向同一上级机关汇报情况、问题、意见时可联合制发报告；不同机关都涉及的同一个问题需共同请求上级机关批准时可联合请示。

联合行文，还要注意的是要协商一致，才能行文。联合行文应当明确主办部门。公文内容涉及两个以上同级机关职权范围的问题，主办机关应事先与有关机关协商，取得一致意见后再正式行文。未经协商一致时，不得各自向下行文。经协商，意见确难一致，而又必须上报请示的公文，上报时应如实写明不同意见和理由，供上级选择参考。

【例文】

教育部办公厅关于学习宣传和贯彻实施新修订的职业教育法的通知

教政法厅函〔2022〕4号

各省、自治区、直辖市教育厅（教委），各计划单列市教育局，新疆生产建设兵团教育局，有关部门（单位）教育司（局），部内各司局、各直属单位：

《中华人民共和国职业教育法》已由第十三届全国人民代表大会常务委员会第三十四次会议于2022年4月20日修订通过，自2022年5月1日起施行。为做好新修订的职业教育法的学习宣传和贯彻实施工作，现将有关要求通知如下。

一、充分认识职业教育法修订的重大意义

职业教育是国民教育体系和人力资源开发的重要组成部分，是培养多样化人才、传承技术技能、促进就业创业的重要途径。此次职业教育法修订，深入贯彻习近平总书记重要指示批示精神和党中央、国务院关于职业教育改革发展的决策部署，系统总结职业教育改革发展的政策举措和实践成果，进一步完善了新时代职业教育法律制度体系。新修订的职业教育法坚持目标导向，着力健全完善现代职业教育体系，推动职业教育高质量发展；坚持问题导向，着力创新制度机制，推动破解职业教育改革发展中的热点难点问题；坚持效果导向，着力多方位提高职业教育地位，推动形成全社会关心支持职业教育发展的局面。贯彻实施新修订的职业教育法，对于深化全面依法治教，推动职业教育高质量发展，建设教育强国、人力资源强国和技能型社会，推进社会主义现代化建设具有重要意义。

在全面建设社会主义现代化国家新征程中，职业教育前途广阔、大有可为。各地各单位要立足新发展阶段，贯彻新发展理念，服务构建新发展格局，把职业教育摆在更加突出的位置，通过学习宣传和贯彻实施新修订的职业教育法，深入推进育人方式、办学模式、管理体制、保障机制改革，增强职业教育适应性，加快构建现代职业教育体系，培养更多高素质技术技能人才、能工巧匠、大国工匠，为全面建设社会主义现代化国家、实现中华民族伟大复兴的中国梦提供有力人才和技能支撑。

二、深入组织职业教育法的学习宣传

各地要将学习宣传新修订的职业教育法作为近期一项重要任务列入议事日程，要作为教育系统"八五"普法规划的重要内容，切实加强组织领导，压实工作责任，精心部署安排，持续深入开展学习宣传活动。

（一）集中组织学习宣传（略）

（二）聚焦学习宣传重点（略）

（三）突出学习宣传实效（略）

三、扎实做好职业教育法的贯彻实施

各地要抓住重点，扎实推动职业教育法的贯彻实施，落实法律要求，履行法定职责，深化职业教育改革，促进职业教育高质量发展。

（一）着力加强党对职业教育的全面领导（略）

（二）进一步完善职业教育管理体制（略）

（三）加快构建现代职业教育体系（略）

（四）切实推动形成多元办学格局（略）

（五）大力提升职业教育办学质量和适应性（略）

（六）强化职业教育支持和保障（略）

各地各单位要抓紧全面清理现有相关的法规、规章和政策文件，凡与新修订的职业教育法规定不一致的，应当统一适用法律规定，并按程序和权限启动修订，及时进行修改或者废止。要按照职业教育法中的新规定、新举措和新制度，积极结合本地职业教育和经济社会发展实际需要，有计划、有步骤、有重点地制定或者推动制定配套落实政策、实施细则等，加快完善职业教育配套政策制度体系，并持续抓好落实。

各地学习宣传和贯彻实施新修订的职业教育法工作中的好经验、好做法，以及遇到的问题和有关工作建议，请及时报送教育部（政策法规司、职业教育与成人教育司）。

教育部办公厅
2022 年 4 月 25 日

【评析】

这是一份中华人民共和国教育部办公厅下发的关于学习宣传和贯彻实施新修订的职业教育法的通知。这是布置工作的通知，通知的缘由部分简单明了，目的清晰。强调学习宣传贯彻的意义，使收文对象充分认识到职业教育是国民教育体系和人力资源开发的重要组成部分，是培养多样化人才、传承技术技能、促进就业创业的重要途径。通知对学习宣传的形式、重点内容、达到的成效都有明确要求，最后提出贯彻落实的保障措施。这是一份典型的下行的公文，收文机关单位都必须遵照执行。

【技能训练】

一、分析下面这份公文，指出错误之处

关于××学校团委组织气排球比赛活动的请示报告

××字（2020）第×号

团市委、校党委：

为提高团组织的威信，增强团员的组织观念，进一步过好团的生活，经校团委研究，拟于3月12日前后组织气排球比赛活动。地点：东华园。这次团的活动，准备吸收团外青年参加。具体比赛办法和活动费用，我们意见如下：

1. 气排球比赛以各团支部为单位，选派10名团员组队参赛。
2. 哪个队的净胜场多的团支部为优胜支部。
3. 优胜支部发给奖杯一个。
4. 另外校团委还组织了游园活动。活动内容包括知识测验、团的基础知识问答、谜语、诗歌，答对者获奖。奖品有钢笔、笔记本、图书等学习用品。以上活动要经费3 500元。希望能按照这个数字拨给我们为盼。

特此报告。

附件：所需经费预算表及购买的奖品清单。（略）

2020 年 3 月

二、情境写作

根据下述材料，写一篇通知。

××市环境脏、乱、差现象较为突出，为解决这一问题，市爱委会向有关单位下发一份通知。

第四节　党政机关公文的格式

一、公文的用纸、书写、印装格式

公文所用的纸张、书写、排版、印制字号等都有统一的要求，目的是整齐划一，便于处理、管理公文。

（一）公文用纸格式

公文用纸一般采用国际标准 A4 型（210mm×297mm）。公文在左侧装订。张贴的公文用纸大小，如信函、纪要、命令的用纸以及公文附图、附表的用纸根据实际需要确定。

公文用纸天头（上白边）为：37mm±1mm。

公文用纸订口（左白边）为：28 mm±1mm。

版心尺寸为：156mm×225mm（不含页码）。

（二）公文印装格式

公文的印装格式，是指公文排版、装订形式与字体字号的选用。

公文使用的汉字按国家正式颁布的标准执行。公文文字从左到右横写，横排。在民族自治地方可以并用汉字和通用的少数民族文字（按其习惯书写排版）。公文在左侧装订。

公文数字，除部分结构层次序数相同、词组、惯用语、缩略语、具有修辞色彩语句中作为词素的数字必须使用汉字外，其他都应当使用阿拉伯数字。在同一公文中数字的使用应前后一致。公文中应采用国家法定的计量单位。

公文的标点符号，应根据中华人民共和国国家质量监督检验检疫总局（现市场监督管理总局）、中国国家标准化管理委员会 2011 年 12 月 30 日发布的《标点符号用法》的规定使用。

公文印刷中字体字号的选用，文件标题用 2 号宋体，正文内小标题及主题词用 3 号宋体。正文一般用 3 号仿宋体。一般每面排 22 行，每行排 28 个字。

二、公文的书面格式

文件式公文格式图例

000001
机密★×年
特急

×××××文件

××发〔××××〕×号

――――――――――――――――――――――――――――――――

××××省人民政府关于××××××××的通知

×××××××××：

　　××。

　　××。

　　×××。

　　×××。

　　附件：1. ×××××××××××
　　　　 2. ××××××××××

　　　　　　　　　　　　　　　　××××省人民政府
　　　　　　　　　　　　　　　　××××年××月××日（印章）

（请在此处填写附注）

――――――――――――――――――――――――――――――――

　　抄送：××××××××，×××××××，×××××，×××。

――――――――――――――――――――――――――――――――

　　×××××××

　　　　　　　　　　　　　　　　　　　　××××年××月××日印发

文件式公文格式图例

000001
机密★×年
特急

×××××
××××文件
×××××

签发人：×××　×××
×××

××〔××××〕×号

关于××××××的请示

×××××××：
　　××。
　　×××。

附件：1. ××××××××××
　　　2. ××××××××

××××××　　×××××　　×××××××

×××年××月××日（印章）

（请在此处填写附注）

抄送：×××××××，×××××××，×××××××。

×××××××

×××年××月××日印发

由上述举例可以看出，公文格式是由一定的要素按照一定的规则编排而成。根据《〈党政机关公文处理工作条例〉》（以下简称《条例》）第三章第九条规定，公文一般由份号、密级、保密期限、紧急程度、发文机关标志、发文字号、签发人、标题、主送机关、正文、附件说明、发文机关署名、成文日期、印章、附注、附件、抄送机关、印发机关和印发日期、页码等组成。除页码外，其余要素皆在版心内。在版心内我们将公文格式各要素由版头、主体、版记三部分组成。

（一）版头部分

版头包括份号、密级、保密期限、紧急程度、发文机关标志、发文字号、签发人。

1. 份号是指公文印制份数的顺序号。《条例》规定，涉密公文应当标注份号。即秘密、机密和绝密的公文才需要标注份号。当然，如果发文机关认为有必要，也可以对不带密级的公文编制份号。份号顶格居左编排在版心第一行。

2. 密级和保密期限。密级是指公文的秘密等级，是标识公文保密程度的标志，分绝密、机密、秘密三个等级。

密级顶格编排在版心左上角第二行。保密期限是对公文密级的时效的规定。保密期限，在密级后加一实心五角星标注。

3. 紧急程度。紧急程度是对公文办理时间的要求。紧急程度分为特急、加急。电报分为特提、特急、加急和平急。紧急程度通常标注在顶格编排在版心左上角第三行。如果一份公文需同时标注秘密等级与紧急程度，秘密等级在上，紧急程度在下。有时也可在标题中标明紧急程度，如"紧急通知"等。

4. 发文机关标志。发文机关标志是指公文首页上的发文机关名称。发文机关标志由发文机关全称或规范化简称加"文件"二字组成，多用套红大字印刷，所以一般又称公文为"红头"文件。

5. 发文字号。发文字号又称文号，位于发文机关标志的正下方，是由发文机关代字、年份和文件顺序号组成，如"国办发〔2021〕110号"。机关代字是机关最有代表性的字，它固定不变，又不能与其他单位的代字重复混淆。如"国办"为国务院办公厅的代字，〔2021〕是公文发布的年份，"110号"为该份文件在2021年国务院办公厅发布公文总数中的顺序。有的文件虽以机关名义发，但在确定机关代字时把这个机关主办单位的代字也加进去，如"京财预"，这个机关代字表示"北京市财政局预算处"，把预算处的"预"这个代字加进去是便于文件分类和以示负责。

年份、发文顺序号用阿拉伯数码标注，年份应标全称用六角括号〔〕括入，如"2021年"不能省略为"21年"。发文顺序号前不加"第"字，也不编虚位，如"1"不编作"01"。

上行文的发文字号一律在首页版头红色分割线上方左侧，左空1字标注。与最后一个签发人姓名处于一行。

如果几个单位联合行文，只标注主办机关的发文字号。

发文字号的作用是为检索和引用该文件提供专指性很强的代号，并为统计和管理公文提供依据，便于文件的登记、分发和收回。

6. 签发人。《条例》规定，上行文应当标注签发人姓名。可见，上行文是必须有此项标识的。在发文机关标志下空2行位置，居右空一字，由"签发人"三字加全角冒号和签发人姓名组成。

（二）主体部分

主体部分包括标题、主送机关、正文、附件说明、发文机关署名、成文日期、印章、附注、附件等内容。

1. 标题。公文标题是对公文内容的高度概括，揭示公文的主要内容。其形式有完全式和省略式两种。

（1）完全式标题。由"发文机关名称＋事由＋文种"组成，例如《国务院办公厅关于进一步加强资本市场中小投资者合法权益保护工作的意见》。

（2）省略式标题。

①由"事由＋文种"组成，如《关于消防安全检查的通知》。

②由"发文机关＋文种"组成，如《全国人大常委会公告》等。有些文件内容单一，正文部分文字较少，阅读时一目了然，或是为了突出发文机关，使标题简洁醒目。一些对社会公布的公文文种，如命令、公告、通告等标题多采用这种省略形式。

③只有文种组成，适用于公告、通告等公开发布的公文。

以上三种省略形式，可根据实际需要选择使用，但无论省略什么，文种是绝对不可省略的。

公文标题拟写，常用介词"关于……（事由）的"组成介词结构作为文种的定语。公文标题中除法律、法规、规章加书名号外，一般是不用标点符号的。如果在事由部分出现多个机关、人名等并列时，每个机关名称、人名之间应用顿号分开，不使用空格。

公文标题一般位于首页红色分隔线下空两行处，可分一行或多行居中排列。

2. 主送机关。主送机关是指公文的主要受理机关，即发文机关要求对公文予以收受或答复的机关。主送机关应使用全称或规范化简称或者同类型机关统称。

除决定、公告、通告等直接面向社会或机关全体人员发布的公文外，一般公文均有主送机关名称。上行文和平行文，一般只有一个主送机关，其中请示只能主送一个机关。如果是受双重领导的机关向上级机关请示，应当写明主送某一机关，同时抄送另一个上级机关。

主送机关是多个时，主送机关的排列顺序应先写主办机关，各主送机关名称中间加顿号或逗号。如主送机关名称过多，导致公文首页不能显示正文时，应当将主送机关名称移至版记。主送机关标注位置在标题下空一行，左侧顶格标注，回行后仍顶格。主送机关名称后加冒号。

3. 正文。正文是公文的核心部分，也是公文的主体部分，它具体地叙述公文表达的思想内容。在长期的写作实践中，公文正文形成了相对固定的结构形式。最为常见的结构形式为三段式，即由导语、主体、结束语三部分组成。

（1）导语。导语一般简明扼要地说明制发公文的依据。其方式一般有以下几种：

①依据式。引用上级指示或有关法令文件等，以此说明发文的根据。常用的词语为"根据、遵照、按照"等。如：按照上级部门认真做好"12·4普法宣传活动"的要求……

②原因式。首先阐明制文原因，一般在段首常冠以"由于、鉴于、基于"等字样。如：鉴于近期的气候变化较大，大雨、暴雨等极端天气出现的概率较高，所以原定的田径运动会……

③目的式。首先阐明写作公文的目的，经常用介词"为了、为"等作为开端。如：为增强全民法治观念，推动全社会树立宪法意识，在全社会形成学习宪法、尊崇宪法的良好氛围，现将有关事项通知如下……

④概述式。首先概括地、简单地叙述一下基本情况或基本过程，然后再做具体分析。常

用于通报、报告的开头。如：我单位职工×××同志，于××××年×月×日上班缺席，致使该部门的工作受到严重影响，据查，该同志的缺席是因为……

（2）主体。应根据发文的目的和要求，突出重点，具体阐述。内容要符合党的路线、方针、政策，符合国家法律法规。反映的情况、问题数据等要真实可靠；提出的意见、建议要切实可行。如果内容涉及其他部门或单位要经过协商并取得一致意见方可。文字表述上要观点明确、条理清楚、层次分明、概念准确，篇幅力求简短，要合乎语法规范，标点符号使用正确。

（3）结束语。由于公文的文种不同、行文目的不同以及行文关系等原因，结束语也有不同的形式与写法。

①提出号召或希望。在部署重要工作，安排重大行动或是嘉奖，表彰等性质的公文中常用这种结尾形式。

②提出执行要求。上级机关向下级机关布置工作，一般用这种结尾形式。

③使用公文结尾惯用语。公文在长期的使用中已形成了能表示各种意义的，形式比较固定的结尾用语。

上行文的结语：

报告的结语如："以上报告，请审阅""以上各点，请审查""特此报告"。

请示的结语如："以上请示，请批复""特此请示，请审批""以上意见妥后，请批示""当否，请指示""以上意见如无不妥，请批转"等。

平行文的结语：

函的结语如："特此函达""特此函请查照，并希见复""特此函告""特此函复""请即函复""敬请函复"等。

下行文的结语如："特此通知，希即贯彻执行""希即遵照办理，并将情况及时上报""希即研究执行，如有意见随时向我们反映"，批复的结语用"此复"等。

4. 附件说明。附件说明是公文附件的顺序号和名称。公文正文中的一些内容，如图表、名单、规定等。如穿插在公文正文中，往往隔断公文前后的联系而造成阅读上的不便，需要将其从公文正文中抽出来作为公文的补充单独表述，即附件。公文附件是正文内容的组成部分，与正文一样具有同等效力。因此在正文中涉及附件内容处加括号注明"见附件"或"附后"。

公文附件说明标识在正文下一行，前空两格标注"附件"二字，后面用全角冒号。如果附件不止一件，就需要用序号编排，序号用阿拉伯数码，附件完后不加标点符号。

5. 发文机关署名。《条例》规定，发文机关署名应当用发文机关全称或规范化简称。公文一般以发文机关名义署名，特殊情况（如议案、命令等文种）需要有签发人署名的，应当写明签发人职务并加盖签发人印章。

6. 成文日期。《条例》规定，成文日期署会议通过或者发文机关负责人签发的日期。联合行文时，署最后签发机关负责人签发的日期。成文日期是公文的生效时间，是党政机关公文生效的重要标志。

成文日期在公文中标注位置有两种：一是会议通过的公文，为表示郑重，其成文日期通常直接写在标题下一行，居中排列，用括号括起。不标明主送机关的公文成文日期也可用此种标注形式。二是成文日期在公文正文或附件说明的右下方统一使用阿拉伯数字标注，写全年、月、日。

7. 印章。公文加盖印章，是体现公文效力的表现形式，是公文生效的标志，是鉴定公文真伪最重要的依据，是发文机关对公文生效负责的凭证。公文除"纪要"和以电报形式发出的以外，一律要加盖印章。联合行文时，发文机关署名按照发文机关的顺序排列，每排最多3个印章，署名的左右排列顺序与发文机关标志中的排列顺序一致；最后1个印章端正居中下压发文机关署名和成文日期。用印位置要准确，印章端正、居中下压发文机关署名和成文日期，使发文机关署名和成文日期居印章中心偏下位置。

如果公文由于篇幅所限，使成文日期与正文不能同处一页纸时或放不下印章位置时，就要通过调整行距、字距等办法来解决，一定使成文日期及印章同正文保持在同一页上，而不能采取过去"此页无正文"外加括号的标注方法。

8. 附注。附注是公文印发传达范围等需要说明的事项，对公文的发放范围、使用时需注意的事项加以说明。公文附注，标注在成文日期下一行居左空两字加圆括号。

9. 附件。《条例》规定，附件指公文正文的说明、补充或者参考资料。附件是附属于公文正文的其他文字、图表、图形等材料，对公文正文起说明、解释、补充、证实参考作用。是公文正文的有机组成部分，同公文正文具有同等效力。附件应当另面编排，并在版记之前，与公文正文一起装订。

（三）版记部分

版记包括抄送机关、印发机关和印发日期等内容。版记一定要在偶数页上，假设公文内容很短，即使首页可以放下版记内容，由于公文是双面印刷，版记也必须移至第2页上，即便第2页除了版记没有任何内容。公文的篇幅如果在一个折页以上，这时公文的页数一般是4的倍数，此时版记也一定要放在最后一面，而不管前面的空白有多少，版记页和空白页都不标页码。

1. 抄送机关。《条例》规定，抄送机关指除主送机关外需要执行或知晓公文内容的其他机关，应当使用机关全称、规范化简称或者同类型机关统称。抄送机关应按照一定顺序排列。首先是上级机关在前，其次为同级机关，再次为下级机关。按照党、政（地方党委政府在前、部门和厅局在后）、军、群的顺序排列。抄送机关居左空一字开始编排，回行时右空一字；回行时与上一行抄送机关名称首字对齐；抄送机关之间标点符号在使用时注意：同一系统内同级机关之间用顿号分隔，不同系统之间用逗号分隔，最后一个抄送机关之后标句号。

2. 印发机关和印发日期。《条例》规定，印发机关和印发日期是指公文的送印机关和送印日期。印发机关不是指公文的发文机关，而是指公文的印制主管部门，一般是各机关的办公厅（室）或文秘部门。标注印发日期是为了准确反映公文的送印时间，通过标注印发日期既可以使发文机关掌握制发公文的效率，也可以使收文机关掌握公文的传递时间，有利于公文的办理和工作效率的提高。印发机关居左空一字标注，印发日期居右空一字标注。

页码位于版心外。《条例》将公文的页码作为公文格式的一项要素，这充分说明页码是公文的一项重要组成部分，是保证公文有效性和完整性的标志。在公文中标注页码，有利于我们对公文进行查阅、统计、检索、印制和装订，甚至有助于公文的防伪。页码使用4号半角阿拉伯数字，置于版心边缘之下。

通用的公文式样参见附录。

【例文】

四川省人民政府关于表扬全省创业成绩突出城市的通报

川府函〔2013〕90号

各市（州）、县（市、区）人民政府，省政府各部门、各直属机构：

促进以创业带动就业，是实施就业优先战略和更加积极就业政策的重要内容。近年来，各地深入贯彻落实科学发展观，按照构建社会主义和谐社会的总体要求，以人为本，坚持政府促进、社会支持、市场导向、自主创业的原则，着眼四川经济社会发展全局，大力推动以创业带动就业工作，广泛开展省级创业型城市创建活动，努力帮助和促进城乡群众创业，取得了显著成绩，涌现出一批省级创业型城市创建工作先进典型。

为了肯定成绩，激励先进，持续推动省级创业型城市创建活动，深入推进以创业带动就业工作，省政府决定对创业工作好、创业环境优、创业氛围浓、创业成绩突出的遂宁市、南充市、宜宾市予以通报表扬。希望受表扬的城市珍惜荣誉，再接再厉，继续完善工作机制，优化创业环境，鼓励和扶持更多劳动者成为创业者，积极争创国家级创业型城市。各地要以全国创业先进城市和全省创业成绩突出城市为榜样，进一步加大对创业工作的组织推动力度，不断完善鼓励创业的政策措施，强化创业服务，激发并支持劳动者的创业激情和创业活动，把国家级和省级创业型城市创建工作引向深入，为加快建设西部经济发展高地、推动全省经济平稳较快发展和扩大就业做出更大贡献。

四川省人民政府
2013年3月18日

（资料来源：四川省政府办公厅）

【评析】

这是一份表扬性通报。其标题一般由"发文机关+事由+文种"组成。正文首先介绍被表扬单位或个人的主要事迹经过（例文第1段）；然后分析评论，指出其可贵精神或主要经验，并表明给予相应的表彰办法，最后发出号召，提出要求（例文第2段）。

【技能训练】

一、分析下面这份请示，指出其存在的问题

关于申请更换集团办公楼电缆设备的请示

集团董事会：

我集团办公楼主电缆设备在集团办公楼东侧防火通道，主电缆长约40米，使用电闸及电闸箱均为15年前的标准。主电缆设备在建办公楼时铺设，使用15年以上，至今未更换。现拟对集团办公楼主电缆设备进行更换。

另外，我公司员工宿舍严重不足，望上级部门一并予以解决。

妥否，请批复。

××市××物业管理有限公司（章）
2015年3月20日

二、情境写作

代你校团委向×××团县（市）委写一份关于开展文明校园活动的报告，要求说明为什么要开展这项活动，怎样开展。

第五节 常用公文写作

一、决定

（一）决定的适用范围

适用于重要事项或者重大行动做出安排，奖惩有关单位和人员，变更或者撤销下级机关不适当的决定。

（二）决定的分类

根据具体用途和内容的不同，决定一般有以下两类：

1. 知照性决定。是指将决定事项知照给有关单位和人员的决定。如表彰决定、处分决定、机构设置决定、人事安排决定、发布法规性事项或对某一具体事项做出安排的决定等，如《全国人民代表大会常务委员会关于教师节的决定》。

2. 指挥性决定。是对于重要事项或者重大行动做出安排的决定。常见的有规定性决定、规范性决定、指导性决定、指示性决定、具有有关法令性质的决定、处理重大问题的决定和安排重要行动的决定等。

（三）决定的写法

不同内容的决定在写法上是有所区别的，但从总体上看各种决定的写法有很多相同之处。其结构大体包括：标题、发文字号、主送机关、正文、发文机关、印章和发文日期七个部分。但公开发表的决定往往省略了发文字号、主送机关和印章，会议通过的决定，发文字号由会议通过的时间来代替，落款处可省发文日期。

1. 标题。决定的标题是典型的公文式标题，一般由发文机关、事由和文种三部分构成，有时由于标题过长也可以省略发文机关，而由事由和文种构成，但它与通知、通告等文种不同，标题绝不可省略事由部分。

2. 正文。决定的正文，一般由开头、主体、结语三部分构成。开头部分一般包括决定的缘由、根据、目的等，其缘由可以是情况的概述，也可以是原因的阐发。然后用"决定""特决定""为此决定""现决定如下"等承启语连接下文。

主体部分，写决定的具体内容。内容较简单的决定，可一气呵成，不分段。大型的决定，可分成几个部分，部分之下还要分条列项。有些决定在主体部分后还有结语，写点号召、希望等内容。也有的将决定的具体内容写完后就结束。

3. 落款。一般由发文机关、印章和发文时间三部分构成。有些决定由会议通过，则把通过时间写在标题和正文之间，落款处不标时间。

【例文】

云南省教育厅关于表彰2019届普通大中专学校优秀毕业生的决定

云教发〔2019〕44号

各州、市教育体育局,各高等学校,科研单位,省属中等职业学校:

根据《云南省教育厅关于做好2019年优秀毕业生评选工作的通知》要求,经各学校综合测评、民主推荐、审查公示,经省教育厅审核,决定授予云南大学郑××等12 967名应届大中专毕业生(具体名单详见附件)"云南省优秀毕业生"光荣称号,并颁发荣誉证书,予以表彰。

希望受到表彰的优秀毕业生珍惜荣誉,在今后的学习和工作中戒骄戒躁,不断加强自身修养,切实提高个人综合素质和能力。各学校要对受表彰的优秀毕业生进行广泛宣传,优先向用人单位推荐,充分发挥优秀毕业生的示范、引领作用。

附件:云南省2019届普通大中专学校优秀毕业生名单

2019年6月4日

【评析】

这篇决定,格式规范、言简意赅,标题采用的是完全式公文标题,即由"发文机关""事由""文种"三个部分组成。由于内容比较简单,因此将目的、依据和决定的具体事项合为一段。最后,对全省大中专学校优秀毕业生提出了希望和要求。

【病例】

中共××县委 ××县人民政府
关于向××同志学习的决定

(××××年××月××日)

××××年××月××日凌晨三时,共产党员、县供销社仓库主任××同志,值班巡逻到县供销社五号仓库,发现一伙歹徒正在作案。歹徒见他来了,转身就跑。××大喝一声:"站住!"歹徒愣了一下,见只是他一个人,便向××求饶:"你放了我们,哥儿们日后一定给你好处。""别啰嗦,跟我上派出所,争取宽大处理。"××同志义正词严地说。歹徒见软的不行,凶相毕露,从腰间拔出匕首,向××围上来,恶狠狠地说:"你识相些,否则别怪我们不客气。"××同志毫无畏惧地说:"你们这是罪上加罪,放下凶器,跟我上派出所!"罪犯一拥而上,拿着匕首向××同志刺去。××同志一边高喊:"抓强盗!抓强盗!"一边又与歹徒展开搏斗。没有多久××同志被罪犯刺了5刀,鲜血直流。但××同志仍一面高喊抓强盗,一面与歹徒展开殊死搏斗。终因身单力薄,倒在血泊中。职工群众闻讯赶到把他送进医院。医院立即组成抢救小组抢救。因××同志失血过多,抢救无效,光荣牺牲,年仅30岁。

为此,县委、县人民政府决定,在全县开展向××同志学习活动。县委和县人民政府号召,全县广大党员、干部、职工,要以××同志为榜样,忠于职守、勤奋工作,敢于同坏人坏事做斗争为了国家和人民的利益，不惜献出自己的生命。为争取党风、社会风气的进一步好转、为夺取物质文明和精神文明建设的新成就而努力奋斗。

【评析】

本文存在的毛病主要有三点：

1. 缺少"评价事实"部分。没有评价，缺乏铺垫和过渡，会使"表彰决定"的提出显得突兀。也使"概述事实"部分的意义得不到更加集中鲜明的显示。

2. "概述事实"部分叙述太过详细，不是"概述"，而是详细叙述了。因为太注重事件过程的细枝末节，反而不能使事件的意义有效地凸显出来。在"决定"中概述事实的主要作用是为后面的"评价事实"和"引出决定"提供依据。因此，叙述事实要从表现主旨的需要出发，抓住要点、突出重点，简明扼要地交代清楚事件的主要事实即可。没有必要在细枝末节上浪费笔墨。删除枝节，突出主干，可以更鲜明地显示出事件的性质和意义。

3. 缺少主送机关。

（四）决定的写作模板（见表 2-1）

表 2-1

框图模式	文字模板
依据 ↓ 目的 ↓ 文种承启语 ↓ 事项 ↓ 要求 注：以上为公文的基本内容模块结构模式，除了"事项"外，其余模块也可视情况作相应的省略。	1. 奖惩性决定（表彰决定、惩戒决定） 　　　　　×××公司关于××××的决定 　　　　　　（××××年十一月六日） 　×××××××××××××××（表彰决定写被表彰者的身份、事迹。惩戒决定针对惩戒的人和事，说明错误事实。依据之一） 　××××××××××。（表彰决定写对被表彰者或事迹的评价。惩戒决定分析其性质、根源、责任及后果，有无认识、悔改表现；依据之二） 　为了×××××××（目的），经本公司研究决定（文种承启语），对××××××××××。（决定的事项） 　希望×××××××。（表彰决定写要求、希望、号召。惩戒决定写教训、提出希望） 2. 事项性决定 　　　　　×××关于××××的决定 　×××××××××（缘由、背景、依据），为了×××××（目的），经×××研究决定如下：（文种承启语） 　××××××××××××××（事项） 　　　　　　　　　　　　×××年××月九日 （变更或撤销性决定，必须说明依据的法律、法规、相关的政策规定，以及不处理的后果。要求一般可略）

二、通告

（一）通告的适用范围

通告是适用于在一定范围内公布应当遵守或者周知事项的周知性公文。通告的使用面比较广泛，一般机关、企事业单位甚至临时性机构都可使用，但强制性的通告必须依法发布，其限定范围不能超过发文机关的权限。

（二）通告的种类

通告按用途可分为周知性（事务性）通告、规定性（制约性）通告两大类。

（1）周知性（事务性）通告。即在一定范围内公布需要周知或需要办理的事项，政府机关、社会团体、企事业单位均可使用。如建设征地通告、更换证件通告、施工通告等。

（2）规定性（制约性）通告。用于公布应当遵守的事项，只限行政机关使用，如《关于禁止燃放烟花爆竹的通告》。

（三）通告的写法

1. 标题的写法有四种：

（1）"关于×××的通告"。

（2）"×××关于×××的通告"。

（3）"×××的通告"。

（4）"通告"。如遇特别紧急情况，可在通告前加上"紧急"二字。

2. 正文。

（1）缘由。主要阐述发布通告的背景、根据、目的、意义等。通告常用的特定承启句式"为……，特通告如下"或者"根据……，决定……，特此通告"引出通告的事项。

（2）通告事项。通告事项是通告全文的核心部分，包括周知事项和执行要求。撰写这部分内容，首先要做到条理分明，层次清晰。如果内容较多，可采用分条列项的方法；如果内容比较单一，也可采用贯通式方法。其次要做到明确具体，需清楚说明受文对象应执行的事项，以便于理解和执行。

（3）结语。用"特此通告"或"本通告自发布之日起实施"表达。

3. 落款。

【例文】

关于征集广东省第八届大学生运动会会徽、会歌、吉祥物的通告

由广东省教育厅、广东省体育局、共青团广东省委员会联合主办，广东工业大学承办的广东省第八届大学生运动会将于2019年8—9月举行。这是我省大学生的一次体育盛会。为组织和承办好这一省级综合性体育赛事，广东省第八届大学生运动会筹委会决定向全省高校及社会各界公开征集本届运动会会徽、会歌、吉祥物作品。会徽、会歌、吉祥物作品的征集要求如下：

一、会徽、会歌、吉祥物应征作品的总体要求

能充分体现广东特色和大学校园风格；能充分体现广东大学生朝气蓬勃青春奋进的群体特点；能充分体现本届大运会"青春飞扬、超越梦想"的理念和"更高、更快、更强"的体育精神；同时，体现承办单位广东工业大学热情、开放、务实、创新的精神风貌。所有作品的风格、形式不限，但要求是原创，此前未以任何形式发表。

1. 会徽要求：构思新颖、内涵丰富、创意鲜明、具有新意。平面图案简洁、明了、大方，设计稿应配以适当的文字说明。

2. 会歌要求：易记、易唱、易流行，要具有鲜明的象征意义和体育运动的特点，力求反映大运会的内涵和积极向上的风貌特点，体现参与、普及、趣味的宗旨，具有广东特色。

3. 吉祥物要求：命名恰当，能够体现广东大学生的青春活力、奋力拼搏的精神面貌；形象活泼可爱、热情亲切、寓意深刻。

4. 应征作品应具有本届大运会特色，应明显区别于历届大学生运动会会徽、会歌、吉祥物及其他全国性重要体育赛事的会徽、会歌、吉祥物。

二、提交会徽、会歌、吉祥物应征作品的具体要求

1. 会徽：提交形式彩色 A4 高精度（300dpi 格式）打印稿及 CD 光盘。

2. 吉祥物：提交形式彩色 A4 高精度（300dpi 格式）三视图打印稿及 CD 光盘，设计方案应考虑立体展示效果。

3. 会歌：提交形式为 CD 录音小样，附词曲 A4 打印稿一份。曲谱以简谱或五线谱形式提供。

4. CD 光盘内请刻录作品原文件并注明所用设计软件名称及版本，附带 word 文件的作者简介、详细地址、邮编、联系电话及 200 字以内的创意说明。

5. 作者须在网址 www.gdssdghed.edu.cn 或 www.gdssdgut.edu.cn 主页的《广东省第八届大学生运动会会徽、会歌、吉祥物征集通告》上下载《作品原创承诺书》，手书签名确认作品的原创性，并将承诺书和应征作品一并邮寄到指定地址。

6. 应征作品内请附个人（单位、团体）有效证件复印件。

三、奖励方式

1. 在会徽、会歌、吉祥物应征作品中各评出一等奖 1 名，获得证书和奖金 5 000 元；二等奖 2 名，获得证书和奖金 2 000 元；三等奖 3 名，获得证书和奖金 1 000 元。

2. 其余参赛作品均获得证书和纪念品。

四、应征作品的评选方式和权属

筹委会将组织知名专家组成评审委员会，对所有应征作品进行评审。专家评审委员会在认真审阅参选、充分比较的基础上，对每件应征作品进行初评、复评和终评。应征者寄送的有关资料和文件概不退还，请自留底稿。筹委会有权决定作品的修改和使用，作者享有署名权。

五、截止时期、评选结果公布与联系方式

截止日期：2019 年 5 月 20 日

邮寄地址：广州市番禺区大学城外环西路 109 号（广东省第八届大学生运动会广东工业大学筹备委员会宣传组广东工业大学行政楼 1520 室）

邮编：510006

邮箱地址：gdssdgbxck@gdut.edu.cn

联系方式：020—39323656

联系人：廖海艳

应征作品信封上请注明"广东省第八届大学生运动会（××）设计作品征集"字样，截止时间以收到作品的当日邮戳为准。

附件：广东省第八届大学生运动会会徽、会歌、吉祥物应征作品原创承诺书

广东省第八届大学生运动会筹备委员会
广东省第八届大学生运动会广东工业大学筹备委员会
2019 年 4 月 1 日

【评析】

　　这篇通告内容具体、清晰明确。从写作结构上看，它采用的是"分条式"，令人一目了然；从内容逻辑看，它把全文分为两大块，开头简明扼要地说明征集运动会会徽、会歌、吉祥物作品的原因和目的，文字简练。后面的内容以条文的形式讲明征集运动会会徽、会歌、吉祥物作品的总体要求、具体要求、奖励方式、评选方式和权属、截止时期、评选结果公布与联系方式，内容条文逻辑顺序清晰，使得两个部分构成一个严密的逻辑体系。

【病例】

通　告

　　本渡口是××河上的重要渡口之一，过往车辆、行人很多，等候时间往往较长。为了减少等船时间，加强渡口管理，特作如下规定：

　　1. 不准携带易燃、易爆、腐蚀性强的物品上船。违反规定擅自携带上船，被查出者，没收所带物品，并酌情予以50元至200元罚款。

　　2. 凡需乘渡船过河者必先购票，机动车每辆5元，非机动车每辆3元，行人每位1元（儿童免票）。不买票者不得乘船。

　　3. 乘客必须听从工作人员指挥，按顺序上下船。各种车辆要按指定位置停放，以保证渡船安全。

　　4. 凡牵引牲畜过渡，到指定仓位，并购票，每头（只、匹）2元。放在筐、篮等容器内的家禽、仔猪等以筐计算，每筐1元。

　　5. 渡船开动后，乘船者不要来回走动，机动车必须熄火，牲畜必须有人看管。

　　6. 违反规定或者在船上无理取闹、不听指挥、妨碍渡船正常航行者重罚，情节严重的移送公安机关，依法惩处。

　　7. 乘船者必须爱护渡船及其设备，损坏要赔偿。

××河渡口管理处
2015年8月24日

【评析】

　　此文错误毛病有以下几项：

　　1. 缘由与通告的事项不符。缘由写的是"为减少等船时间，加强渡口管理，特作如下规定"，而事项部分大多数条款说的是安全问题。所以，缘由的表述需加修改。

　　2. 规定事项的排列顺序不对，应该把同一类的内容放在一起说。如购票问题、车辆和牲畜的指定位置问题等（主要集中在第四条，分散后第四条可取消）。

　　3. 语言表述有的地方啰嗦、有歧义，应细加斟酌。如第一条中"被查出者"，那要是没有被查出呢？岂不让人抱有侥幸心理。第二条"不买票者不得乘船"是废话，应该删除。第六条"重罚"应改为"处罚"即可。

(四）通告的写作模板（见表 2-2）

表 2-2

框图模式	文字模板
依据 ↓ 目的 ↓ 文种承启语 ↓ 事项 ↓ 要求 注：以上为公文的基本内容模块结构模式，除了"事项"外，其余模块也可视情况作相应的省略。	××有限公司关于××××××××的通告 　　××××××（背景、依据），为了××××××（目的），现将有关事项通告如下：（文种承启语） 　　1. ××××××××××××。（事项） 　　2. ××××××××××××。（事项） 　　3. ××××××××××××。（事项） 　　特此通告。 　　　　　　　　　　　　　　　　　　　××有限公司 　　　　　　　　　　　　　　　　　××××年××月××日

三、通知

（一）通知的适用范围

通知适用于批转下级机关的公文，转发上级机关和不相隶属机关的公文，传达要求下级机关办理和需要有关单位周知或者执行的事项、任免人员情况。

（二）通知的种类

1. 批转性（批示性）通知。批转性（批示性）通知又称转发性通知。领导机关批转下级机关文件或转发上级机关、同级机关和不相隶属机关文件，以及发布某些行政法规和规章时，可用这种通知。

2. 指示性通知。上级机关对下级机关的某项工作有所指示和安排，但又不宜用"命令"或"决定"时，可采用这种通知形式。这种通知带有强制性、指导性和决策性。

3. 周知性（事项性）通知。周知性（事项性）通知又称告知性通知，也叫一般性通知。上级机关需要下级机关知道或办理某项事宜，上级机关将任免的人员告知下级机关单位时可用这种通知形式。任免通知也可归属于事项性通知。

4. 会议通知。会议通知即告知有关单位或个人参加会议的通知。

（三）通知的写法

1. 标题。

（1）由"发文机关+事由+文种"组成，如《国务院关于进一步加快旅游业发展的通知》。

（2）由"事由+文种"组成，如《关于筹建××系统文学艺术联合会的通知》。

（3）若通知的事项十分重要或紧急，在文种前加"重要"或"紧急"二字，如《关于防止发生重大水灾事故的紧急通知》。

（4）如是批转类通知，由"发文机关+批转（或转发）+被发布文件标题+文种"组成,如《国务院批转财政部〈关于加强省、自治区税务局机构的报告〉的通知》。

（5）若是联合通知，在文种前加"联合"二字，如《中华人民共和国教育部 中国文学改革委员会 中国科学院语文研究所关于撤销普通话语音研究班的机构的联合通知》。

（6）仅有文种组成，如《通知》，此形式仅限内部传达不以文件发布的通知。

2. 主送机关。如是向下级机关普遍发送的公文，主送机关的名称按惯例排列；若是无固定通知对象或知照范围广泛的通知可以省略不写。

3. 正文。颁布或批转类通知结构简单，其余通知的正文一般由三部分组成。开头写明通知的缘由、目的、依据或情况，然后往往用"特通知如下"等类似用语过渡到主体部分的通知事项。如内容较复杂，可分条列项写出。结尾部分提出贯彻执行通知的办法和要求，然后用结尾语结束，如"特此通知""请认真贯彻执行"等。

（1）会议通知。这类通知要写清召开会议的依据或原因，然后写有关会议的事情，一般包括会议的时间、地点、会议内容、参加会议的人员及条件，参加会议的准备工作和其他事项等，如报到时间和地点等。

（2）布置工作通知。这类通知先总述开展这项工作的依据、内容、意义和现状，然后具体说明开展这项工作的内容、做法和要求，结尾写本通知的要求。

（3）互通情况通知。这类通知是让对方了解情况或配合进行有关的工作，所以只要把应该说明的情况说清楚即可。

（4）批转文件通知。这类通知是上级机关认为下级机关上报的文件具有普遍意义，于是进行批语，用通知的形式发给所属机关，以沟通情况、交流经验、指导工作。

【例文一】

关于开展全省普通高校就业创业理论研究征文活动的通知

各普通高等学校：

为深入贯彻落实党中央、国务院和省委、省政府关于"稳就业""保就业"决策部署，加强我省高校大学生就业创业理论研究，提升高校就业创业工作队伍理论素养和业务水平，根据《湖南省2022届高校毕业生就业创业工作"一揽子"举措实施方案》有关安排，决定开展全省普通高校就业创业理论研究征文活动。现就有关事项通知如下：

一、征集对象

全省普通高校就业创业工作相关人员，包括主管领导、相关部门工作人员、专兼职就业创业指导教师等。

二、征文时间

2022年7月15日至2022年9月15日。

三、征文要求

1. 选题新颖，观点明确，语言精练，资料翔实可靠，具有一定的学术价值和指导意义，篇幅原则上不超过2 000字，具体规范可参考湖南日报理论版、理论智库版相关要求（https://hnrb.voc.com.cn/hnrb_epaper/html/2022-05/06/content_1575587.htm?div=-1）。

2. 正文中不出现作者个人信息，另页附上作者姓名、单位及职务、职称，以方便后期开展匿名评审。

3. 已经公开发表的论文，不纳入评选范围。

四、征文评选及报送

1. 本次征文评选，分"大学生就业研究""大学生创新创业研究"两大类，请作者在封面及正文第一页的右上角位置注明参评类别，并附查重报告。

2. 征文结束后组织专家评审，设特等奖、一等奖、二等奖、三等奖，并将汇编成优秀论文集，择优推荐在《湖南日报》理论智库版刊发。

3. 每所高校推荐论文原则上不超过4篇，请各高校毕业生就业工作部门于9月15日前将加盖公章的《全省普通高校就业创业理论研究征文活动推荐汇总表》（见附件）、论文纸质版每篇7份一并报（寄）送至省大中专学校学生信息咨询与就业指导中心，逾期不予受理。

联系人：湖南省大中专学校学生信息咨询与就业指导中心张××；联系电话：138××××5961；电子邮箱：ynt××××@163.com。

邮寄地址：长沙市雨花区新建西路137号长城大厦B座三楼302室；收件人：湖南日报社黄××；联系电话：186×××3736；电子邮箱：343××××51@qq.com。

附件：全省普通高校就业创业理论研究征文活动推荐汇总表

湖南省教育厅　湖南日报社
2022年7月20日

【例文二】

国务院批转教育部《面向21世纪教育振兴行动计划》的通知

国发〔2018〕4号

各省、自治区、直辖市人民政府，国务院各部委、各直属机构：

国务院同意教育部《面向21世纪教育振兴行动计划》，现转发给你们，请认真贯彻执行。

实现社会主义现代化，科技是关键，教育是基础。在即将到来的21世纪，国家的综合国力和国际竞争能力将越来越取决于教育发展、科学技术和知识创新水平。改革开放以来，我国教育改革和发展取得了重要成就，为21世纪教育事业的振兴奠定了坚实基础。但是，我国教育发展水平仍然较低，教育结构和体制、教育观念和方法还不能适应现代化建设的需要。以江泽民同志为核心的党中央在党的十五大上明确提出："培养同现代化要求相适应的数以亿计高素质的劳动者和数以千万计的专门人才，发挥我国巨大人力资源的优势，关系21世纪社会主义事业的全局。"根据党中央关于21世纪社会主义现代化建设特别是实施科教兴国战略的重大部署，全社会都要高度重视教育，要使科教兴国真正成为全民族的广泛共识和实际行动。各级人民政府和各有关部门要切实把教育摆在优先发展的战略地位，充分认识全面振兴教育事业的重要性，认真实施《面向21世纪教育振兴行动计划》，把生机勃勃的中国教育带入21世纪。

中华人民共和国国务院
2018年1月8日

【评析】

  由于例文2是上级转发下级的文件，故叫"批转"。批是批准、批示的意思，转是转发的意思。转发的行文对象是所属的其他下级单位，故采用"通知"这一文种。如果转发的文件是上级、同级或不相隶属单位的来文，不能使用"批转"二字，应用"转发"以示尊重，这种通知称作转发性通知。

  例文的标题，包括三个部分：批转文件机关、事由和文种。需要注意的是，除批转法规性文件外，一般不加书名号。

  批转、转发性通知的正文，通常包括三层意思。一是表明态度，即对批转、转发的文件表明肯定性的态度，如例文第一段；二是强调意义，即对批转、转发文件中的事项予以强调，以引起阅读者注意。

【病例】

关于石化总公司召开开展增产节约、劳动竞赛会议的通知

各分公司、分厂、各车间党支部、总公司各直属部门：

  为贯彻上级精神，提高总公司的工作效率和经济效益，培养广大职工的主人翁精神，经总公司董事会研究决定，在全公司范围内广泛开展增产节约、劳动竞赛活动。现将会议有关问题通知如下：

  1. 会议时间：10月4日至8日。

  2. 会议地点：总公司招待所。

  3. 与会人员：各分公司、分厂、总公司各直属部门主管生产的负责同志、工会主席等。

  4. 请各单位准备好本单位开展劳动竞赛活动的经验材料，限5 000字，报到时交给会务组。并请与会人员于10月4日前来报到。

××××石化总公司
××××年6月8日

【评析】

  该通知存在的主要毛病有：

  1. 标题不规范，事由不准确。应改为"石化总公司关于召开布置开展增产节约、劳动竞赛会议的通知"。

  2. 主送单位党政未分不妥。总公司不能向各车间党支部下发通知。

  3. 文种承启语不规范，应改为"现将有关会议事项通知如下"。

  4. 与会人员不明确，不应加"等"字。

  5. 要求有歧义。会议是布置开展活动的，若带经验材料，也应该是带本单位"以往"

开展增产节约、劳动竞赛活动的经验材料。

6. "10月4日前来报到"有歧义，应改为"10月4日上午8:00到××公司招待所一楼总台报到"。

7. 发文时间太早。

8. 内容不够严密。如果与会人员单位离总公司很远，则还应补充说明会议食宿安排及费用。

（资料来源：http：//www.360doc.com/content/16/0610/00/4993693_566392002.shtml）

（四）通知的写作模板（见表2-3）

表2-3

框图模式	文　字　模　板
依据 ↓ 目的 ↓ 文种承启语 ↓ 事项 ↓ 要求 注：以上为公文的基本内容模块结构模式，除"事项"外，其余模块也可视情况作相应的省略。	1. 工作通知 　　　　　　×××关于×××××××的通知 　　×××××××××（背景、缘由、问题、依据）。为了××××（目的），现就有关事项通知如下：（文种承启语） 　　1. ×××××××。（事项） 　　2. ×××××××。（事项） 　　3. ×××××××。（事项） 　　×××××××××。（要求、希望） 　　　　　　　　　　　　　　　　　　　　　　××× 　　　　　　　　　　　　　　　　　　　×××年××月××日 2. 会议通知 　　　　　　×××集团公司关于×××××会议的通知 各××××，公司各部门： 　　×××××××××（背景、缘由）。为了×××××××××（目的），本公司决定召开×××××工作会议（会议意图）。 　　现将有关事项通知如下：（文种承启语） 　　1. 会议内容：×××××××××。 　　2. 与会人员：×××××××××。 　　3. 会议时间：××月××日至××月××日。 　　4. 报到时间和地点：××月××日9：00—18：00，在××××××××酒店大堂报到。 　　5. 会议地点：×××××××××。 　　6. 其他事项： 　　（1）×××××××××。 　　（2）×××××××××。 　　（3）会务联系：××市××路××号××××××××工作会议会务组。邮编：×××××。联系人：李秘书。联系电话：××××××××。电子邮箱：liwen@21cn.com。QQ：××××××。 　　附件：会议报名回执表 　　　　　　　　　　　　　　　　　　　　　　×××集团公司 　　　　　　　　　　　　　　　　　　　×××年××月××日

四、通报

（一）通报的适用范围
适用于表彰先进，批评错误，传达重要精神或者情况。

（二）通报的种类
1. 表彰通报：主要是表彰先进集体或先进个人事迹的通报。
2. 批评通报：主要是对重大事故或严重错误、不良倾向或丑恶现象的通报。
3. 情况通报：主要用于沟通情况、传递信息、传达重要情况的通报。

（三）通报的写法
1. 标题。通报的标题一般由事由＋文种组成，如《关于表彰××同志的通报》；级别高的机关有的加上发文机关，如《××县人民政府关于××乡乱砍滥伐林木的通报》。
2. 正文。
（1）表彰通报：首先概述先进事迹或经验，其次评价事实，接着说明决定，最后提出希望和要求。
（2）批评通报：首先概述事故或错误倾向的具体情况，其次评论事故，指出原因、危害，说明决定，最后提出希望要求，或切实可行的意见措施。
（3）情况通报：首先概述情况，然后分析情况，最后提出意见、要求以及解决问题的办法。

【例文】

教育部关于人民教育出版社小学数学教材插图问题的调查处理通报

2022年5月，人民教育出版社（简称人教社）第十一套小学数学教材插图问题受到社会广泛关注。教育部党组高度重视，成立由党组主要负责同志任组长、2位党组成员任副组长的调查处置工作组，通过约谈相关人员，调阅原始资料，听取数学、思政、美术等方面专家意见，征求一线数学和美术教师意见等方式，进行了认真调查核实。现将有关情况通报如下：

经查，教材插图主要存在三方面问题。一是不美观向上，与立德树人根本要求存在差距。整体画风不符合大众审美习惯，部分插图人物形象比较丑陋，精神风貌不佳，没有恰当体现出我国少年儿童阳光向上的形象。二是不严肃规范，个别插图甚至存在错误。插图数量过多，部分插图制作专业水准不高，个别插图存在科学性、规范性问题。三是不细致准确，部分插图容易引人误读。部分插图绘制粗糙，一些线条绘制和元素选择不当，图片比例不协调。同时也发现网上传播的一些问题插图并非人教社小学数学教材插图，有关部门已将其列入全面排查整改。

经查，人教社作为教材编制单位，落实中央有关决策部署不全面、不彻底，对教材插图的育人功能认识不到位，插图作者遴选制度不健全不规范，教材三审三校制度落实不严格，内部纠错制度不完善，对读者意见不重视，对插图存在的问题未认真排查、及时整改。教育部教材局在组织专家开展教材审查时，指导不足、监督不够，对教材问题排查整改工作督促不到位。

经查，没有发现人教社相关人员与插图作者吴××、教材整体设计艺术总顾问吕××之间存在经济利益输送问题。

依据《中国共产党问责条例》《中国共产党纪律处分条例》《中华人民共和国公职人员政务处分法》等有关规定，对有关单位及27名失职失责人员进行严肃追责问责，具体如下：

责令人民教育出版社党委整改，并予以通报批评；给予人民教育出版社党委书记、社长黄××党内严重警告、记大过处分；给予总编辑、时任党委书记郭××党内严重警告、记大过处分，免职处理；给予分管负责人党内严重警告、记大过处分，免职处理；给予小学数学编辑室主要负责人党内严重警告、记过处分，免职处理；给予其他17人相应纪律处分和组织处理。责令教育部教材局整改，并予以通报批评；给予局长田××党内警告、记过处分；给予分管负责人等5名相关人员相应纪律处分和组织处理。

对插图作者、设计人员作出相应处理，不再聘请吴××、封面设计吕××及其工作室从事国家教材设计、插图绘制等相关工作。

衷心感谢社会各界对教材工作的关心、批评与监督。教育部将坚持和加强党对教材工作的全面领导，不断健全完善并严格执行教材编制、审查、使用、维护、监管各环节相关制度，确保教材建设始终坚持正确政治方向和价值取向，切实打造培根铸魂、启智增慧、适应时代要求的精品教材。

教育部
2022年8月22日

【评析】

1. 这是一篇批评错误的通报。发这则通报的目的是敲一敲警钟，让广大出版机构引以为戒。开头开门见山，概要地介绍了教材插图相关问题的调查结果和有关人员的错误事实，批评错误的通报通常都是这种写法。接着，通报对有关人员的处分决定。这是决定中的结论部分，并不是决定的全文，在通报中，也没有必要引用决定的全文，只要让阅读这份通报的人了解到给什么人以什么处分，也就行了。

2. 只通报错误事实及给什么人以什么样的处分，并不是通报的目的。通报的重点是后文中对下级提出要求的部分。一般来讲，此类通报均更多地着墨于对下级的要求。如果要求的内容较多或较具体，则可以采用分条列项的写法，既对下级提出要求，又表明了领导机关的态度。

【病例】

关于李××的通报

各系处室，各班级：

我院计算机班学生李××，2019年11月30日中午到学院食堂吃饭时，看到排队打饭的人多，就要强行插队打饭，有同学劝他要遵守纪律时，他还大声说："关你屁事！"一位纠察队员过来阻止他，他不管三七二十一，拿起搪瓷饭碗打在纠察队员头上，致使那位纠察队员头部受伤。李××的行为引起了在场其他同学的公愤，有人甚至叫嚷要把他拉到派出所去关押起来。

据查，李××平时学习也不够刻苦，上学期期末考试有一科仅得61分。

经学院领导研究决定,给予李××记大过处分一次。

希望广大同学以此为戒,努力学习,争取在学年考试中取得好成绩。

××职业技术学院
2020年5月20日

【评析】

该通报存在的主要毛病有:

1. 标题不够具体明晰。应把事由写完整写清楚,改为:关于李××违纪打人的处分通报。

2. 语言欠提炼修饰。如"关你屁事!""不管三七二十一"等,都比较粗俗,不符合公文语言简练庄重的要求。

3. 对李××错误的性质没有给予明确的评价。

4. 观点和材料不统一。"李××平时学习也不够刻苦,上学期期末考试有一科仅得61分。"

5. 制发不适时。李××打人事件发生在2019年11月30日,却到2020年5月20日才通报处分,显然太迟了。

(四) 通报的写作模板

通报的写作模板如表2-4所示。

表2-4

框图模式	文字模板
依据 ↓ 目的 ↓ 文种承启语 ↓ 事项 ↓ 要求 注:以上为公文的基本内容模块结构模式,除了"事项"外,其余模块也可视情况作相应的省略。	1. 表彰性(批评性)通报 <div align="center">××有限公司关于表彰(批评)×××××××的通报</div>各部门、各有关机构: 　　×××,是××××××××(介绍基本情况。先进事迹及效果/事故或错误事实其后果)。×××××××××(分析、评议先进事迹/分析事故原因,性质及危害)。 　　为了表彰××××××(为严肃纪律),××××××(目的),公司研究决定:授予××"××××"荣誉称号,并颁发奖金××元(对××予以通报批评,扣发×××奖金,并责令其×××)(表彰决定事项/处分决定)。 　　希望×××××××以张×为榜样,努力做好本职工作,为公司的改革与发展做出更大的贡献(望全体员工引以为戒,从中吸取教训,把各项工作提高到一个新水平)(希望、号召/吸取教训,希望和要求)。 <div align="right">××有限公司 ××××年××月××日</div>2. 情况通报 <div align="center">××××公司关于××××情况的通报</div>公司所属各单位: 　　最近,我公司发生了×××事件(背景、依据)。为了××(目的),现将情况通报如下(文种承启语): 　　××××××(概括叙述情况。事项之一)。×××××××(分析情况。事项之二)。 　　×××××××(提出希望和要求)。 <div align="right">××××公司 ××××年××月××日</div>

五、报告

（一）报告的适用范围
适用于向上级机关汇报工作、反映情况、答复上级机关的询问。

（二）报告的种类
1. 工作报告。这是某项工作进行到一定阶段，需要向上级汇报时所写的报告。
2. 情况报告。这是在工作中突发或临时出现的重大情况、新情况时所写的报告。
3. 答复报告。这是答复上级机关有关询问所写的报告。

（三）报告的写法
1. 标题。报告的标题一般由"事由+文种"组成。由于报告是上行文，一般省略发文机关，如《关于为××市代培全日制本科走读生初步安排的报告》。
2. 正文。
（1）开头部分。
概括地写明报告的原因、目的、依据，然后用"现将××情况报告如下："转入主体。
（2）主体。
①工作报告：包括工作的情况、取得的成绩或存在的问题、今后的意见措施和打算。
②情况报告：概述发生的情况，分析原因、性质及造成的影响，提出对策或处理经过，也可以推测情况的发展趋势。
③答复报告：先写明什么时间收到上级询问的事项，然后针对提出的问题做出回答。
3. 结尾。结尾部分常用"特此报告""谨此报告"等惯用语结束。

【例文】

浙江省教育厅2021年度法治政府建设工作报告

2021年，省教育厅坚持以习近平新时代中国特色社会主义思想为指导，认真贯彻落实省委、省政府关于法治浙江建设部署要求，深入贯彻落实习近平法治思想，推动法治政府建设取得新进展。

一、2021年法治政府建设主要情况
1. 深入学习贯彻习近平法治思想。（略）
2. 全面落实法治建设第一责任人职责。（略）
3. 坚持将领导干部学法放在突出位置。（略）
4. 全面推进依法行政。（略）
5. 广泛开展教育普法活动。（略）
6. 提高依法治理的数字化水平。（略）

二、下一步工作安排

2022年，我们将以党的十九届六中全会精神为指引，以全面深化法治政府建设为目标，不断提升教育治理体系和治理能力的现代化水平。一是深入学习贯彻习近平法治思想，不断提升教育系统党员干部政治判断力、政治领悟力、政治执行力。二是加强教育执法工作，推动执法方式多样化、手段数字化,积极推进"大综合一体化"行政执法改革,落实教育部等三部委《关于加强教育行政执法 深入推进校外培训综合治理的意见》。三是健全重大决策合法性审查机制,全面落实公众参与、专家论证、风险评估、合法性审查和集体讨论决定的程序要求。四是一体推进教育领域"放管服"改革,进一步优化教育政务服务,大力推进"互联网+政务服务",推进更多事项"一网通办"。五是全面实施教育系统"八五"普法规划,开展青少年"法治护航健康成长"普法宣传专项行动,进一步增强全省教育系统学法尊法守法用法意识。六是进一步深化依法治校,部署开展新一轮高校章程修订工作,推动各级各类学校加强法治工作机构和制度建设。

2021 年 12 月 21 日

【评析】

这是一份专题性工作报告。它充分采用了"情况—做法(体会)—问题(建议)"三段式的写作方法,符合报告写作的逻辑要求。要使报告充分起到决策与执行之间的"桥梁"作用,必须原原本本地反映实际情况,做到实事求是,不能夸大虚报。此例文语言朴素、事实具体、情况实在,让人倍感真切。

【病例】

关于××公安局破获一起伪造印刷贩卖客运票据重大团伙案件情况的报告

我局根据市政府领导的批示认真组织××公安局等有关单位,对非法使用伪造小公共汽车票据一案进行了突破。8 月 26 日到 9 月 3 日,××公安分局民警根据线索,经过 8 个昼夜的艰苦工作,终于查清了这起我市近年来罕见的团伙伪造印刷贩卖客运票据案件。初步查证,这起案件涉及我市××县和××省×市数十人,现已上缴伪造的客运票据价值 60 多万元,赃款赃物折合人民币 4 万余元,已抓获人犯 8 人,目前正在进一步深挖和审理中。

这起案件的侦破,对于推动当前我市交通运输市场的整顿,打击扰乱市场秩序的非法行为,具有重大意义。为此,我们的意见是:

1. 案情查清后,对案犯从快从重公开进行处理,以巩固交通运输市场的大好形势;
2. 建议由我单位对此案的宣传进行广泛宣传;
3. 请给予公安局有关单位和人员记功授奖。

特此报告。

×市公安局(章)
20××年××月××日

【评析】

该报告存在的主要毛病有:(1)发文机关写在"关于"的后面;(2)缺少主送机关;(3)内容上重点应汇报所做的事情,概括做法和成绩;(4)不应在报告中提出本例文末尾的意见和请示事项。

（四）报告的写作模板（见表2-5）

表2-5

框图模式	文字模板
依据 ↓ 目的 ↓ 文种承启语 ↓ 事项 ↓ 要求 注：以上为公文的基本内容模块结构模式，除了"事项"外，其余模块也可视情况作相应的省略。	1. 工作报告 　　　　　×××分公司关于××××工作的报告 总公司： 　　××××××（背景、依据）。在××××××下，现在××××工作已经结束。总的来看，工作××××××进展得比较顺利，取得了××效果（基本情况及总体评价）。现将此项工作报告如下（文种承启语）： 　　1.××××××（主要成绩） 　　2.××××××（经验教训、效果评价） 　　3.××××××（存在问题、改进意见、建议） 　　特此报告，请审阅。 　　　　　　　　　　　　　　　　　　　　××分公司 　　　　　　　　　　　　　　　　　　　　×××年××月××日 2. 情况报告 　　　　　××××关于××××事故的报告 ×××××： 　　×月×日，我单位发生了一起××××事故。×××××××（背景。概述事故基本情况，包括事故发生的时间、地点、造成的损失等）。 　　现将情况报告如下（文种承启语）： 　　××××××（对事故的救助活动情况）。 　　××××××（事故原因、救助方案）。 　　××××××（处理事故的做法、措施）。 　　××××××（对事故责任人如何处分）。 　　××××××（教训抑或表态）。 　　　　　　　　　　　　　　　　　　　　×××××× 　　　　　　　　　　　　　　　　　　　　×××年××月××日

六、请示

（一）请示的适用范围

适用于向上级机关请求指示、批准。

（二）请示的种类

1. 请求指示型。这类请示是在工作中遇到无章可循的新情况、新问题，或是下级机关对国家的法律法规、方针政策及上级指示等有不明确或不同理解，无法办理，需请示上级指示意见，或本单位情况特殊需要对上级的普遍性要求加以变通时所写的请示。

2. 请求批准型。请求批准用于要做某项工作或办某件事，需要或缺少一定的财力、物力、人力，因而需要报请上级机关予以审核批准，批拨或调配使用，请求上级机关帮助；下级机关准备办理按规定需要上级机关批准的事项。

（三）请示的写法

1. 标题。请示的标题一般由"事由+文种"组成。由于是上行文，经常省略发文机关，如《关于请求追加我省自然灾害救济款的请示》。

2. 正文。正文由请示理由、请示事项和请示结语三部分内容组成。

（1）请示理由。主要将请示事项的原因、问题的由来写清楚，这是请求指示和批准的依据。

（2）请示事项。应明确地提出请求解决什么问题，或对什么问题请求批示意见，或对什么问题提出安排、打算、方法、措施等。请示的事项要具体明白，如果是请示批拨物资、资金，则应说明需要的金额、品名、规格及数量等；如果是请求对某一工作的指示或对处理某项问题的批准，则应提出自己的意见或处理办法；如果有两种以上的方案或意见，则应表明自己的倾向性意见。

（3）请示结语。请求指示、批准，常用"以上请示，如无不妥，请批准""特此报请核批""当否，请批示""特此请示，请审批""以上请示，请予批复"等。

如果请示事项的具体内容（如资金使用计划，工作设想安排等）较为复杂，可以用附件形式随文呈报。

【例文】

关于暂缓调高旅游专项资金在交通建设附加费中分配比例的请示

市人民政府：

今年4月7日，市委、市政府《关于加快发展旅游业的决定》，同意建立旅游建设发展专项资金，其部分资金来源于交通建设附加费的分配，并将此分配比例从原来的5%调高到10%。对此，我委认为该措施无疑有利于筹集资金，促进旅游业发展。但当初决定征收旅游业交通建设附加费的目的，主要是筹集地铁资金，现要提高旅游专项资金在交通建设附加费中的分配比例，必然减少地铁资金的来源。地铁工程建设年度投资高达30亿元，筹资任务十分艰巨，而今年地铁资金缺口更大，需开拓更多的资金来源。因此，任何减少筹集地铁资金的做法都会导致工期拖长和投资增大，不利于工程建设。

鉴此，我委建议在地铁建设期内，暂缓调高旅游专项资金在交通建设附加费中的分配比例，仍执行旅游专项资金在交通建设附加费中占5%的分配比例不变。

专此请示，请批复。

××市发改委
2020年8月20日（章）

【评析】

上面这篇请示写得好，好就好在了"缓调"的理由讲得充分（即"但当初决定……不利于工程建设"），请示的态度十分明确，毫无含糊不清之处。这两点很值得我们写请示时效仿。

【病例】

××社区关于便民早餐店等若干问题的请示报告

××街道办事处、谭大林主任：

根据×政发2020年67号文件《××区人民政府关于推动社区"早餐工程"建设的决

定》精神，为了加快解决社区居民早餐难的问题，我们打算在社区活动中心附近兴建便民早餐店（已经规划部门批准），力争在二零二一年三月一日开业，产权归××社区所有，聘请社区内的下岗职工承包经营。便民早餐店预算建设资金共计一百二十五万元，现已筹集资金八十五万元，还有四十万元资金没有着落。为此，要求街道办事处给予支持解决。

另外，社区活动中心室外健身场的健身器械严重不足，难以满足居民健身需要，居民意见很大，故请顺便追加拨款十五万元用于购置健身器械。

此事关系到社区居民的切身利益，务必批准。

2020年9月1日
（资料来源：http://wenku.baidu.com/view）

【评析】

这则病例主要有以下几个问题：
1. 标题不规范，事由不清，错用文种。
2. 主送机关有误：多头主送、送领导个人。
3. 引用公文应先引标题，后引发文字号。
4. 公文中数字应该用阿拉伯数字。
5. 正文内容一文多事。
6. 用语不合文种要求。
7. 未明确阐明请示缘由，内容中的时间与成文时间矛盾。
8. 请示结语不正确。
9. 没有标明请示单位。

（四）请示的写作模板（见表2-6）

表2-6

框图模式	文字模板
依据 ↓ 目的 ↓ 文种承启语 ↓ 事项 ↓ 要求 注：以上为公文的基本内容模块结构模式，除了"事项"外，其余模块也可视情况作相应的省略。	第××工程有限责任公司关于××××的请示 ××集团： 　　××××社区居民早餐难（事实依据或缘由、条件）；××××××××××（理论依据或缘由、条件）。 　　为了××××（目的一），×××××（目的二），我公司现请求（申请）×××××，××××××（要求或指示或批准或支持或帮助的具体内容）。 　　当否，请批复（习惯式要求用语）。 　　附件：1.×××××××　×份 　　　　　2.×××××××　×份 <div align="right">××集团第××工程有限责任公司</div><div align="right">×××年××月××日</div>

七、批复

（一）批复适用范围
适用于答复下级机关的请示事项。

（二）批复的种类
1. 肯定性批复。用于对下级机关请示表示同意。
2. 否定性批复。用于对下级机关请示表示不同意。
3. 解答性批复。用于解答下级机关在请示中的疑问。

（三）批复的写法
1. 标题。
（1）由"发文机关＋事由＋文种"组成，如《国家税务总局关于个人所得税若干业务问题的批复》。
（2）由"事由＋文种"组成，如《关于成立××工程承包公司的批复》。
（3）由"发文机关＋事由＋请示机关＋文种"组成，如《国务院关于同意安徽省设立滁州市、巢湖市给安徽省人民政府的批复》。

2. 正文。一般由批复引语、批复意见、批复结语三部分组成。
（1）批复引语。是批复的缘由部分，要写明请示来文日期、标题和发文字号，以此说明发文机关制发批复的原因或根据，如"你局×月×日的请示悉""你市《关于撤销南汇县设立南汇区的请示》（沪府〔2000〕37号）收悉"。有时批复引语也可以只引请示的标题或发文字号。
（2）批复意见。是针对请示中提出的问题，做出恰当、明确的答复。"同意"下级机关的请示，即给予肯定答复，且要重复请示的具体内容；不予批准，应在做出否定性答复后，说明理由，阐明政策依据，做必要的解释。
（3）批复结语。一般用"特此批复""此复"等惯用语。

【例文】

云南省教育厅关于云南昆明工业学校申办学前教育专业的批复

云教复〔2019〕37号

昆明市教育体育局：

你局转报的《昆明市西山区教育体育局关于云南昆明工业学校申报新增学前教育专业的初评报告》（西教体〔2019〕68号）收悉。现批复如下：

经评审专家组实地评估认为，云南昆明工业学校在设施设备配备、师资队伍配置、实践基地配套等方面有一定基础。根据专家组评估意见，经研究，同意该校获得中等专业学校学前教育专业办学资质，培养方向为保育员，从2019年秋季学期开始招生，招生规模为50人。

请你局建立相应工作机制，在规范学校办学行为、确保培养质量等方面加强指导和监督。要督促学校按照评审专家组提出的意见和建议，充分整合和利用现有资源，切实改善办学条件，重点加强专业师资队伍建设。要根据培养方向和目标完善人才培养方案，科学设置课程体系，遵循教师教育和学前教育的规律组织开展教育教学活动，为全省学前教育发展作出贡献。

2019 年 5 月 31 日

【评析】

  批复的标题一般由发文机关名称+事由+文种组成。其中"事由"是下级机关请示标题中"事由"的摘录。正文由批复引语、批复意见、批复结语三部分组成。批复引语是批复的开头部分，是批复行文的必要用语，说明发文机关制发批复的原因或根据。如文中开头引述请示的文件名（不要发文机关名称）和发文字号"你局转报的《昆明市西山区教育体育局关于云南昆明工业学校申报新增学前教育专业的初评报告》（西教体〔2019〕68 号）收悉。"然后用"现批复如下"转入批复意见。批复意见是针对请示中提出的问题，做出恰当、明确的答复。

【病例】

关于要求拨给抢修校舍专款请示的批复

××镇教育办：

  你们的请示收悉，这次强台风的破坏，使你镇校舍损失惨重，造成许多班级无教室上课。经研究。可考虑拨专款 15 万元以内给你镇抢修教室，不足部分请自筹解决。

  特此批复。

××县教育局
2020 年 3 月 2 日

【评析】

  这则病例主要有以下几个问题：
1. 批复的开头应该引用相应请示的标题和发文字号；
2. 批复中表态要明确不能用"可考虑"等模棱两可的词语；
3. 最好复述对方请示的具体事项。

（四）批复的写作模板（见表2-7）

表2-7

框图模式	文字模板
引述来文 ↓ 文种承启语 ↓ 事项 ↓ 要求 注：以上为公文的基本内容模块结构模式，除了"事项"外，其余模块也可视情况作相应的省略。	××××关于××××（请示标题中"事由"的摘录）的批复 ××××： 　　你×《关于××××××××××的请示》（××政发〔2017〕××号）收悉。现批复如下： 　　××××××××××（针对请示中提出的问题，做出恰当、明确的答复）。 　　　　　　　　　　　　　　　　××××××× 　　　　　　　　　　　　　　　　×××年××月××日

八、函

（一）函的适用范围

适用于不相隶属机关之间商洽工作、询问和答复问题、请求批准和答复审批事项。

（二）函的种类

1. 从格式上划分，分为公函和便函。

公函：用于商洽、询问、答复工作中比较重要的问题和请求主管部门批准某项事宜，属于正式公文。

便函：用于询问、答复、联系一般性公务事宜，不属于正式公文，不编文号，不列标题，用机关信笺直接书写，一般不入档案。

2. 从行文方向上划分，分为去函和复函。

去函：主动地与有关单位商洽工作、询问事项或提出要求。

复函：针对来函的问题向来函单位回答相应的商请或询问事项。

3. 从内容上划分，分为商洽函、询问函、答复函、请批函和知照函。

商洽函：是不相隶属机关或平级机关之间商洽、联系、协调某一问题或工作的函。

询问函：是向有关机关询问情况，提出问题，要求对方答复的函。

答复函：是针对询问答复问题的函。

请批函：是向没有隶属关系的业务主管部门请求批准某些具体事项的函。

知照函：是把需要知道的情况告知对方的函。

（三）函的写法

1. 标题。

（1）函由"发文机关+事由+文种"组成，如《国家税务总局关于人民银行委托加工饰品征税问题的函》。

（2）由"事由+文种"组成，如《关于为你厂代培财会人员的复函》。

2. 正文。

函的正文包括开头、主体和结尾三部分。

（1）开头要写明发函的原因、目的和依据。若是复函则要先引用对方来函的标题或发文字号、发文日期，如"贵公司《关于××××××的函》（××字［××××］×号）收悉"或"贵单位×××年××月××日的来函收悉"，然后用"现将有关问题说明如下""现将有关问题函复如下"等习惯语过渡转入主体。

（2）主体要写明商洽、询问、请求答复的有关具体事项。若是去函，要讲清己方的要求，或把请对方协办的事项和有关的信息告知对方。若是复函也要将本单位对来函的意见说明白，表明自己的态度，如不能满足对方的要求，应把理由解释清楚；如能满足对方的要求，可以重复来函的请求事项。如事项较复杂，则要分条逐项写。

（3）结尾要根据不同种类的函进行结束。如去函只是告知对方，可用"特此函告""特此函达"等；如是询问、请求答复的函，可用"即请函复""盼复"等；如是复函，可用"特此函复""此复"等。

由于函大多用于不相隶属机关之间的公务往来，因此行文用语要谦和。

【例文】

关于商洽代培文秘人员的函

××大学中文系：

获悉贵系将于今年9月份开办秘书业务进修班，系统讲授有关秘书业务以及公文写作与处理的基本理论和方法。自机构改革以来，我厅所属单位的文秘人员调整较大，不少新的文秘人员由于没有经过专业培训，业务素质较差。现在你们开办进修班，将为这些同志提供一个非常难得的学习机会。我厅拟派10名文秘人员随班学习，委托你们代培。有关代培费用，我厅将如数拨付。

可否，盼予函复。

××省工业厅人事教育处（公章）
××××年××月××日

【评析】

商洽函的标题，一般要写明商洽事项，并加上文种。正文一般都包括两部分内容：①商洽缘由。主要写明为什么要提出商洽，一般都是以一定的事实作为理由。如所举例文，就获悉对方开办秘书业务进修班的事实，作为提出商洽代培文秘人员的依据。有的可依据上级指示精神作为商洽的原因；有时也可不写原因，直接提出商洽意见。②商洽事项。这是函的主体，要写清楚商洽的具体事项，特别要写清对对方有什么要求。如果是几方面的内容，可以分条列出，以便对方考虑。如所举例文中的"我厅拟派10名文秘人员随班学习，委托你们代培。有关代培费用，我厅将如数拨付"，就是商洽的事项和对对方的具体要求。"可否，盼予函复"是希望语。态度要谦和，语言要恳切，也可用"如果你们同意，请即复函"等惯用词语，作为函的结尾。

【病例】

举办交流会的函

广东省银监会：

您好！

渣打银行（中国）有限公司将于2015年11月10日举办"中小企业发展与融资交流会"。2015年，由于宏观调控及从紧的货币政策等因素影响，中小企业在融资问题上面临新的挑战。作为一家国际银行，渣打银行致力于帮助中国中小企业健康成长，自2003年起便在中国成立了专门服务中小企业的部门，已经在中国推出一系列符合中小企业需求的金融产品。届时，将与您分享中小企业发展与融资的最新政策动态。同时，您也将了解渣打银行最新在广州推出的"商业房产按揭贷款"，"房产抵押贷款"，"中小企业无抵押小额贷款"，"快捷贸易通"和"贸易和流动资金贷款"，分享渣打银行为中小企业量身定做的贸易融资方案以及现金管理方案。

此次会议的具体细节为：

时间：2015年11月10日（星期一）1:30pm—5:00pm

地点：广州国际会议展览中心一层多功能厅

我们诚挚期待您的莅临和指导！

渣打银行（中国）有限公司中小企业理财部（印）
2015年10月15日

【评析】

该函存在的主要毛病有：

1. 题目应改为《关于邀请参与中小企业发展与融资交流会的函》。

2. 删去"您好"，因为这不是书信的称呼。

3. 文中的"您"全部改为"贵单位"，并将正文部分的第二自然段内容调整为"本次交流会主要活动内容为：中小企业发展与融资的最新政策的动态报告；渣打银行最新在广州推出的'商业房产按揭贷款''房产抵押贷款''中小企业无抵押小额贷款''快捷贸易通'和'贸易和流动资金贷款'的细则说明渣打银行为中小企业量身定做的贸易融资方案以及现金管理方案的细则说明等"。

4. 此次会议的具体细节部分应作为附件形式列明各项细节。

5. 删去"我们诚挚期待您的莅临和指导！"，因为这不是书信的结尾；可改为"特此函告"。

（资料来源：http：//www.360doc.com/）

（四）函的写作模板（见表2-8）

表2-8

框图模式	文　字　模　板
依据 ↓ 目的 ↓ 文种承启语 ↓ 事项 ↓ 要求 注：以上为公文的基本内容模块结构模式，除了"事项"外，其余模块也可视情况作相应的省略。	1. 去函 　　　　　　××××（发文方）关于函洽（函请；函知） 　　　　　　　　××××××（事由）的函 ××××： 　　××××××××××（依据、缘由、背景）。为了××××××××（行文目的），现函商（现函请；现函；现函告）如下（文种承启语）： 　　××××××××，××××××，××××××。（事项）如蒙同意（如蒙概允；如可行），请函复（请函批；请函告）（要求、希望、祈盼）。 　　　　　　　　　　　　　　　　　　　　×××××公司 　　　　　　　　　　　　　　　　　　　　×××年××月××日 2. 复函 　　　　　　　×××（复函方）关于×××（事由）的复函 ×××： 　　贵公司（贵方）方《关于××××××××的函》（××××××〔×××〕20号）收悉（依据、缘由、背景）。经研究，现函复（现函批；现函告）如下（文种承启语）： 　　××××××××。（事项） 　　×××××。×××××××。（事项） 　　专此函复（特此函复；特此函批）。 　　　　　　　　　　　　　　　　　　　　×××××集团公司 　　　　　　　　　　　　　　　　　　　　×××年××月××日

九、会议纪要

（一）会议纪要的适用范围
会议纪要适用于记载、传达会议情况和议定事项。

（二）会议纪要的种类
1. 办公会议纪要：主要用于小型的一般日常工作中的办公会议，如常委会、办公会、厂务会等。

2. 大型会议纪要：主要用于范围较大的大型工作会议。如全国（省、市等）性工作会议，几个部门联席召开的会议等。

（三）会议纪要的写法
1. 标题。

（1）由"会议名称+文种"构成，如《全国卫生工作会议纪要》。

（2）由"机关名称+会议名称+文种"构成，如《广东省知识产权办公会议纪要》。

（3）由"机关名称+事由+会议名称+文种"构成，如《最高人民法院关于审理毒品犯罪案件工作会议纪要》。

（4）双标题。由正标题与副标题组成，正标题反映会议的主要精神和内容，副标题标明会议名称和文种，如《抓住机遇　改革开放——××市对外开放研讨会纪要》。

2. 正文。正文一般由"前言（导语）+主体+结尾"三部分组成。
（1）前言。一般概述会议的基本情况，包括会议进行的时间、地点、组织者、参加人员、主持人、会议议程、主要议题以及对会议的总体评价等。
前言的写法有总分结构和分项式结构。
①总分结构（总述式）：即把时间、地点、主持人、参加人和会议内容放在开头概括总述。
②分项式结构：把议定事项（主体部分）放在分述部分分条列项叙述表达。例文采用分项式结构（条目式）写法，即把会议时间、地点、主持人、参加人、会议内容和议定事项按序往下排列，逐项叙写。
（2）主体。是议定事项部分，一般把会议决定的事宜或意见、精神加以归纳。要求准确简明地写出会议讨论的问题及结果、会议议定的事项，对今后工作的指导思想、要求和措施等。
（3）结尾。提出希望和要求，发出号召，要求有关单位认真贯彻会议精神，努力完成会议提出的各项任务。有的结尾部分也可省略。
会议纪要在形式上均以"会议"为第三人称口吻转述会议内容。正文主体部分的写作，常用"会议认为""会议提出""会议决定""会议强调""会议指出""会议要求""会议讨论了""会议通过了""会议听取了""与会者一致认为""会议希望""会议号召"等作为层次段落的开头语，适度使用，有助于更好地进行表述。

【例文】

中共××市委常委会议纪要

时间：2021年4月17日下午至18日
地点：市委主楼218会议室
主持人：×××
参加人：×××、×××、×××
会议内容：
1. 学习并讨论如何贯彻执行省委《关于进一步统一认识　坚决搞好治理整顿的通知》。
2. 听取并讨论××同志关于2020年度振兴××立功竞赛表彰大会准备工作的汇报。
议定事项：
1. 会议认真学习了省委2021年4月10日《关于进一步统一认识　坚决搞好治理整顿的通知》，对我市前段治理整顿的情况和一季度形势逐项进行了分析和深入的讨论，进一步统一了思想，明确了当前和今后治理整顿的任务和工作重点。
会议认为，半年来我市在贯彻中央治理整顿方针的过程中，态度坚决，工作扎实，初见成效。但成绩不能估计过高，要看到思想认识的差距和治理整顿任务的艰巨，要按照中央精神和××同志政府工作报告，进一步统一思想，认真抓好治理整顿的各项工作。
会议议定，在省委传达中央工作会议精神后召开市委工作会议，通过传达中央工作会议精神，分析我市治理整顿形势和任务，提高认识，统一思想，动员全党一心一意搞好治理整顿。会议定于4月底召开，由市委办公室做好会议筹备工作。
2. 会议听取了××同志关于2020年度振兴××立功竞赛表彰大会准备工作的汇报，原则同意"立功办"提出的大会方案及召开时间，原则同意市级劳模及文明单位的名单，责成"立功办"根据市委常委意见进行调整，并做好大会准备工作。对有些需要进一步研究的问题由"立功办"再做准备，向书记办公会汇报。

中共××市委员会
2021 年 4 月 19 日（公章）

【评析】

　　这是一份办公会议纪要。文中议定事项根据会议内容两项逐项叙述，正文第一部分第一段概述学习文件的基本情况，统一思想，明确任务和重点内容。第二段先肯定前段成绩，看到差距及任务的艰巨，要进一步抓好工作。第三段会议决定 4 月底召开市委工作会议，传达中央工作会议精神。搞好我市的治理整顿工作。正文第二部分是会议内容的第二项，听取汇报后原则同意市级劳模及文明单位名单，并责成"立功办"对名单进行调整，做好大会各项准备工作后，再向书记办公会议汇报。从案例中可以看到，会议的进程，讨论的各项工作问题，议决的事项都写得非常清楚、明白、简练。文中会议主要内容分述完后，全文也就自然结束，无须结尾。

【病例】

国家级实验教学示范中心第一次工作会议纪要

　　为做好国家级实验教学示范中心（以下简称"示范中心"）的建设和管理工作，加强示范中心之间的交流与合作，更好地发挥示范辐射作用，教育部高等教育司于 2006 年 5 月 31 日至 6 月 1 日在北京大学召开了国家级实验教学示范中心第一次工作会议。第一批 25 个示范中心主任、所在学校主管部门负责人及信息化建设人员共 90 余人参加了会议，教育部高等教育司司长张××同志到会并作重要讲话，教育部高等教育司副司长杨××同志作会议总结。北京大学副校长张××教授到会致辞。会议期间，与会代表交流了示范中心建设经验，讨论并修改了示范中心资源共享信息化建设框架体系草案和国家级实验教学示范中心管理办法，研究了筹备成立示范中心联席会及示范中心 2006 年工作等有关事宜。

　　张××同志在讲话中指出，人才是建设创新型国家的基础，人才培养、尤其是创新人才培养，是基础性、全局性的工作，也是战略性和前瞻性的工作。在高等学校人才培养工作中，学生动手实践能力培养是其中的弱项，也是提高高等教育教学质量的重中之重。

　　与会代表一致认为，张××同志的重要讲话明确了示范中心下一步的工作重点和工作思路。代表们表示，作为国家级实验教学示范中心，要不断增强自身实力，探索实验教学改革新思路，改进实验教学体系、内容和方法，凝练优秀教学成果，建设优质教学资源。

　　杨××同志在会议总结中传达了日前教育部召开的"提高教学质量、深化教学改革工作研讨会"会议精神，并结合当前高等教育的形势和"十一五"期间工作思路，对示范中心下一步工作提出四点要求：一要不断加强示范中心自身建设。二要从全局的高度认识示范中心发挥示范辐射作用的重要意义。三要加强交流与合作。四是示范中心所在学校要高度重视国家级实验教学示范中心的工作和肩负的责任，制定并落实相关政策、措施，提供必要的经费，保障示范中心的进一步建设和发展，支持示范中心发挥示范辐射作用。

　　杨××同志强调，示范中心建设是一项长期任务，国家级实验教学示范中心要进一步加强自身建设，加大实验教学改革和实验教学条件建设的力度，努力把国家级实验教学示范中心建设成为创新人才培养的基地，实验教学改革研究实践和示范辐射的基地。

××区××××办公室

2021年××月××日

【评析】

这是一份极为规范的会议纪要。纪要着重通过杨、张两位同志的讲话和对与会代表意见的归纳性文字，来介绍会议主题，正文第一段概述会议的基本情况，并点明此次会议的主要内容。第二段概括张××同志的讲话，说明建设高等学校国家级实验教学示范中心的目的、意义和要求。第三段概括与会代表的看法和要求并"一致同意建立示范中心联席会议制度"。第四段，概括杨××同志的话对高等学校国家级实验教学示范中心下一步工作提出具体的要求。从案例中可以看到，会议的进程，讨论的各项工作问题，议决的事项都写得非常清楚，明白，简练。文中会议主要内容分述完后，全文也就自然结束，无须结尾。

（四）会议纪要的写作模板（见表2-9）

表2-9

框 图 模 式	文 字 模 板
依据 ↓ 目的 ↓ 文种承启语 ↓ 事项 ↓ 要求 注：以上为公文的基本内容模块结构模式，除了"事项"外，其余模块也可视情况作相应的省略。	1. 格式一： ×××会议纪要 　　×××年××月××日，××××在××××××召开。参加会议的有各部门负责人。会议由×××总裁主持。会议讨论了××××问题。 　　现纪要如下： 　　1. ××××××××××。 　　2. ××××××××××。 　　3. ××××××××××。 2. 格式二： ×××会议纪要 　　×××年××月××日，××××在××××××召开。参加会议的有各部门负责人。会议由×××总裁主持。现将会议讨论和决定的问题纪要如下： 　　1. 会议指出：××××××××××。 　　2. 会议认为：××××××××××。 　　3. 会议要求：××××××××××。

【技能训练】

一、根据下面这份批复，分析并指出问题

××省教育厅关于××大学开设学前教育专业的批复

××大学教务处：

关于你校从2021年暑假后开设学前教育专业的问题，我们意见，是否可暂缓执行。等下一年再行研究决定。

××省教育委员会

2021年5月10日

二、情境写作

选择腾讯新闻上发表的某一见义勇为的先进人物的典型事例，写一份表彰性的通报。

【相关知识】

一、命令与决定的区别

命令和决定同时具有强制性、指挥性，但二者也有不同点。

1. 性质不同。命令把指示性和规定性结合起来，是党政机关及领导人对下级机关或者社会人员发布的一种指令性文件；而决定则是把指导性和决定性结合起来，是党政机关、社会团体、企事业单位对某些问题或者重大行动做出安排，并需要下级单位和成员贯彻执行的具有法规性的文件。

2. 语气不同。命令的权威性和指示性，要求下级机关必须坚决照办，不容违背；而决定的指导性，虽然也要求执行公文的内容，决定的语气要比命令缓和一些。

3. 时间不同。命令要求执行起来坚决迅速；而决定则允许有一个理解执行的过程。

二、抄送的原则

1. 向上级机关的行文，一般不抄送下级机关。

2. 抄送只限于与文件内容有关，并需要对方知晓或协助办理的机关。

3. 向下级机关的重要行文，可以同时抄送直接的上级机关。

4. 一般情况下，下级机关不得越级请示、报告，因特殊情况必须越级请示、报告的，应当抄送被越过的上级机关。

5. 受双重领导的机关的请示或报告，应根据文件的内容确定主送机关，另一领导机关为抄送机关。

三、通知和通报的区别

1. 适用范围不同。通知用于批转和转发文件，任免和聘用干部，告知需办理和周知的事项等一般工作。

通报则仅仅用于表彰先进、批评错误、传达交流重要情况这三项重点工作。

2. 目的要求不同。通知的目的是告知事项，布置工作，部署行动，有严格的约束力，要求受文机关遵照执行。

通报的目的不在于贯彻执行，而是通过正反两方面的典型教育人们，或通过传达重要精神和情况引起人们的注意，而没有具体执行的事项。

3. 表达方式不同。通知的写作主要采用说明，告知人们做什么，怎样做。

通报则兼用叙述、议论和说明等表达方式。对先进事实或者错误事实、陈述情况时用叙述；对事实做分析评述或提出希望、号召时用议论；对公布表彰或奖惩决定、意见时用说明。

四、函与请示的异同

相同：函的请批函和请示两者都有请求批准的作用。

区别：请批函用于向同一机关管理范围中平级的有关业务主管部门请示批准事项；请示则是用于有隶属关系的上下级之间，下级向上级请求指示，请求批准有关事项。

五、复函与批复的异同

相同：两者都有答复有关事项的功用，都属被动行文，来函又询问的才有复函，有请示才有批复。

区别：复函用于回复平级或者不相隶属机关单位的来函，也可以回复上级单位的来函；批复则只能用于批准答复下级的请示，从使用范围看，复函比批复更广泛，使用更灵活。

综合练习

一、单项选择题

1. 制发公文的目的和要求，一般是由（　　）确定的。
   A. 撰写者本人或团体　　　　　　B. 机关党政负责人
   C. 行文对象及行文内容　　　　　D. 作者的上级机关
2. 内容重要并紧急需要打破常规优先传递处理的文件，叫作（　　）。
   A. 平件　　　　　　　　　　　　B. 加急件
   C. 特急件　　　　　　　　　　　D. 急件
3. 含有重要的国家秘密，泄露会使国家的安全和利益遭受严重损失的文件，称为（　　）。
   A. 内部文件　　　　　　　　　　B. 秘密文件
   C. 机密文件　　　　　　　　　　D. 绝密文件
4. 向级别与本机关相同的有关主管部门请求批准某事项应使用（　　）。
   A. 请示　　　　　　　　　　　　B. 报告
   C. 函　　　　　　　　　　　　　D. 请示报告
5. 其正文组成与写法和请示相近的函是（　　）。
   A. 商洽函　　　　　　　　　　　B. 询问函
   C. 答复函　　　　　　　　　　　D. 请批函
6. 以下有关公文的说法错误的有（　　）。
   A. 公文的基本组成部分有：标题、正文、作者、日期、印章或签署、主题词
   B. 通用公文，又称行政公文，指各类机关普遍使用的文件，如请示、报告、函等
   C. 通知的作者广泛，不受机关性质与级别层次的限制
   D. 函为不相隶属机关间相互往来的正式公文，对受文者的行为没有强制性影响
7. 同级或不相隶属的机关之间相互行文时应采取什么行文方式（　　）。
   A. 逐级行文　　　　　　　　　　B. 直接行文
   C. 多级行文　　　　　　　　　　D. 越级行文
8. 公文词语大部分为规范化的（　　）。
   A. 普通词语　　　　　　　　　　B. 通俗词语

C. 口头词语　　　　　　　　　　　D. 书面词语

9. 下列哪一项不属于公文语言的特点？（　　）。
A. 准确　　　　　　　　　　　　　B. 精练
C. 形象　　　　　　　　　　　　　D. 朴实

10. 公文结构层次序数第二层为（　　）。
A. "一"　　　　　　　　　　　　B. "1"
C. "（一）"　　　　　　　　　　D. "（1）"

11. 多以条文形式表述的公文是（　　）。
A. 会议文件　　　　　　　　　　　B. 公布性文件
C. 规范性文件　　　　　　　　　　D. 领导指导性文件

12. 主要起扩大部分公文的有效范围并使之更加具体化的通知是（　　）。
A. 颁发性通知　　　　　　　　　　B. 指示性通知
C. 批转性通知　　　　　　　　　　D. 转发性通知

13. 转发下级机关公文应用（　　）。
A. 指示性通知　　　　　　　　　　B. 知照性通知
C. 转发性通知　　　　　　　　　　D. 批转性通知

14. 具有被动性是哪种公文的特点？（　　）。
A. 请示　　　　　　　　　　　　　B. 报告
C. 批复　　　　　　　　　　　　　D. 会议纪要

15. 公文的标题应该使用（　　）。
A. 黑体字　　　　　　　　　　　　B. 宋体字
C. 仿宋体字　　　　　　　　　　　D. 楷体字

16. 行政公文不必具备的特点是（　　）。
A. 工具性　　　　　　　　　　　　B. 哲理性
C. 规范性　　　　　　　　　　　　D. 权威性

17. 公文标题中有的要素不能省略。下列标题格式中不符合要求的是（　　）。
A. 发文机关＋主题内容＋文种　　　B. 发文机关＋主要内容
C. 发文机关＋文种　　　　　　　　D. 文种

18. 下列各项中，属于公文的文头部分的项目是（　　）。
A. 发文机关　　　　　　　　　　　B. 主送机关
C. 抄送机关　　　　　　　　　　　D. 印发机关

19. 下列通知中，属于部署性通知的是（　　）。
A. 关于依法打击制造、贩卖盗版光盘的通知
B. 关于春节期间放假的有关事项的通知
C. 关于公布实行《集贸市场管理暂行规定》的通知
D. 某省政府转发国务院关于加强彩票市场管理的通知

20. 下列公文中，文种使用不当的是（　　）。
A. 《关于目前金融工作形势的报告》
B. 《关于申请将本市列为历史文化名城的报告》

C. 《关于干部选拔任用若干问题的请示》
D. 《关于参加大学生运动会经费问题的请示》

21. 用以答复下级机关请示的事项，应当使用的文种是（　　）。
A. 决定　　　　　　　　　　B. 指示
C. 批复　　　　　　　　　　D. 通知

22. 在机关、系统内部发布基层干部任免、聘用的信息，最常用的是（　　）。
A. 任职命令　　　　　　　　B. 通报
C. 通告　　　　　　　　　　D. 通知

23. 按公文的行文方向来划分，"请示""报告"属于（　　）。
A. 上行文　　　　　　　　　B. 下行文
C. 平行文　　　　　　　　　D. 上下行都可以

24. 下列是公文中常用的结语，其中属于"请示"的结语是（　　）。
A. 特此报告　　　　　　　　B. 特此通知
C. 望认真贯彻执行　　　　　D. 妥否，请批示

25. 公文的正文中必须使用阿拉伯数码的是（　　）。
A. 农历日月的写法
B. 表示星期几的时候
C. 名词中的数词
D. 表示数量、长度、高度、重量等各种计量的数字（并非整千整百和个位数）

二、多项选择题

1. 公文的作者以什么名义才可以制发公文（　　）。
A. 法人代表的名义　　　　　B. 国家公民的名义
C. 机关的名义或其代表人的名义　　D. 其他社会组织与个体结合的名义

2. 公文的主要功能是（　　）。
A. 实施领导　　　　　　　　B. 履行职能
C. 处理公务　　　　　　　　D. 答复问题

3. 下列几种文体中，具有公文法定效用的有（　　）。
A. 倡议书　　　　　　　　　B. 意见
C. 函　　　　　　　　　　　D. 启事

4. 以下哪些情况造成公文理解上的歧义？（　　）。
A. 成分残缺　　　　　　　　B. 搭配不当
C. 语序不当　　　　　　　　D. 成分多余

5. 公文的作用体现为（　　）。
A. 凭据作用　　　　　　　　B. 法规准绳作用
C. 领导指导作用　　　　　　D. 联系沟通作用
E. 信息传递作用

6. 公文的主要特点有（　　）。
A. 鲜明的政治性　　　　　　B. 体式的规范性

C. 制发的程序性 D. 作者法定的权威性

7. 国家对公文的格式有具体的要求，其特点有（   ）。
   A. 结构完整 B. 规范性
   C. 相对确定性 D. 灵活性

8. 通报按其内容性质划分，可分为（   ）。
   A. 表彰性通报 B. 批评性通报
   C. 指示性通报 D. 情况通报

9. 公文的基本组成部分（   ）。
   A. 标题 B. 文头
   C. 发文字号 D. 主题词
   E. 主送机关

10. 公文区别于其他文体的特殊属性（   ）。
    A. 内容指导性 B. 直接应用性
    C. 全面真实性 D. 结构格式规范性
    E. 表述准确性

11. 下列属于行文方式的有（   ）。
    A. 上行文 B. 下行文
    C. 平行文 D. 逐级行文
    E. 越级行文

12. 公文语言的表述要求（   ）。
    A. 庄重严谨 B. 具体形象
    C. 准确精练 D. 生动含蓄
    E. 朴实规范

13. 下列哪些属于公文写作基本要求？（   ）。
    A. 合"法" B. 合情
    C. 合体 D. 清晰
    E. 耐久

14. 通知的写作要求是（   ）。
    A. 主题集中 B. 重点突出
    C. 措施具体 D. 行文简便
    E. 讲求时效

15. 通报的主要特点（   ）。
    A. 教育性 B. 规定性
    C. 指导性 D. 时效性
    E. 约束性

16. 请示的主送对象可以是（   ）。
    A. 有商洽必要的平行机关 B. 需请求其批准的不相隶属机关
    C. 直属的上级领导机关 D. 上级业务主管部门

17. 批复的特点是（　　）。
A. 权威性　　　　　　　　　B. 执行性
C. 知照性　　　　　　　　　D. 被动性
E. 针对性
18. 下列机关公文采用转发通知下发（　　）。
A. 上级机关　　　　　　　　B. 下级机关
C. 同级机关　　　　　　　　D. 本机关
E. 不相隶属机关
19. 写请示应避免（　　）。
A. 内容单一　　　　　　　　B. 多头主送
C. 越级请示　　　　　　　　D. 抄送下级机关
E. 逐级请示
20. 报告可用于（　　）。
A. 汇报工作　　　　　　　　B. 请求批准
C. 提出建议　　　　　　　　D. 答复上级询问
E. 反映情况

三、判断题

1. 公文的制发必须符合客观实际，反映客观事物的本来面貌，不能报喜不报忧。（　　）
2. 通报用于反映新情况、新问题，行文强调及时快捷。（　　）
3. 批复的主送机关是下级机关。（　　）
4. 通知具有多种功能，既能"上传"，又可以下达。（　　）
5. 为减少发文，在向上级机关呈送的报告中，可附带请示问题。（　　）
6. 规范性公文的生效日期应是公文起草完成的时间。（　　）
7. 请示的内容必须是属于本机关职权范围之内的事。（　　）
8. 公文是人人都要阅读的，行文文字要求不必很精练。（　　）
9. 为提高办事效率，不必每一份文件都经过领导签发。（　　）
10. 工作报告应在工作开始之前写，以求得上级领导的指导。（　　）
11. 命令（令）一旦发出，受文单位和人员必须无条件执行。（　　）
12. 按照法律法规的规定，国家工商总局可以用"令"发布相应规章。（　　）
13. 决定是极为严肃的公文，要坚决贯彻执行。为了不使下级机关被动，或在措辞方面稍微灵活一点，给下级一些自主的空间。（　　）
14. ××市××局沈××、高××、张××等人受贿案已由检察机关做出处理，为告知所属各单位，拟制定一份通知下发。（　　）
15. ××市人民政府市长拟到某地进行访问交流，该市办公厅可拟通报进行新闻发布。（　　）

四、指出下列公文内容上的问题

1. 指出这份通知的问题。

××县关于召开经济工作会议的通知

各镇（乡）局（行）厂矿：

　　为总结经验，加速振兴我县经济的步伐，县政府决定在本月中旬召开经济工作会议，现将有关事项通知如下：

　　（一）参加会议人员为各单位主管经济工作的主要负责人；

　　（二）参加会议人员应认真准备有关经济工作情况及今后工作打算的材料，以便在会上汇报或交流；

　　（三）参会人员应带齐日常生活用品及伙食费，并于15日5时到县政府报到；

　　（四）会议结束后，将布置今年下半年的工作安排。以上通知，希遵照执行。

××县人民政府办公室
二〇二〇年五月

2. 指出这份公文的问题。

系关于拨款举办锻炼意志活动的请示报告

校委并行政处：

　　近年来，我支部在提高团员素质方面做了不少工作，收获较大。现将有关情况报告如下：

　　（一）抓培训：本年度共举办两期培训班，参加培训班的团员热情很高，收到了良好的效果。原因是：

　　1. 培训主题能做到有的放矢。根据团员的思想工作情况确定培训主题，第一期的主题是：阻碍自身发展的个性探讨；第二期的主题是：如何提高员工绩效。

　　2. 培训注意效果：根据以往教训，有的同志参加培训时心不在焉。今年的培训，我支部要求在培训后，联系自己或学校的实际，需撰写一篇听课后的感想或一份建议，字数不限。支部对每个团员的文章都认真地阅读过。

　　（二）开展有意义的社会活动。

　　当前，社会情况比较复杂，竞争也很激烈。少数团员在当前这样复杂的环境和激烈的竞争中，显得力不从心，有的甚至意志消沉萎靡不振。虽然通过培训解决了一些问题，但远远不够。为了培养团员的坚强意志，以提高适应社会的生存能力，我支部决定，拟举办系列锻炼意志活动（活动安排见附件）。初步匡算，约需经费9 000元（见附件），恳请校委帮助解决。

　　特此报告，请予答复。

团支部
20年8月13日

3. 指出这份请示的问题。

关于增拨办税大厅基建经费的请示

××省人民政府、××省长：

　　2019年11月，我局派出调查组到××市税务局学习考察其办税大厅的建设情况。调查组认为办税大厅功能较齐全，适应税收征管模式的改革，方便纳税人缴纳税款。为此我局于

2020年决定建办税大厅，并得到省人民政府的支持，在×府〔2020〕×号文"关于拨款修建办税大厅的批复"中，拨给我局350万元，此项资金已专款专用。

但由于建筑材料涨价，原预算资金缺口较大，恳请省人民政府拨款给不足部分，否则将影响办税大厅的竣工及我省税收任务的完成。

特此请示报告

××省税务局
2020年10月10日

五、根据材料撰写公文

（一）

××职业学院经过一年多的努力，已基本具备了"涉外法律专业"招生条件，决定向广东省教育厅申报"涉外法律专业"，并拟于2020学年开始招生，请你为该院拟定一份请示，字数在360左右。

（二）

××市××区魏家胡同路口有千年银杏树一株，主干约八九个成年人合臂方能围抱。每逢夏日，枝叶茂密，郁郁葱葱。近年来，附近有些居民常在树下倾倒垃圾，过往行人和儿童经常攀缘树枝毁坏树干，还有人筹划在树下修建售货亭，这些都严重妨害了古树的观瞻和保护。为此，××区文物局向区财政局行文，请求拨给10万元修缮费，用于在古树的周围修建条周长为54米的铁栏杆，同外界隔离，栏内青砖铺地，栏外竖告示牌和古树介绍牌。

（三）

××同志长期工作散漫，责任心不强，并且经常脱岗。尤其是在最近学院考虑到××同志承担的工作量极少，决定自5月16日起临时安排他到丰盛堂自行车棚值班一段时间时，他口头表示同意服从安排（15日下午学院主管负责人找他谈话），但16日至今一直不到临时岗位工作，目无组织纪律。学院主管负责人发现××同志在5月16日没按要求在丰盛堂自行车棚值班，5月17日上午再次通知他如无正当理由必须服从组织的工作安排，××同志当时也再一次答应服从安排；而行动上他仍在玻璃室做些与工作无关的个人事情。5月17日上午下班时，他无打考勤卡（早退）；17日下午和20日上午他没打上下班考勤卡，也不见他上班，但玻璃室敞开着门（17日下午还开着收音机）。更为严重的是，他违反规定，擅自多次涂改考勤卡：3月14日将上午11:42涂改为7:40；5月16日将上午10:15涂改为7:15；5月20日下午将14:13打到上午计时位置，然后涂改为7:13。

第三章
事务文书

情景导入

周虹同学是××大学国家奖学金获得者、省级三好生、优秀学生干部,被邀请给全校同学分享自己成功的经验。当被大一新生问到是如何安排好自己的学习生活,并取得那么多优异成绩的时候,她说自己做事的秘诀,是"深谋远虑,所以无穷",在学习生活中,她会坚持做到明确目标、订立计划、化整为零、各个击破。对大学生来说,在学习生活中订立学习计划非常重要,没有计划,就像漫步在街头不知走向何处,是对学习时光的极大浪费;未来走向工作岗位,订立工作计划也是一项十分重要的工作,目标明确,任务清晰,才利于掌握进度、协调行动。

无论是单位还是个人,大到国家规划,小到日常事务,事先有计划才能明确目标和具体步骤,才能减少行动的盲目性,使各项工作有条不紊地开展。计划是一种事务文书,在学习、生活和工作中非常实用,此外,事务文书还包括总结、调查报告、简报、规章制度等文种,它们在协调工作、交流情况、宣传教育等方面发挥着重要的作用。为了使各位同学适应学习工作中的相关写作需求,本章我们就来学习事务文书的相关知识和写作方法。

第一节 概 述

一、事务文书的概念

事务文书是机关、团体、企事业单位或个人在处理日常事务时,用来沟通信息、指导工作、总结得失、研究问题、规范行为的实用性文书。由于这类管理类文体处理的日常事务亦为公务，所以事务文书属于广义的公文范畴。

事务文书是应用写作的重要组成部分。事务文书在日常工作中应用范围很广，种类很多，使用频率高，大至调查报告、总结，小到一份简报，都属于这个范畴。

二、事务文书的作用

（一）贯彻政策，决策领导，指导工作

党和国家的方针政策要贯彻落实到实际工作中，真正成为各行各业的工作指针，各级机关常常要通过各种形式进行传达，作出决策，领导和指导下级工作。事务文书中的计划、规章制度就是体现党和国家的方针政策，指导人们进行工作的重要工具，发挥着上级对下级的工作指导的作用。

（二）交流情况，联系工作

在机关或行业活动中，事务文书起着交流情况、联系工作的作用，便于单位之间或本单位内部的沟通联系，如简报、调查报告等。

（三）积累资料，留存备查

处理公务的文字材料，一部分成为机关活动的原始记录，是珍贵的历史资料，具有极其重要的保存价值。同时，又是留存备查的依据和凭证。

（四）总结经验，宣传教育

通过调查研究，总结经验教训，可以为决策者和上级有关部门提供参考，调整工作思路，改进工作方法，提高工作成效。同时，事务文书还具有宣传教育作用，可以使人们统一认识，提高政策水平和工作热情。

三、事务文书的特点

1. 政策性。要以党和国家的方针政策为指导，以法律为依据，文件所涉及的一切工作事务，均不得违背各项方针政策。

2. 务实性。真实可信，运用的材料要求建立在全面调查的基础上，确有其事，不得使用造假的材料。写作要务实，贯彻实事求是的原则，即不讲空话，实实在在办事。文书反映的内容要切实可行。

3. 指导性。事务文书要针对现实情况或工作中的问题进行报道、总结或研究，推动实际工作，解决实际问题，贯彻落实党的方针政策，因此，对实际工作具有现实的指导意义。

4. 时效性。事务文书时效性强，只有在限定的时间内及时写作，才能发挥应有的作用。

5. 灵活性。制发程序无严格规定；行文格式虽然约定俗成，却可以适当变通，比较灵活；表达方式多样，除说明、叙述、议论外，还可用描写、抒情等。

四、事务文书的写作要求

1. 以政策为指导，以法律为依据。事务文书具有很强的政策性，是党和国家的方针政策在有关实际工作中的具体体现。事务文书的内容受法律法规的限制。写作事务文书时必须认真领会党和国家的相关政策、规定，了解国家的法律法规，要运用政策原则去指导工作，并以法律规定为依据，内容不能与现行政策和法规相抵触。

2. 深入实际，调查研究，获取真实材料。事务文书的写作者要立足于实际，进行深入

细致的调查研究，尽可能多地搜集、积累、获取材料；要客观地分析研究材料，选择真实、具体、典型的材料来反映情况，这样才能最大限度地发挥事务文书的指导性功能和务实作用。

3. 实事求是，切实可行。事务文书是为了解决工作中的实际问题而写的，因此，必须了解实际情况，实事求是地做出反应，切实可行地解决问题。

4. 格式约定俗成，语言准确、简练、质朴。事务文书中许多文种在长期实践活动中形成了约定俗成的格式，相对比较固定。语言方面要求用语准确无歧义，简洁精练，质朴平实。

【技能训练】

一、根据下面这份计划，指出存在的问题

2021年党史学习计划

一、总体要求

2021年是中国共产党成立100周年，在全党开展党史学习教育，是党中央立足党的百年历史新起点、统筹中华民族伟大复兴战略全局和世界百年未有之大变局、为动员全党全国满怀信心投身全面建设社会主义现代化国家而作出的重大决策。全校各级党组织，广大党员、干部要认真学习习近平总书记在中央党校党史学习教育动员大会上的重要讲话精神，深刻认识"三个必然要求"的重大意义，突出"六个进一步"的重点，落实"四个方面"的工作要求，切实把思想和行动统一到党中央决策部署上来，以强烈的责任感和使命感投身学习教育，以昂扬姿态奋斗"十四五"、奋进新征程，以优异成绩迎接建党一百周年。

二、实现目标

1. 坚持学史明理。
2. 坚持学史增信。
3. 坚持学史崇德。
4. 坚持学史力行。

三、具体措施

1. 深入学习领会习近平总书记党史教育动员大会重要讲话精神。深刻领会开展党史学习教育的重大意义、重大部署、工作要求，把讲话精神贯彻落实到党史学习教育全过程。

2. 深入研读习近平总书记《论中国共产党历史》。坚持读原著、学原文、悟原理，逐篇学习，深刻领会，及时跟进习近平总书记关于党史学习教育的重要讲话和最新指示精神。

3. 专题学习新民主主义革命时期历史。深刻领会我们党领导人民经过二十八年浴血奋战，完成民族独立和人民解放的历史任务，建立中华人民共和国，实现中国从几千年封建专制政治向人民民主的伟大飞跃。

4. 专题学习社会主义革命和建设时期历史。深刻领会我们党领导人民完成社会主义革命，确立社会主义基本制度，推进社会主义建设，实现中华民族由不断衰落到根本扭转命运、持续走向繁荣富强的伟大飞跃。

5. 专题学习改革开放新时期历史。深刻领会我们党领导人民进行改革开放新的伟大革命，成功开创、坚持和发展中国特色社会主义，实现中华民族从落后时代到大踏步赶上时代的历史性跨越。

6. 专题学习党的十八大以来的历史。深刻领会中国特色社会主义进入新时代，我们党领导人民推动党和国家事业取得历史性成就、发生历史性变革，全面建成小康社会，开启全面建设社会主义现代化国家新征程，中华民族迎来从站起来、富起来到强起来的伟大飞跃。

7. 收看庆祝中国共产党成立100周年大会。

8. 重点学习习近平总书记在庆祝中国共产党成立100周年大会上的重要讲话精神。通过组织收看庆祝大会直播专题学习交流研讨宣讲阐述，全面宣讲，掀起学习贯彻高潮，要以"七一"讲话精神为指导。

二、情境写作

请就某一门课程的学习状况，写一篇学习总结。

第二节　计　　划

一、计划的含义

计划是党政机关、企事业单位、社会团体和个人为完成未来一定时间内的任务，预先拟定目标、制定相应措施和步骤、提出具体要求的事务性文书。

计划是计划性文书的统称。根据计划目标远近、时间长短、范围大小、内容详略等差别，有规划、纲要、设想、要点、方案、意见、安排、打算等名称。在实际写作中，根据具体情况选用合适的文种名称。

规划、纲要是各级领导机关根据战略方针，为实现总体目标作出的长远、宏大的部署。规划是全局性的、较长时期的、内容较为概括的计划。时间跨度一般在三年以上，内容涉及范围广，具备方向指导性，如《××市城市建设总体规划》。纲要比规划更具原则性和概括性，一般只对工作方向、目标提出纲领式要求和指导性措施，如《××市2021年经济发展纲要》。

设想（构想）是初步的、预备性的、粗线条的草案性计划，是在酝酿讨论时或定稿前的非正式性计划。经会议确定正式行文时，则使用"规划"名称，如《周口店北京人遗址建设和保护整体规划设想》。

要点、意见是上级机关向所属单位布置一项或一个阶段的重要工作时，交代有关政策、提出具体要求的计划。意见适用于上级向下级布置工作任务并提供基本的思路、方法，交代相关政策，提出要求等，如《××公司关于下属企业2021年扭亏增盈　全面提高经济效益的意见》。要点是列出工作主要目标的计划，简明概括，适用于时间相对较短的计划，如《××市人民政府20××年精神文明工作要点》。

计划、方案是内容表述详尽的计划，从目标要求、工作内容、方式方法到实施步骤等都要做出全面、具体而明确的安排。计划是一个时间段内的综合性工作安排，比较深入细致，如《××公司2021年工作计划》。方案是对一个具体的工作项目的安排，是一种专项性工作计划，从目的、要求、工作方式方法、工作步骤进度等都要做出全面部署，比较繁杂全面，具体周密且有很强的可操作性，是非常具体成熟的计划；方案的实施往往须经上级批准，如《××市住房分配制度改革实施方案》。

安排是对短时期内的工作进行具体布置的计划。这类计划涉及的范围不大，内容单一具体，如《××系第10周工作安排》。

打算是短期内工作的要点式计划。如《××学校争创文明校园的打算》。

二、计划的种类

计划从不同角度、按不同标准可以分为不同种类，常见的有以下5种：

1. 按计划内容分：工作计划、教学计划、学习计划、营销计划、采购计划等。
2. 按计划范围分：国家计划、地区计划、公司（单位）计划、部门计划、个人计划等。
3. 按计划时间分：周计划、月计划、季度计划、年度计划、长远计划等。
4. 按计划性质分：指导性计划、指令性计划、综合计划、专题计划等。
5. 按计划的结构写法分：条文式计划、表格式计划、条文图表式计划。

三、计划的作用

"凡事预则立，不预则废。"制订科学的计划，在实际工作中具有十分重要的现实意义和非常切实的作用。

1. 能更好地贯彻落实方针政策和上级的工作部署。
2. 明确目标和任务，具有实践指导意义，增强工作主动性。
3. 建立工作秩序，增强自我约束性，提高工作效率。
4. 检查总结工作成效，实现科学管理。

四、计划的特点

1. 预测性。计划是对未来工作的设想。计划是对事物发展主导趋势的大致情况做出的推断，也是对未来事业设计的蓝图。计划提出的目标、措施、方法、步骤等要符合事物发展的客观规律，要尊重科学，按客观规律办事；要善于将上级的方针、政策、计划与本单位、个人的具体情况相结合，做到既先进可靠，切实可行，又留有余地。

2. 目的性。制订任何一份计划，必须要有明确的目的性，即在一定时期内完成什么任务，获得什么效益。如果计划目的性不明确，没有针对性，计划也就失去了现实意义。

3. 可行性。计划的目标要适当，如果目标过高，则难以实现、完成；如果目标过低，又无法起到指导、激励作用。因此计划的各项措施、办法和要求必须符合实际，具体明确，具备可操作性，还要便于检查督促，对照落实。

4. 约束性。企业、单位制订了计划，目的在于控制方向、规模、速度，使任务能保质保量，按时完成。计划一旦成文就对实践起到控制和约束作用。

五、计划的写作要求

1. 以党和国家的方针政策为指导。

2. 要把预测性和可行性很好地结合起来。拟写计划要走群众路线，注意协调，以保证计划的认同度和可行性。

3. 内容具体，主次分明，重点突出。计划的目标、任务、措施、步骤程序等都要写得明确具体，切忌含糊不清、模棱两可。一个时间段内的工作往往很多，做什么，不做什么；先做什么，后做什么；主要做什么，次要做什么等，都要在计划中有所体现，使计划的执行能达到预期目标。

4. 语言要准确、简要、明晰、朴实。

六、计划的结构和写法

计划的结构由"标题＋正文＋落款"三部分组成。

（一）标题

1. 完全式标题。一般由单位名称、时限、内容和计划名称（文种）组成。即什么单位在什么时限的什么计划。如《中国建设银行××支行20××年工作计划》（全面计划），《新远公司20××年技术革新计划》（专项计划）。

2. 省略式标题。实际写作中，标题的拟写可视具体情况省略某些要素。一般有以下几种可省略形式：

省略时限，如《××公司××活动方案》。

省略单位名称，如《20××年上半年工作计划》。

省略单位和时限，如《科研工作计划》。

凡省略单位的标题，在正文后均需要署名。

如属于尚未正式确定的讨论稿，则需在计划标题后用括号注明"草案""征求意见稿""讨论稿"等字样。如《××市2021年再就业工程实施方案（讨论稿）》《中华人民共和国国民经济和社会发展第十四个五年计划和2035年远景目标纲要（草案）》。

（二）正文

计划正文的结构要素通常包括前言、主体和结尾。

1. 前言。前言主要概括说明制订计划的背景、依据、目的、指导思想或重要意义，即在什么条件下，依据什么制订的这个计划，主要目的是什么。前言的详略长短，要根据工作的重要程度、内容的多少来确定，总体上以精练简洁为原则。常用"为此，特制订计划如下"等过渡语，启示下文，引出主体部分。

2. 主体。主体部分是计划的主要内容。主体部分要说明计划的基本内容，即通常所说的"计划三要素"：目标任务（做什么）、措施方法（怎么做）和步骤（分几步做完）。"三要素"繁简可以不同，但是缺一不可。

（1）目标任务。根据开头部分所述的需要和可能、目的和条件，确定计划的任务和目标。提出目标、任务以及要达到的数量和质量指标。根据具体情况，必要时可以分解目标：总目标是什么，分项目标是什么，分别要达到什么具体指标。

（2）措施方法。即用什么办法，采取什么措施来完成任务，达到计划确定的目标。这是完成任务的保证，关系到计划能否实现。要结合客观实际，科学合理，具体而明确。

（3）步骤。写明实现目标完成任务要分几步走，每一步完成的期限及达到何种程度。安排必须切实、合理、周到、有条理，便于执行，易于落实、检查。

主体部分是计划的核心，内容繁多，篇幅较大，需要分层、分条撰写。常见的结构形式，用"一、二、三……"的序码分层次，用"（一）（二）……"及"1.2.3……"的序码分条款。

3. 结尾。有的明确实施计划的要求，有的展望前景，有的提出希望、发出号召等。也可以省略不写。

根据计划的内容和表述需要，计划正文可以运用条文式、表格式、条文图表式三种表现形式。

条文式：把计划分成若干条款或部分，全文用文字叙述，逐一阐明计划的内容。

表格式：设置表格来表达计划内容。表内栏目通常包括任务、执行部门、完成时间、具体措施等方面内容。这种格式适用于时间较短，工作方式变化较小，内容较单一、具体的计划。能以数字指标确定工作数量和质量的生产、供应、销售、采购等方面的工作计划，就常用表格式。

条文图表式：综合运用文字叙述和表格来表达计划内容。有的以文字叙述为主，附加表格补充；有的以表格为主，附加文字说明。

（三）落款

落款包括制订计划的单位名称和日期。如标题上已写单位名称，则可以只写日期。书写位置在正文右下方。上报或下达的计划，还应该在落款处加盖单位印章。

【例文】

新时代基础教育强师计划

高质量教师是高质量教育发展的中坚力量。为贯彻落实《中共中央 国务院关于全面深化新时代教师队伍建设改革的意见》，按照《中华人民共和国国民经济和社会发展第十四个五年规划和2035年远景目标纲要》要求，着力推动教师教育振兴发展，努力造就新时代高素质专业化创新型中小学（含幼儿园、特殊教育，下同）教师队伍，为加快实现基础教育现代化提供强有力的师资保障，制定本计划。

一、总体要求

（一）指导思想

以习近平新时代中国特色社会主义思想为指导，贯彻党的十九大和十九届历次全会精神，全面贯彻党的教育方针，坚持社会主义办学方向，落实立德树人根本任务，坚持培育和践行社会主义核心价值观，坚持把教师队伍建设作为基础工作来抓，加快构建教师思想政治建设、师德师风建设、业务能力建设相互促进的教师队伍建设新格局。遵循教师成长发展规律，以高素质教师人才培养为引领，以高水平教师教育体系建设为支撑，以提升教师思想政治素质、师德师风水平和教育教学能力为重点，筑基提质、补短扶弱、做优建强、全面提高教师培养培训质量，整体提升中小学教师队伍教书育人能力素质，促进教师数量、素质、结构协调发展，为构建高质量教育体系奠定坚实的师资基础。

（二）基本原则

——坚持师德为先。把教师思想政治和师德师风建设放在首要位置，围绕落实立德树人根本任务，全面加强中小学教师思想政治建设，提高教师的政治意识、政治能力，严格落实师德师风第一标准，突出全方位全过程师德养成，推动教师以德施教、以德立身。

——坚持质量为重。服务教育高质量发展要求，加强高质量教师队伍建设，推动地方政府、学校、社会各方深度参与教师教育，强化师范院校在教师教育体系中的主体地位，推进职前培养和职后培训一体化，创新师范生教育实践和教师专业发展机制模式，提升教师培养培训质量。

——坚持突出重点。按照乡村振兴重大战略部署和振兴教师教育有关要求，立足重点区域和人才紧缺需求，适应区域、学段、学科等发展需要，加强东西部协作、对口支援等，加大中西部欠发达地区师范院校、教师发展机构建设和高素质教师培养培训力度，增加紧缺薄弱领域师资培养供给。

——坚持强化保障。中央带动、分级实施，鼓励支持各地创新教师编制、职称、考核评价、待遇保障等方面举措，深化中小学教师队伍建设综合改革，提高教师教育基础能力建设水平，统筹规划、以点带面、辐射引领、整体发展，形成综合保障体系。

（三）目标任务

到2025年，建成一批国家师范教育基地，形成一批可复制可推广的教师队伍建设改革经验，培养一批硕士层次中小学教师和教育领军人才。完善部属师范大学示范、地方师范院校为主体的农村教师培养支持服务体系，为中西部欠发达地区定向培养一批优秀中小学教师。师范生生源质量稳步提高，欠发达地区中小学教师紧缺情况逐渐缓解，教师培训实现专业化、标准化，教师发展保障有力，教师队伍管理服务水平显著提升。

到2035年，适应教育现代化和建成教育强国要求，构建开放、协同、联动的高水平教师教育体系，建立完善的教师专业发展机制，形成招生、培养、就业、发展一体化的教师人才造就模式，教师数量和质量基本满足基础教育发展需求，教师队伍区域分布、学段分布、学历水平、学缘结构、年龄结构趋于合理，教师思想政治素质、师德修养、教育教学能力和信息技术应用能力建设显著加强，教师队伍整体素质和教育教学水平明显提升，尊师重教蔚然成风。

二、具体措施

（一）提升教师思想政治素质

全面加强中小学教师思想政治建设，落实意识形态工作责任制。坚持教育者先受教育，将习近平新时代中国特色社会主义思想融入教师培养培训课程，将习近平总书记关于教育的重要论述作为首要必修课程，开展常态化的学习教育，引导广大教师深刻领会"两个确立"的决定性意义，增强"四个意识"、坚定"四个自信"、做到"两个维护"，坚持"四个相统一"，争做"四有"好老师，当好"四个引路人"。深入贯彻落实《新时代公民道德建设实施纲要》《新时代爱国主义教育实施纲要》，大力开展"四史"特别是党史学习教育，精选体现正确价值导向的优秀文学艺术、影视作品，组织和引导师范生、教师阅读观看，加强价值引领，加强铸牢中华民族共同体意识教育，引导广大师范生、教师树立和坚持正确的国家观、历史观、民族观、文化观、宗教观。强化师范毕业生思想政治考察，健全标准、程序，把好第一道关口。加强教师教育院校、中小学党组织、团组织建设，做好在优秀师范生、中小学教师中发展党员、团员工作。

（二）加强和改进师德师风建设

常态化推进师德培育涵养，将各类师德规范纳入新教师岗前培训和在职教师全员培训必修内容。创新师德教育方式，通过榜样引领、情景体验、实践教育、师生互动等形式，激发教师涵养师德的内生动力。将师德师风建设贯穿教师管理全过程，在资格认定、教师招聘、职称评审、岗位聘用、年度考核、推优评先、表彰奖励等工作中严格落实师德师风第一标准。完善教师荣誉表彰制度，加大优秀教师典型表彰宣传力度。深入落实新时代幼儿园、中小学教师职业行为十项准则和幼儿园、中小学教师违反职业道德行为处理办法，严肃查处师德失范行为，加大师德失范行为通报警示力度，持续开展违反教师职业行为十项准则典型案例通报。指导各地各校开展师德警示教育，德法并举，提高警示教育实效性。提升全体教师法治素养。推进实施教职员工准入查询制度。推进师德师风基地建设，推动师德师风建设模式探索、方法创新，发挥引领示范作用。

（三）建设国家师范教育基地（略）

（四）开展国家教师队伍建设改革试点（略）

（五）建立教师教育协同创新平台（略）

（六）实施高素质教师人才培育计划（略）

（七）实施中西部欠发达地区优秀教师定向培养计划（略）

（八）深化精准培训改革（略）

（九）改进师范院校评价（略）

（十）进一步完善教师资格制度

严把教师入口关，全面推开中小学教师资格考试和定期注册制度改革。教师必须取得相应教师资格，持教师资格证上岗任教。推进师范生免国家中小学教师资格考试认定取得中小学教师资格改革（以下简称免试认定改革），开展教师教育院校师范类专业办学质量审核。继续做好教育类研究生、公费师范生和优师计划师范生免试认定改革工作，教师教育院校对师范生教育教学能力进行考核。严格教师资格申请人普通话水平要求，提高新任教师国家通用语言文字教育教学水平。

（十一）优化义务教育教师资源配置

深入推进县域内义务教育学校教师"县管校聘"管理改革，加大音体美、劳动教育、信息技术、心理健康教育等紧缺学科教师补充力度，重点加强城镇优秀教师、校长向乡村学校、薄弱学校流动，发挥优秀教师、校长的辐射带动作用，扩大优质资源覆盖面，整体提升学校育人能力。完善交流轮岗激励机制，将到农村学校或薄弱学校任教1年以上作为申报高级职称的必要条件，3年以上作为选任中小学校长的优先条件。城镇教师校长在乡村交流轮岗期间，按规定享受乡村教师相关补助政策。实施银龄讲学计划，鼓励支持乐于奉献、身体健康的退休优秀校长教师到乡村和基层学校支教讲学。加强乡村教师周转宿舍建设，支持地方完善住房保障体系，加大保障性住房供应力度，解决教师队伍住房困难问题。

（十二）优化教职工编制配置（略）

（十三）深化教师职称改革，完善岗位管理制度（略）

（十四）加强教师工资待遇保障（略）

（十五）推进教师队伍建设信息化（略）

三、实施保障

（一）组织保障

建立新时代基础教育强师计划工作协调制度，推动发挥地方党委教育工作领导小组作用，各地及有关高校要建立强师工作专班，制定具体实施方案，切实加强协调。要加强宣传引导，深入细致地做好政策宣传解读工作，及时回应社会关切。各级教育督导部门要将实施情况纳入政府履行教育职责评价内容，加强督导检查并强化督导结果运用。

（二）政策保障

各地要满腔热情关心教师，完善教师评价制度和标准，制订出台当地教师激励支持政策，推进中小学教师减负，在全社会营造尊师重教的良好风尚。要将依法依规落实教师待遇保障作为底线要求，支持服务教师专业发展和终身成长，确保各项政策措施全面落实到位，真正取得实效。

（三）经费保障

中央和地方共同支持新时代基础教育强师计划实施。各地要优化支出结构，将教师队伍建设作为教育投入重点予以优先保障，加大对师范院校支持力度，适时提高师范专业生均拨款标准，重点提升教师专业素质能力、提高教师待遇保障。严格落实经费监管制度，规范经费使用，确保资金使用效益。

（资料来源：中华人民共和国中央人民政府网站）

【评析】

这是一份成熟的专项工作计划，全文思路清晰，重点突出，结构完整，内容具体，语言表达准确严谨。前言简要，目的明确，依据充分。主体分"总体要求""具体措施""实施保障"三部分来写。"总体要求"分为"指导思想""基本原则""目标任务"三部分，明确了计划的任务和目标；"具体措施"又分为十五大块，具体明确，有详有略，科学合理。因工作覆盖面广，所以既注重宏观把控，同时也注重具体工作进程及要求，有较强的指导性和可操作性。

【技能训练】

一、请阅读下文，分析其中出现的问题

××学校文秘专业实习安排计划

为了贯彻理论联系实际的教学原则，加强实践性教学，使学生通过社会实践，运用课内学到的知识，提高应用能力，培养创业能力和创新精神。根据教学计划，本学期安排"文秘学概论"和"应用文写作"两门课的专业实习。安排如下：

一、目标任务

1. 了解基层单位秘书部门（办公室）的经常性工作。
2. 了解机关文秘工作的内容及处理办法。
3. 了解机关文书的制发、运转程序。
4. 根据实习情况，学习编写简报。

二、时间安排

2021年11月14日至12月3日共3周，分两阶段。

第一阶段：11月14日至11月26日，两周校外实习。

第二阶段：11月28日至12月3日，校内实习，整理材料，写出总结和调查报告，小组交流，选出优秀者（每组两人）在班上宣读。

三、实习要求

1. 校外实习时必须服从带队老师指挥，不得随意离队。
2. 在外实习期间要注意个人行为规范和安全问题。
3. 校内实习任务要按时完成，不得无故拖延。
4. 通过社会调查，写出调查报告。

××学校教务处
二〇二一年十一月一日

（资料来源：吕娟霞主编，《财经应用文写作》，上海交通大学出版社，2014年版，有改动）

二、情境写作

用条文式写一篇新学期个人学习计划。

第三节 总　　结

一、总结的含义

总结是单位或个人对前一阶段的工作、学习或某项活动进行回顾、反思和分析评价，从中归纳出成绩、经验、问题、教训，得出规律性的认识，用来指导今后的工作而写作的一种应用文书。

二、总结的作用

1. 检查上一阶段的工作，肯定成绩，发现问题，从中吸取经验和教训，为以后的实践活动提供参考。客观理性的总结是制订计划的重要依据之一。
2. 加强上下级联系，交流信息，借鉴、推广成功经验。
3. 及时总结，善于总结是提高工作水平的有效途径。通过有效总结，可以提高领导者的管理水平，培养出更多理论与实践相结合的、具有工作能力的干部和人才。

三、总结的特点

1. 客观性。总结是对过去实践的回顾与概括，要实事求是，客观地进行分析、评价，一分为二地看待已经完成的任务，既要肯定成绩和优点，也要正视问题和缺点。不能随意夸大或缩小、杜撰或歪曲事实，否则会使总结失去应有的价值。

2. 理论性。总结是人们认识客观事物、掌握客观规律的一种重要手段。通过分析、评价和概括，把实践中获得的零星表面的感性认识上升到全面、系统、本质的理性层面，总结出具有规律性的经验教训，从而更好地指导今后的实践活动。

3. 自评性。总结是对自身实践活动做出的自我分析、自我评价，在全面回顾和分析的基础上所总结出来的成绩、做法、经验、教训等，都有自评性的特征。

4. 及时性。及时总结经验，找出不足，发现问题，能极大地推动工作进程。通过总结能认识到工作成败的原因，提高认识水平，增强前进的信心；领导机关从下级的总结中能及时发现典型，推广经验，发现问题并及时指导，防止错误和失败。所以总结特别讲究时效。

四、总结的类型

总结的种类从不同角度可以有不同的分类。

1. 按内容性质可以分为：思想总结、学习总结、工作总结、生产总结、会议总结等。
2. 按时间可以分为：年度总结、季度总结、月份总结等。
3. 按工作范围可以分为：单位总结、部门总结、个人总结等。
4. 从写作角度可以分为：全面总结、专题总结。

全面总结也称为综合性总结，是对总结对象在一定时期内的主要工作的各个方面进行全面回顾、反映和评析的总结。这类总结侧重于全局，要求面面俱到，事事罗列，但又要有所侧重，主要方面和重点事项不能被遗漏。内容既要总结成绩，又要找出差距；既要有经验、做法，也要有教训体会；有时还要对下一段工作提出意见安排等。

专题总结也称为单项总结或经验总结，是对总结对象某方面的具体情况或者一定时期的某项具体工作进行专门反映和评析的总结。这类总结侧重于局部，内容集中，重点突出而有针对性，一般选取工作中的突出成绩、典型经验或存在的问题进行分析研究，以便指导工作。专题总结偏重于总结经验，有一定的思想深度，理论性较强，运用也极为广泛。

五、总结的写作要求

1. 实事求是，客观分析。实事求是、一切从实际出发，是总结写作的基本原则。要做到材料与观点统一，客观真实地评价过去，既要总结成绩与经验，也要分析失败与教训。
2. 材料充足，内容具体。充足的材料是写好总结的前提和基础。只有经过调查、搜集、获取、分析和研究材料，才能在总体把握的基础上确立主题。总结的主要内容是经验体会，要想使经验体会有说服力，就需要有具体的事实材料作为支撑，否则就会流于空洞。
3. 重点突出，条理清晰。总结内容要有主有次，切忌面面俱到；选材要有典型性，不能求全贪多；要思路清晰，结构严谨，逻辑性强。总结要写出特色，不能写成"流水账"或者简单罗列工作情况等内容。
4. 语言得体，叙议结合。总结的语言应直言其事，以平实朴素为准，尽可能用事例、数据来说明主旨，切忌华而不实。叙述要和议论相结合。

六、总结的结构和写法

总结一般由"标题＋正文＋落款"三部分构成。

（一）标题

总结的标题主要有以下三种形式：

1. 公文式标题。一般由"单位名称、时限、内容和文种名称"构成。标题中的单位名称、时限视具体情况可省略，如《××局20××年度拥军优属工作总结》。

2. 文章式标题。用标题简明扼要地概括总结的中心内容，如《发展乡镇企业　振兴山区经济》；或直接点明基本观点，如某企业的专题总结《技术改造是振兴企业之路》；或点明总结范围，如《我厂实行厂长负责制的一些认识和体会》。

3. 双行式标题。即正副标题，以文章式标题为正标题，公文式标题为副标题。如《榜上无名　脚下有路——××市教育局××××年自学考试工作总结》。

（二）正文

正文结构一般由"前言＋主体＋结尾"组成。

1. 前言。前言是对工作总体情况的概述。一般是简要说明基本情况，介绍工作背景，说明工作的指导思想，概括主要成绩经验，说明主要做法等，给读者一个总体印象。要求提纲挈领，简明扼要。

2. 主体。主体是总结的核心部分，一般包括以下内容：

第一，基本做法、主要成绩和收获。即"做了什么、怎么做、做得怎么样"，这是总结的重点。具体说就是写进行了哪些工作，采取了哪些措施，取得的成绩或收获，积累的经验。

第二，存在的问题和教训。即工作中遇到哪些问题，给工作带来哪些损失和影响，要着重分析问题和教训存在及产生的主观原因。

这部分是总结的重点。从成绩或问题中分析出经验和教训，是总结的根本性目的。写作时应注意主次详略，并把感性认识上升到一定的理论高度，从中提炼出带有规律性的东西，作为今后工作的借鉴。这部分内容要依据总结的重点而取舍，如果是着重反映问题的总结，则应当着重分析问题和教训。

主体部分内容比较多，通常采用以下结构形式：

（1）纵式结构。即按时间顺序或工作进程写作的结构方式。通常按"工作指导思想——具体做法——成绩经验——问题教训"的顺序来写作。纵式结构的优点是层次清楚，脉络分明，能完整呈现工作或社会活动的全过程，综合性总结常采用这种写法。

（2）横式结构。即把经验体会上升到一定理论高度，归纳出几个并列的观点，按照其内部的逻辑关系来安排内容和层次的结构方式。这几个并列的观点可以在前言部分作概括介绍，也可以在结尾进行概括总结。横式结构的优点是逻辑清晰，层次分明，阅读时便于抓住要点。专题性的经验总结一般采用这种写法，如例文。

（3）纵横式结构。即在一份总结中既有纵式结构又有横式结构，它是按材料间的逻辑关系，把内容分为几个部分，每一部分又按时间顺序来写，或是以时间顺序将整个工作分为几个段落，每一个段落又分别归纳出一些经验和体会，采用小标题分开来写。纵横式结构的优点是既能考虑到时间的先后顺序，体现事物的发展过程，又能注意内容的逻辑关系。工作涉及面广、内容复杂的总结一般都采用这种写法。

3. 结尾。结尾在总结经验的基础上或归纳呼应主题，或提出今后的打算、改进的意见和设想。要求简洁利索，点到为止，不能喧宾夺主。

（三）落款

落款包括单位名称和时间。落款一般写在正文右下方。如是报纸杂志或简报刊用的交流经验的专题总结，应在标题下方居中署名。如果是用于报送上级的总结，在单位名称处应加盖公章。

【例文】

××教学部2019年工作总结

2019年，××教学部认真学习习近平同志治国理政新理念和党中央社会主义初级阶段新的理论成果，按照中宣部、教育部、省教育厅等相关上级部门的要求，形成"新精神进课堂"的工作方针。在此基础上，以学院两个一流建设目标和"十三五"规划为坐标，以"教育部××专业课建设评估体系"为依据，以部门深化发展、增强活力为中心，形成了"层次互补、多向相约"的工作体系，并在一年的实践中取得了好的成绩，为今后的工作提供了可贵的借鉴。

一、教学工作常态常新

教学工作运行体系。我部在认真总结多年教学实践的基础上，不断吸取教训和提升经验，努力在上级要求（工作精神）、教学主体（教师）、学生本体（学生之学）三个层次上，研究把握贯穿教学过程的教学中心，即"红线"，围绕"针对性、时代性、开放性、实效性"，筛选教学资料，形成贯穿教学过程的教学内容，即"珍珠"。"红线串珍珠"就是我部基本成熟、定型的教学运行和管理的"常态"。在这一运行模式下，今年的工作有一定改进和改革，实现了"常新"。

1. 对理论学习提出了高要求。按学院党政的要求，"理论学习"主要是"学习领会"，我部根据自己的工作特点，提出了"理论学习与教学实践紧密结合"的学习要求。一年来，党支部组织了六次专题学习活动，部门组织了三次专题研讨会议。××和××教研室各组织了两次以上的专题教研活动。在这些活动中，广大××专业教师对习近平同志讲话精神、党的十九大以来的各届会议精神，进行了认真的理论梳理，并将梳理成果贯穿于教学内容体系中，形成不同课程的理论诉求重点：××课归置于"社会主义初级阶段"的新理论；××课穿插于"德行"修养的新标准；××课侧重于"改革开放"的理论动力和历史必然性；××课形成"文化自信与文化创新"的专题。

2. 形成以"发现不足"为导向的听评课机制和公开课制度。听评课制度是我部2006年实行的教学制度，目的是互相学习、互相提高、互相帮助、互相监督。公开课是我部十年前推行的一种教学示范方式，目的是作为教研教改的成果展示，亮出成绩、提出问题、共同研讨、不断提高。但前阶段在实际推行中，肯定有余，研讨不足。为此，2017年，我部提出了"以问题为导向"的评价要求。2019年，部门主任在两个学期的公开课结束后，专门召开工作会议进行了公开课和听评课的研讨。由于导向正确，提出的问题越来越多，探讨的广度和深度也得以提升，真正达到了"以评促教"的目标。以公开课为例，张三老师的公开课，展示了"××课"理论梳理和实践教学的教研成果，李四老师的公开课，展示了××课"课程定位"的教研结论。两位教师的公开课都有一定的示范性。在部门研讨时，广大教师充分肯定了亮点，也提出了一系列"思考"的问题，这些问题涉及教学内容、教学方法、教育规律、教学与教育目的等多个层面，为广泛深入开展新的教研工作提供了依据。

3. 加强课程实践教学改革。首先，在基地建设和管理上有了新的改进。在认真总结基地运作经验的基础上，我部因没有专职秘书，所以，每个基地都有专人联络和负责。其次，在课程实践教学环节上有改进。"实践教学"是我院××专业评估的亮点之一，通过多年实践和完善，已有相对成熟的运作机制。部门将"实践教学改革"作为今年工作重点之一。从效果上看，课程实践教学改革亮点不少，主要有：××课增加了先进集体、先进个人、颁发证书等面向学生的工作环节，改进了"参与"环节，密切了"教学"关系，增强了实践教学的吸引力；××课在课堂实践成果汇报中，增加了"学生评委"环节，起到了"以点带面"的带动作用，活跃了教学气氛，收到了教学实效；××课增加了"专题汇报"专题，实现了"文化思想"的生活化、学生化；××课，在实践教学中，将"专题实践"与学生"关注"相结合，发挥了学生的主观能动性；写作课实行"发现+加分"的实践活动（在课外发现一个在校园环境下的写作问题，可向教师申请加分），将能力培养与兴趣培养延伸到了一个更大的课堂。

4. 打破教研教改各自为政的局面。过去，我部的教研教改工作，主要是以教研室为单位，着重于一门课程的教研教改工作。今年，我部尝试将教研教改工作进行区别性的布置：年初部门交代基本方向，各教研室根据自己实际加以落实；对教学内容有交叉、教学方法有争议的问题，以部门专题形式加以研讨。全年，部门召开了"'××'与'××'重复内容如何区别""××课与××课重复内容如何区别""习近平重要讲话精神如何进课堂""××课的课程定位原则和教学原则"等专题研讨会，将教研教改置于大背景之下、大体系之中。

5. 以××专业为视角，开展形式多样的教育活动。第一，举办面向全校的××教育专题讲座三场。××教研室按照部门"讲座区别课堂内容"的工作要求，组织校内外专家举办了三场××教育讲座。从学生的反映看，效果挺好，拓展了学术视角，开阔了学生的学习视野，影响了学生的学习思维和文化品质。第二，两名教师参与指导学生暑期社会实践活动，发挥了××专业教师的优势与特长，获得了学生的高度认同和热切期待。第三，鼓励、指导学生成立学生社团"××协会"，并由一名专任教师担任指导教师。第四，以一位教师担任"××书法社"指导教师，一位教师担任"××协会"指导教师，在技能教育方面，发挥教师专长。

6. 教师课堂管理有新的改进。本年度，为配合学院的工作要求，部门特别强调了每个教师的课堂管理，在"点名""三无"方面，要做到每课必做。从部门四次的检查情况看，从教师提供的有关资料统计，能全部按要求做的教研室在概论与基础两个教研室。能全部按要求做的教师比例达 90% 以上。

7. 对教学问卷认真统计，认真教研。今年，部门要求进行课堂质量问卷调查，每个班级都要进行，每个自然班二十份，教研室要组织专题研讨会。根据部门要求，各教研室克服困难，在量大、艰巨的统计工作完成后，对学生层面提出的问题，在两个学期各有一次专题研讨会。为解决教学针对性的问题搜集了完整的资料，并拿出了初步的方案。

8. 教材编写有新突破。由于××专业教材按评估要求只能是国编或省编教材，以往我部没有机会参与。今年，博雅、写作都有新的立项，实现了校本教材的突破。形势与政策教研室参与了省编教材的编写工作。

二、改进了书记、院长上××专业课的相关环节

书记、院长上××专业一课，已列入省委对高校的巡视内容，重要性是不言而喻的。过去，我院的做法得到了省教育厅的肯定。2019年，根据教育厅的工作要求，我部对本项工作也做了相应调整。首先是从时间上进行调整，由原来的期中上课，变为了期初上课，使书记、院长的××专业一课变成了"××专业第一课"。书记、院长排除了期初工作繁多的各种困扰，倾力支持我部工作，使书记、院长的××专业第一课起到了极好的带动效应。其次是选题上的调整。经我部提议，书记、院长确认，2019年书记、院长的讲座选题有的是"形势与政策"，有的是"基础"，有的是"概论"，内容丰富，又切合省教育厅要求，改变了过去单一的范围。再次，改变了覆盖面。过去是一题一校区，今年是一题两校区。在概论、形势与政策两个教研室的精心组织下，全年书记、院长各有两个选题，在清远举行了四场，在黄埔举行了四场。书记、院长的第一课，鼓励了学生，也鞭策了教师。

三、努力提高教师的政治素养和业务水平

由于教学工作的特殊性，我部非常重视教师的政治素养。2019年，我部的主要做法：一是将支部的政治学习与部门的理论学习有机结合，形成"学习领会—研讨梳理—教学应用"的养成路径。二是通过微信，在每周五下午举行专题学习，对时政热点深入探讨，集思广益，形成专题。三是由部门组织专题进行研讨。全年，部门专题理论研讨五次。

（一）利用一切资源为教师提供学习机会

2019年，我部主要做了以下工作：

1. 最大限度选派××专业教师参加省教育厅举办的××专业课骨干教师培训班。全年，争取了四位教师参加概论课骨干教师培训班，一人参加基础课骨干教师培训班。

2. 选派一人参加全省哲学与社会科学科研骨干研修班学习。选派一人以访问学者身份参加××大学为期一年的学习。

3. 组织九人参加××研究会学会年会。

4. 组织五位教师参加全校师德征文，选派一人参加全校青年教师教学竞赛，选派一人参加××省教育厅举办的××省第三届高校青年教师教学大赛。

（二）在学习与实践中获得的主要荣誉

2019年，能显示我部教师政治素养与业务水平的主要荣誉有：

1. 在全院师德征文中，我部五位教师的参赛作品都获了奖。其中一等奖两篇，二等奖两篇，优秀奖一篇。

2. 张三老师获学院青年教师教学竞赛第一名，获××省第三届高校青年教师教学大赛优秀奖。

3. 李四老师获学院微党课竞赛一等奖和2019年全省哲学社会科学科研骨干研修班优秀论文奖。

四、有针对性地开展科研工作

我部对科研工作的要求是：立足高职高专大背景，源于教学，服务教学。基于这一要求，××、××、××、××四个教研室各有一项院级科研立项。××教研室争取了一项省级××专业课题，并有三篇论文发表。××、××已争取院级校本教材立项，目前写作任务已基本完成，正在定稿出版之际。

五、齐心协力完成部门的行政工作

由于多校区运作和管理的深化，部门行政工作越来越多。今年，分解的行政岗位主要有：财务管理员、档案管理员、资产管理员、教育厅信息员、校内教学信息员、科研管理员、实习基地联络员、综合事务联络员、清远校区考核员、课酬统计员。几乎每个专任教师都有一定的行政兼职，尤其是财务管理员、综合事务联络员、课酬统计员，工作烦琐，又有时间、质量要求，对承担本岗位的教师形成了一定的压力。我部全体教师，充分理解了部门工作的难处，在部门统筹下，不计得失，不抱怨言，认真完成了各项行政工作，为部门的正常运作提供了基础和保障。

六、存在的主要不足

1. 因各种原因，没有完成今年工作计划中"整理教学资料""全部课程网络上传""本省范围的交流学习活动"这三项工作任务。

2. 因私调停课虽在规定范围之内，但人数过多。

3. 个别老师落实学院、部门课堂管理要求不力。

4. 个别老师递交各种资料滞后，影响了整体的工作进度。

5. 全部门科研成果过少。

（资料来源：谭靖仪主编，《应用文写作》，北京理工大学出版社，2019年版）

【评析】

这是一篇××部门的年度工作总结。前言简要概述主旨，介绍背景。主体紧扣主旨，对常态工作和特殊工作进行总结；内容集中，且具体、细致；语言准确简要。总之，既注重理论总结，又结合工作实际，不空发议论。

【技能训练】

一、请阅读下列文章，找出其中问题并作修改

2020—2021学年我的个人总结

炎日当空，天上无一丝云彩，火辣辣的太阳简直叫人不敢出门，空中没有一点风，只有知了在树上不停地叫着，好像在说："放假啦，放假啦。"又一学年过去了，我应该利用暑假对这一学年的学习情况作一些总结，以迎接新学年。

在这一学年里，我学习了成本会计、管理会计、审计原理、经济法、计算机应用、外贸会计、大学英语、应用文写作、体育、职业道德、概率论等课。其中成本会计82分、管理会计86分、审计原理77分、经济法89分、计算机应用90分、外贸会计90分、大学英语72分、应用文写作68分、体育是中、职业道德是优、概率论是中。总的来说，成绩还是可以的，在班上属中等水平。其中计算机应用和外贸会计成绩好些，而大学英语、概率论和应用文写作差些。

下一学期，我要继续努力，争取取得更好的成绩，最好都在80分以上，这样就可以获得奖学金，减轻家庭的经济负担，更可以在择业时增加自己的实力。

二、情境写作

根据所学内容，选择一种总结结构方式，撰写个人总结。

第四节　调查报告

一、调查报告的概念

调查报告，也叫调查研究报告，是根据某一特定目的，对某一事件或某一问题进行深入、细致、周密的调查研究和综合分析后，将调查和分析的结果系统地、如实地加以整理而写成书面报告的一种文体。

调查报告的主要功能是搜集情况，并通过对调查所得情况的深入研究，提出一定的见解。它要求将调查研究的结果客观、准确、及时地反映出来，作为向上级汇报工作的材料，供有关领导或上级部门在制定方针政策时参考。

二、调查报告的种类

调查报告运用广泛，涉及对象广，写作目的不尽相同，形式多种多样，很难有统一分类标准。一般来说，按功能和作用划分为以下四类。

1. 经验性调查报告。经验性调查报告主要反映社会实践中具有一定代表性和普遍推广意义的先进经验和典型事物，目的在于推广经验、指导和推进工作。

2. 情况性调查报告。情况性调查报告可以反映某一个具体情况也可以综合性地反映某一领域或某一方面的基本情况和概貌。这类调查报告应用较为广泛。

3. 问题性调查报告。问题性调查报告是用大量的事实揭露、批评社会生活和工作中的不良倾向或风气，揭露事实真相，分析实质和原因，指出问题的重要性，从而引起重视，以吸取教训，推进工作。

4. 科研性调查报告。科研性调查报告是以科学研究为目的而撰写的调查报告，它以收集、分类、整理资料并提出问题、报告结论为特点，大多发表在学术刊物上，或载于学术著作中。

三、调查报告的作用

1. 调查报告是掌握和研究某种情况，制定方针政策、措施的重要依据。
2. 调查报告是把调查研究成果转化为社会效益、发挥社会作用的媒介。
3. 调查报告可以通过对典型事例的分析、总结，得出具有方向性和普遍意义的经验，以推动工作。
4. 调查报告用调查的事实教育说服群众，明确有关问题的真相，分清和明辨是非。

四、调查报告的特点

1. 内容真实，针对性强。调查报告是为解决工作中的某个问题而写的，要坚持实事求是的原则。要从现实的工作需求出发开展调查，了解情况，总结经验，披露社会普遍关心的问题或尚未引人注意的问题，以便科学地指导和推动工作。

2. 材料典型，讲求时效。调查报告的典型性，一是调查对象典型，二是文章所运用的材料典型。调查报告必须恰当地选择典型的调查对象，以及选择典型材料，深入研究，探索总结规律，找出解决问题的办法，总结具有代表性和推广价值的经验，反映典型性的问题。

好的调查报告不仅能够对调查对象总结工作经验，提高认识有指导意义，更重要的是对全局性工作具有现实意义和普遍指导意义。调查报告要反映社会生活或工作中迫切需要解决的问题，要反映新情况，分析社会现象，提出对策或建议，所以写作要及时。

3. 叙议结合，语言简洁。调查报告要准确地叙述客观事实，并对事实进行概括、分析，形成自己的观点。调查报告的语言要求简洁，在准确的基础上，概括叙述事实，简要分析评论。在调查报告的写作中，一般用第三人称进行叙述和评论。

五、调查报告的写作要求

1. 秉持实事求是的原则。一是用事实说话，二是内容实在有用，三是语言平实。

2. 内容要丰富、充实。材料要典型具体，尽量采用有代表性的事实材料，使文章用较少的材料就能揭示出问题的普遍性，说明事物的本质。

3. 撰文迅速，反映及时。情况、看法和建议反映如不及时，调研文章写得再好也没有实际效用。所以，撰写调查报告必须注重实效性，使有关部门或领导能够在第一时间、最佳时机利用调查报告做出决策。

4. 语言精练准确，文风朴实。调查报告的文字以准确取胜，要掌握分寸，言简意赅，语言精准，表达连贯，文风朴实，以理服人。

六、调查报告的写法

调查报告一般由标题、正文和落款三大部分组成。

（一）标题

调查报告的标题有三种形式：公文式标题、文章式标题、正副双标题。

1. 公文式标题。一般由"事由＋文种"（调查报告）组成，例如《关于2017年国内大学毕业生就业情况的调查》。也可以省略"关于"，例如《城市流动人口生存状况调查报告》。

2. 文章式标题。这种标题主要概括调查报告的基本内容，可以是直接揭示调查报告的内容、研究范围或基本观点，例如《国民法律意识调查》；也可以是对调查报告的主要内容进行暗示性的设问或反问，突出问题的焦点所在，以吸引读者的阅读、思考，如《青少年究竟需要什么样的网络游戏？》。

3. 正副双标题。正标题概括调查报告的主题思想或主要结论，副标题说明调查的对象、范围、问题或事件，例如《基层民主的新验证——赵县村民代表会议制度建设调查》。

文种也可写为"调查""调查研究报告"，如《天顺船业公司实行全面改革的调查》《全国生态文明意识调查研究报告》。

（二）正文

调查报告写法多样，结构灵活，但基本结构格式大体相同，一般根据内容和表达的需要来决定，通常有前言、主体和结尾三个部分。

1. 前言。前言是调查报告的开头，也称导言、引言，起提示全文的作用。一般介绍调查对象的基本情况、提示全文的基本内容、直接提出调查的问题和结论。要求紧扣主题，简明概括，以帮助读者正确、深刻地理解全文。

前言的写法灵活，常见的有：（1）简介式。对调查的课题、对象、时间、地点、方式、经过等作简明的介绍。（2）概括式。对调查报告的内容（包括课题、对象、调查内容、调查结果和分析的结论等）作概括的说明。（3）交代式。对课题产生的由来作简明的介绍和说明。

有的调查报告开门见山，直接进入主体部分，而将前言部分省略掉。

2. 主体。主体是调查报告的核心与重点，它以调查所得的确凿事实和数据介绍调查对象的基本情况及其发生、发展与变化过程，以及从这些事实材料中总结出来经验教训。有的调查报告还提出解决问题的建议。

主体部分内容的安排要做到先后有序、主次分明、详略得当、重点突出、逻辑严密、层层深入。因主体内容不同，主体的结构形式也不相同。常用的结构方式有纵式结构、横式结构和纵横结合式结构三种。

（1）纵式结构。即按照事物发生发展过程顺序或按调查的时间先后顺序组织材料，进行叙述和议论。这种结构适用于内容比较简单的调查报告。

（2）横式结构。即把调查所得的各种事实、数据材料进行概括、分类，按照问题性质或事物特点从几个不同侧面或角度说明问题，把材料分成几个部分，加上序号或列出小标题使其结构更清楚。这种结构形式，适用于涉及面广、事件线索较为复杂的调查报告。

（3）纵横结合式结构。即兼用纵式和横式结构，相互结合穿插配合使用，通常是先交代事件发生的原因及发展过程，接着进行分析归纳，总结事物的基本性质和特点。这种结构形式，兼具纵式和横式结构的优点，适用于内容丰富、比较复杂的调查报告。

3. 结尾。调查报告的结尾，应当简洁明了地写出通过对事实材料的分析所得出的结论。有的结尾以简练的语句概括报告的主要观点，进一步深化主题，增强说服力和感染力。有的结尾针对所调查的问题，提出解决的办法、措施、意见和建议。有的结尾则是提出问题，启迪思考和探索。有的调查报告将结论性意见写在前言或主体中，不必再另写结尾。

（三）落款

调查报告的落款写明调查单位（调查组）名称及时间。署名可以写在正文右下方，也可以写在标题下一行居中位置。如果署名是单位名称，且已经在标题（公文式）中写明的，则不用再署名。需要署日期，则写在文尾右下方。

【例文】

基于"00后"大学生参与社会实践活动的调查报告

当代大学生是祖国的希望，他们每个人的想法是思想政治工作者关注的焦点和工作的难点，为了更深入了解同学们对社会实践的态度和状况，了解社会实践工作的制度缺陷和不被参与原因等专门进行了此次调研活动。本次调研以音乐学院137名"00后"大学生为主要对象，通过网络问卷的形式就他们对社会实践的看法与了解程度进行深入的了解。经过此次调查，了解到"00后"大学生很愿意参与到社会实践中来，用自己的能力为需要的人带去美好。同时，也发现了社会实践活动宣传范围与细则不够全面、不够有针对性，今后要有针对性地发掘整理相关资料。

一、"00后"对社会实践的看法与了解程度的情况

1. 有无参加社会实践的意愿？在 137 名被调查的音乐学院"00后"大学生中，参加过社会实践的"00后"占 56.2%，未参加过社会实践的占 43.8%。将近一半的学生未参加过社会实践。可见，校园里、社会上对于社会实践的宣传力度与执行力不够。

2. 参加社会实践的原因是什么？想为社会奉献自己一份力的被调查者占 75.18%，希望通过参加社会实践来帮助某些特殊群体的被调查者占 43.07%，可见音乐学院"00后"大学生都十分愿意参加社会实践，他们普遍生活水平、受教育水平较高，有着为社会做出自己贡献的光荣理想。由数据可知，想从社会实践中获得锻炼、提升技能的被调查者占 64.23%，想从社会实践中增强自己人际交往能力的被调查者占 39.42%。可见当代"00后"大学生重视自身实践经验的积累与人际关系的培养，说明当代大学生已经有了为今后的社会生活做准备的意识。

3. 阻碍参加志愿活动的原因是什么？因平时时间不足，社会实践与个人学习相冲突的学生占 78.83%，可见，当代"00后"大学生普遍学业较繁重，只有少量多余的空闲时间。因参加社会实践会有一定支出的学生占 35.77%，对社会实践中涉及自己权益不明确的占 10.22%，可见，校园里、社会上对于志愿活动的宣传还不够广泛和详尽。

4. 希望在什么时候参加社会实践？选择在寒暑假进行社会实践的学生占 40.88%，选择在平时空余时间参加社会实践的学生占 40.15%，选择在一般周末参加社会实践的学生占 5.84%。由数据可知，当代大学生喜欢在自己休息、空余时间长的时候参加志愿活动。

5. 曾经参加过什么样的志愿活动？曾参加"敬老院慰问老人活动"的学生占 40.15%。可见，随着社会教育水平的提高，当代"00后"大学生务实、敬老，将中华民族传统美德牢记于心。参加过"环保类公益宣传活动"的学生占 24.82%，参加过"无偿献血"的学生占 19.71%，参加过重大志愿活动的学生占 14.6%，曾利用自身所学去小学支教、教授传播知识的学生占 13.14%。由此可见，当代大学生对于支教类的志愿活动，不够关注与了解。校园里、社会上与支教相关的志愿活动不够丰富，针对性、宣传力度与执行力有待提高。

6. 从哪些渠道了解社会实践？通过辅导员、班主任介绍了解社会实践的学生占 41.61%，由朋友介绍了解社会实践的学生占 38.69%，可见，当代大学生对社会信息的获取主要依赖身边的老师与朋友，因此，志愿活动阵容的扩大，还是需要学校老师的尽力宣传。从报纸、网络等媒介了解社会实践的学生占 34.31%，可见，当代"00后"大学生热爱新鲜事物，对于网络、自媒体的关注度较高。以后可以加强网络自媒体宣传力度。

7. 你对社会实践的态度是什么？愿意积极参与志愿活动的学生占 81.75%，持无所谓态度的学生占 17.52%。这一结果说明，大多数的"00后"大学生乐意去帮助某些需要帮助的人，从侧面也反映出当代社会教育的良好成果。但由数据可知，亦有 17.52% 的学生对社会实践表示着无所谓的态度，这也反映出部分"00后"大学生渐渐产生了"佛系"的生活态度。"00后"大学生心智尚未成熟，亦处于在科技高度发展的社会环境中，其心智容易受到多种人生观念的影响。

8. 如果社会实践与学习时间发生冲突，将如何进行选择？调查结果显示，选择"合理

支配时间，做到两者"的学生占69.34%；选择"全身心投入学习，不参加此类活动"的学生占21.17%；选择"举棋不定、犹豫纠结、凭心情决定"的学生占8.76%。可见，"00后"大学生自律、上进。考虑到"00后"大学生学业较为繁重，他们也十分重视自己的学业，因此，志愿活动应尽量安排在学生有较长休息日时进行。

9. 对社会实践薪酬的看法是什么？将社会实践当成对于社会做出贡献的学生占60.58%，呈无所谓态度的学生占21.9%，认为理应得到一些报酬的学生占17.52%。可见，"00后"大学生的生活水平普遍较高，但"佛系"态度的情况依然存在。对于在意社会实践的学生，志愿活动的主办方或学校可以化物质奖赏为精神赞赏，适当地给予赞扬和相关证书。

10. 是否了解乡村留守儿童的现状？在137名被调查的"00后"大学生中，"不了解，想要通过相关渠道了解"的学生占54.74%，"了解"的学生占40.88%。可见，"00后"大学生受到了很好的精神层面的教育，都十分愿意了解乡村留守儿童的现状，并且想要帮助他们。相较于普通的志愿活动，乡村留守儿童的相关宣传力度较少、不够周密。

11. 认为关爱乡村留守儿童这样的社会实践活动怎么样？被调查者中，"认为关爱乡村留守儿童很好"的学生占78.1%，没有学生"认为关爱乡村留守儿童这样的社会实践活动没意思"。可见，作为音乐学院的"00后"大学生，愿意关心社会发展，也开始承担起普及艺术的责任，想要关爱儿童、散播艺术的种子。

12. 关爱乡村留守儿童社会实践，你认为哪些活动形式比较好？支持进行舞蹈美育课堂的学生占72.99%，支持进行艺术展演活动的学生占55.47%。可见，音乐学院的"00后"大学生深知艺术对于一个人的气质、内涵的提升，也重视艺术传播。支持进行娱乐互动活动的学生占70.07%，愿意参加物品捐赠活动的学生占56.2%，愿意参加交谈了解活动的学生占48.18%。可见，"00后"大学生对于关心乡村留守儿童这一方面，注重身心的双重培养，他们愿意身体力行地去了解、关爱、帮助乡村留守儿童。对于乡村留守儿童社会实践的举办形式，也应多样化、全面化、科学化。

二、"00后"参与社会实践的调查结果总结分析

1. 社会实践服务宣传没有落实广泛，志愿的内容细则不够详尽。由数据可知，在"是否参加过社会实践"一问中，将近一半的学生未参加过社会实践。在"认为老师社会实践的宣传力度怎么样？"一问中，21.17%的学生认为宣传力度不够，5.84%的学生感觉老师没有宣传。而在"对于社会实践的态度"一问中，愿意积极参与志愿活动的学生占81.75%。可见，大多数学生都十分愿意参加社会实践。这一数据也说明，因为社会实践宣传不够广泛细致，因此部分原本愿意参加社会实践的学生未参与到社会实践中去。在"阻碍你参加社会实践的原因？"一问中，选择"社会实践中涉及自己权益不明确"的学生占10.22%。这一数据说明，学校里对于参加志愿活动的缘由、细节做得还不够逻辑化、理论化。

2. 关爱乡村留守儿童这方面的志愿活动宣传力度不够。在"了解乡村留守儿童的现状吗？"一问中，"不了解，但想要通过相关渠道了解"的学生占54.74%。可见，"00后"大学生想了解、关心乡村留守儿童的现状，但缺乏获得相关信息的渠道。

3. 志愿活动服务举办的活动内容不够多元、广泛。在"关爱乡村留守儿童社会实践，认为举办哪些活动形式比较好？"一问中，各个选项的学生占比比较均衡。可见，当代"00后"大学生兴趣广泛、思想活跃、具有很强的行动力，并且每个人都有自己想做的志愿活动。但是，未参加过社会实践的学生还是占一半，说明学校的社会实践不仅要宣传广泛到位，举办的活动形式也应多元、广泛。

4. 学校里举办面向学生的志愿活动不具有专业针对性。由上述数据可以得出，在"曾经参加过什么样的志愿活动？"一问中，利用自身所学去小学支教、教授传播知识的学生只占13.14%。在"是否了解乡村留守儿童？"一问中，想了解的学生占54.74%。可见，音乐学院的"00后"大学生关爱乡村留守儿童，感兴趣的志愿活动涉及的面十分广。但真正去了解、去实践，利用自身所学去志愿教授传播知识的学生非常少。说明在学校还未动员起大部分的学生，利用自己的优势去参加志愿活动。在社会上，为了获得更多的参与者，举办的活动大多都是献血、环保类活动。而在学校里，特别是音乐学院，应充分利用好本学校学生的优势，细分不同专业去举办面向本校学生的志愿活动。

三、社会实践活动的科学性建议

1. 根据学生所学专业的不同举办不同的志愿活动。大学有不同的学院，学院有不同的系，每个系有不同的专业。志愿活动组织应尽量分门别类、有针对性地举办志愿活动。志愿活动多样化，实践与理论分开，避免单一性、排他性，让每个学生都能参与进来，在志愿活动中感受到自己创造的价值，让学生感受到参与志愿活动服务不仅是帮助他人，也是对于自己感受力、能力的提高。

2. 社会实践活动的举行应尽力符合"00后"大学生的时间安排。由数据可知，"00后"大学生学业较为繁重，并且重视学业，他们更愿意在有较长休息时间的寒暑假进行志愿活动。所以，面向学生群体的志愿活动应在有较长休息日的假期举行。

3. 对社会实践活动的宣传应尽力，做到理论实践兼顾。由数据可知，"00后"大学生获取社会信息的主要来源是学校老师、同学，部分"00后"大学生对社会实践亦不够关心和了解。这就要求老师对志愿活动的宣传做到理论与实践相结合。先让学生了解到是谁需要帮助、应该怎么帮助，再进行一系列实践性的活动。由数据可知，"00后"大学生目光长远，重视学业与自身实践经验的积累，并且有一部分学生对于社会实践的"无薪酬"存在着不理解。社会实践组织可以给予有一定志愿履历的学生证书或奖状。

4. 积极组织参与过社会实践的学生分享志愿经验，使其更好地起到"领头"作用。由数据可知，"00后"大学生注重友情，喜欢交流。通过"经验分享会"，能让更多的人积极地参与志愿活动。

5. 有的放矢地在社交网络、自媒体上宣传社会实践活动。当代"00后"思维敏捷，思路广泛，喜欢新兴事物。为了更好地做好扶贫、环保等工作，社会实践组织也应适当地在社交网络、自媒体上宣传志愿活动，让学生们能了解到这是他们也可以助力的民生活动。

（资料来源：李保辉，《基于"00"后大学生参与社会实践活动的调查报告》，《产业与科技论坛》，2021年第20卷第13期）

【评析】

这份调查报告观点明确，结构清晰，资料翔实，语言简要准确。前言紧扣主题，简明概括，写了调查目的、调查内容和调查结论，能帮助读者正确、深刻地理解全文。主体部分反映本次调查的内容，分"'00后'对社会实践的看法与了解程度的情况""'00后'参与社会实践的调查结果总结分析"和"社会实践活动的科学性建议"三个部分来写，层次清晰，逻辑严密。针对"调查结果"给出"对策建议"可以很好地发挥调查报告的作用。语言准确、简明，表达规范，具有表现力、可读性，并且注重用数据说话，有很强的说服力。

【技能训练】

一、请阅读下文，找出问题

××大学关于实践教学情况问卷调查的分析报告

20××年上学期末，教学督导团就我校实践教学的情况在学生中进行了问卷调查。全校共发出调查问卷1 400余份，收回有效答卷1 013份。此次问卷调查的内容主要针对我校实践教学的基本情况、实践教学设施、实践教学效果、实践教学管理情况、实践教学规章制度等方面，共设计了10道选择题、两道问答题，在各班学生中随机抽样，每班抽样10人进行了调查。被调查的学生对选择题都做了回答，其中多数学生对问答题也做了不同程度的回答。教学督导团专职督导及干事对收回的调查问卷分班进行了统计并进行了全校汇总。

一、统计数据结果分析

（1）针对"你对我校实验硬件设施的满意度如何"的问题，回答"满意"的仅为1.8%，"较满意"的为13.8%，"一般"的为61.7%，"不满意"的达22.7%。

（2）针对"你对我校指导教师的评价情况"的问题，回答"好"的仅为7.2%，"较好"的为36.0%，"一般"的为51.7%，回答"较差"或"差"的为6.1%。

（3）针对"你认为我校实践教学环节的教学效果如何"的问题，回答"好"和"较好"的为24.0%，58.8%的认为"一般"，还有17.2%的认为"较差"或"差"。

（4）针对"你觉得实践教学环节对提高你的知识面和动手能力与创新能力有多大作用"的问题，认为实践教学环节能"扩大知识面和提高动手能力与创新能力"的学生占91.7%。

（5）针对"你认为我校实验室开放程度怎么样"的问题，总体上认为我校实验室开放程度还不够。其中，认为"一般"的占46.6%，认为"差"或"较差"的达39.6%，只有13.8%认为"好"或"较好"。

（6）针对"你对我校实验室规章制度是否清楚"的问题，认为"很清楚""清楚"和"比较清楚"的有半数以上（58.9%），认为"不清楚"的有少半（41.1%）。

（7）针对"你对我校实验室规章制度或管理方式满意度如何"的问题，评价"满意"的为25.2%，大多数认为"一般"（62.1%）。

（8）针对"你对我校的实践教学环节的总体评价"的问题，大多数总体评价为"一般"，总体评价为"好"或"较好"的只有20%多一点。

二、调查情况分析

（1）此次调查对象中包括了所有一年级的班级。由于他们入校时间短，主要接触的是公共基础课，对大学的实践教学环节的内涵理解不全面，究竟哪些属于实践教学，尚未弄得很清楚。有相当部分学生回答她在我校未参加过实践环节教学，其实一年级至少有计算机课上机的实践教学环节，而这一环节几乎占了计算机课一半的教学时间。

（2）学生们认为，我校实践教学环节主要存在下列问题：

①实践教学内容偏少，比较单调，总量不够，甚至认为学校没有把实践教学落到实处，实践教学和理论教学存在不平衡。

②硬件设施不完备，或者设备陈旧，如听力课设备常出故障等。各个系的学生都强调本系的条件较差，实践基地太少。各系都一致认为旅游管理系的实践教学搞得较好。

③实验室开放不够，开放时间短，实践的机会较少。有些学生认为实践机会不是人人平等，受益的学生有限，实践教学管理制度有待进一步完善。

④实践教学总体水平不高，效果一般。

⑤校内实践基地太少，未能给毕业生联系好实习单位，且毕业实习指导不够。

三、学生们的希望和要求

（1）学校要进一步加大对实践教学设施的投入，迅速完善硬件设备。

（2）要多开设一些实践教学课程。

（3）要多建立一些实践教学基地，多为学生找一些实习单位，学前教育专业的学生建议学校开办一个幼儿园。

（4）要多加强实验室的管理，增加开放时间。

（5）多组织一些课外实践活动，多成立一些兴趣小组。

××大学教学督导团

（资料来源：耿云巧主编，《现代应用文写作》，清华大学出版社，2007年版，有改动）

二、情境写作

在下列题目中选择一个进行调查，然后写一篇调查报告。

1. 当代大学生价值取向的调查与分析。
2. 当代大学生心理素质的调查研究。
3. 大学生勤工助学调查与分析。
4. 当代大学生的职业选择取向、就业问题研究。
5. 高等学校校园文化现状的调查与分析。

第五节　简　　报

一、简报的概念

简报，就是简要的情况报道。它是政府机关、社会团体、企事业单位等组织内部编发的向上级汇报工作、反映情况，或与下级、平级机关沟通信息、交流经验的一种事务文书。

在实际运用中，简报有多种名称，如情况反映、情况交流、内部参考、简讯、动态、要情、摘报、工作通讯等，都属于简报。

二、简报的作用

1. 反映情况。简报可以迅速、准确地向上级机关反映工作进展情况以及工作中出现的新情况、新问题、新经验，使上级机关及时了解下情，为制定政策、指导工作提供参考。

2. 传播信息。简报本身即是一种信息载体，可以使各级机关及从事行政工作的人互相了解情况、吸收经验、学习先进、改进工作。对于下级机关来说，简报能及时反映上级机关的工作动态，使人们对上级机关的工作意图有所了解。

3. 交流经验。简报体现了领导机关的一定指导能力，通过组织交流，可以提供情况、借鉴经验、吸取教训，对工作有指导和推动作用。

三、简报的种类

简报的种类很多，按照不同的分类标准，可以划分为不同类型。按内容来分，有情况简报、会议简报、动态简报、科技简报；按发送范围分，有供领导阅读的内部简报，也有发送较多、阅读范围较广的普发性简报；按时间划分，简报可分为定期简报和不定期简报。

1. 情况简报。也叫工作简报，是为推动日常工作而编写的简报。主要用于反映工作进展情况，介绍工作经验，报告工作中出现的问题等。工作简报又可分为综合工作简报和专题工作简报。

2. 会议简报。是会议期间为反映会议概况、会议进展、会议发言中的意见和建议、会议议决事项和基本精神等内容而编写的简报。会议简报一般由会议秘书处或主持单位编写。重要的会议往往通过多期简报将会议进程中的情况接连不断地反映出来。

3. 动态简报。是为反映本单位、本系统的思想、政治、经济、文化等方面的情况信息而编写的综合性简报。动态简报着重反映与本单位工作有关的正反两方面的新情况、新动向、新问题，为领导和有关部门研究工作提供鲜活的第一手资料，向群众报告工作、学习、生产、思想的最新动态。

4. 科技简报。是为反映最新科学技术研究成果、介绍推广新产品、新工艺、新技术、新理论、新动向而编写的简报。这类简报内容新、专业性强，有的属于经济情报或技术情报，有一定的机密性，必要时需加密级。

四、简报的特点

1. 快：简报具有新闻性，要求写得快、印得快、发得快，充分发挥简报的作用。
2. 简：简报的内容简明，篇幅短小。素有"千字文"或机关工作的"轻骑兵"之称。
3. 实：内容真实准确。材料真实，分析符合实际，内容有价值。
4. 专：内容专业性强。一般由主办单位安排专人撰写，传递某一专项工作的情况、经验、问题和对策等各种信息，注重专业性。
5. 限：简报的发布范围有限制。一般只在内部发行、交流，不宜甚至不能公开传播。

五、简报的写作要求

1. 内容真实准确。简报要客观、真实、准确反映情况，这是简报最基本的写作要求。简报中所反映的材料必须真实、可靠，材料数据要仔细核实，确保其真实性。对事物的分析解释，必须坚持实事求是的科学态度，符合实际。简报的内容要选择有价值、值得重视的情况和问题。

2. 选材立意要新。简报的选材立意要具有新闻性，要力求反映工作或现实生活中的新情况、新问题、新经验、新观点、新趋势，使简报具有更强的指导性和交流性。

3. 内容力求简明。一般来说简报篇幅短小，内容力求简明。一是内容要集中，尽可能一事一议；二是行文平实，以叙述和说明为主要表达方式，只写明"是什么、怎么样"即可；三是语言准确规范，简明扼要，避免用词不当，语义混淆；四是结构简明，线索单一。

4. 撰文及时迅速。简报要求撰写成文快、编印制发快。尤其是会议简报，其时限性更强。

六、简报的结构和写法

（一）简报的版面格式

简报有约定俗成的格式，由报头、报体和报尾三部分构成。简报版面格式如图 3-1 所示。

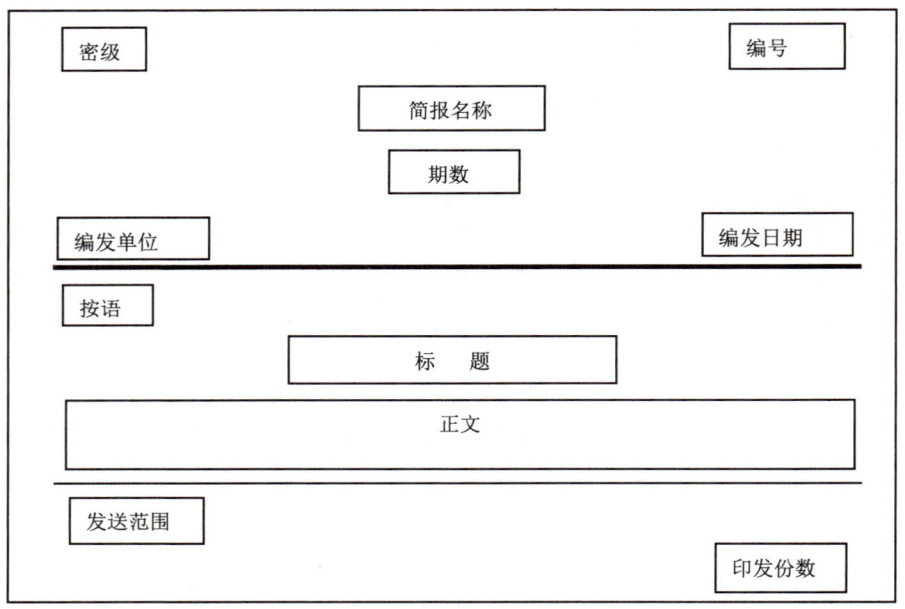

图 3-1

（二）简报的写法

1. 报头。报头又称版头。一般占首页 1/3 的上方版面，用间隔红线与报体部分隔开。

报头包括以下内容：

（1）简报名称（刊头）。居中排印，套红大字，如"工作简报""文化信息"。要求醒目大方。

（2）期数编号（期号）。标注于"简报名称"正下方，先写"第×期"，下方再写"总第××期"，用圆括号括起。各期按顺序标列。

（3）编发单位（编者）。标注于"期数编号"下一行左起顶格书写。

（4）编发日期。标注于"编发单位"同一行靠右，年月日俱全，"日"字应位于所在行的最后一格。

(5) 密级及编号。不能公开含有密级的简报，应标注在"简报名称"上方左侧。同一行右侧写编号。

2. 报体。这是简报的主体部分，是简报刊载的文章，包括按语、标题、正文三项内容。

(1) 按语。内容重要的简报，要在开头用简短的文字加上按语，标注在刊载文章标题前，写为"编者按"或"按"。详见"相关知识"。按语可省略。

(2) 标题。标题必须能揭示主题，简短醒目，且富有吸引力。简报标题类似于新闻标题，有单标题和双标题两种形式。

①单标题。概括式。将报道的核心事实或主要意义概括为一句话作为标题，使阅读者一目了然，如《2016年中国节水用水先进技术设备展览会备受关注》。

设问式。以提问的方式唤起阅读者的重视，引导对主题进行深思。如《民营企业怎样度过春天前的严冬？》

②双标题。双标题有以下两种情况：

正、副标题式。正标题揭示文章的思想意义或中心观点，副标题补充叙述基本事实，如《贯彻落实会议精神　实现招生过千人——我校传达落实医药经济工作会议精神纪实》。

引题、主题式。引题指出作用和意义，主题概括主要报道内容，如：

了解国民文化素质　推动精神文明建设（引题）

我国首次调查语言文字使用情况（主题）

(3) 正文。一般包括前言、主体和结尾三部分。

①前言。前言也叫导语，是简报正文的开头。通常用一句话或一段话概括说明全文的主旨或主要内容。要求简洁、概括、明确，不宜展开。

②主体。主体是简报的主干，对前言部分提出的观点，用典型而有说服力的材料进行阐述说明。

主体部分可采用时间顺序、逻辑顺序两种结构方式。时间顺序式即按照事件发生发展的先后顺序来写；逻辑顺序式即按照材料之间的因果主次等内在联系，归纳出几项内容或几个问题，分别写作。适用于内容相对比较单一的工作或活动。

若正文篇幅较长，还可采用小标题、序数法等手段衔接各项内容，以使文章层次清楚。

③结尾。结尾视情况而定。可以是呼应开头，也可以提出希望号召，也可以自然收束文章，省略不写。

另外，简报文章一般由编者撰写，也可以刊用原稿或摘编他人文稿，这种情况则在正文右下方加圆括号注明供稿单位或供稿人。

一般说来，一期简报只报道一项内容，可以是一篇文章，也可以是围绕一个主题报道的一组信息，多篇文章。如果是多文简报，则需设置"要目"，向读者提示本期简报的提要。

3. 报尾。报尾居于简报最后一页底部，与报体之间用一条横线隔开。包括发送范围（写在左边）和印刷份数（写在右边）。

发送范围即简报的主送单位、抄送单位、发放单位。

如果简报发送范围是固定的，某期需要临时增加发放单位，一般还应注明"本期增发××（单位名称）"。

【例文】

情况简报

（第 25 期）

××市教育局办公室编　　　　　　　　　　　　　　　　　20××年8月1日

××市成人中等专业学校

期末基础课统考情况

　　市教育局于今年7月1日和2日组织了全市成人中专××级第一学年下学期期末基础课统一考试，有29所学校参加，统考课程有语文、数学、物理、化学、地理、中共党史、生理学等7门。基本情况如下：

　　参加语文统考的有26所学校，考生2 356人，及格率为98.4%；参加数学统考的有19所学校，考生1 502人，及格率为91%；参加物理统考的有19所学校，考生276人，及格率为91.3%……

　　这次统考时间紧，工作量大。我们对组织工作做了一些尝试，采取了"统一命题、分散制卷、统一考试、交叉巡视、集中阅卷"的办法。各校成立统考领导小组，具体负责本校统考工作；各学科中心教研组负责命题，根据教学大纲、教学进度，结合我市成人中专考生特点，编出甲、乙试卷，保证试题质量……使统考工作顺利进行。

　　这次统考工作还存在一些问题，主要有以下几点：

　　1. 分散制卷弊多利少。（略）

　　2. 监考工作不严不细。（略）

　　3. 登分工作失误多。（略）

　　期末统考是检查各校教学管理、提高教学质量的方法之一，必须坚持下去。我们将认真总结这次期末统考的经验教训，制定出完善措施，把今后的统考工作做得更好。

报：教育部××司、市政府办公厅

送：市属有关部、委、办、局

发：各成人中专学校（班）

共印 150 份

（资料来源：倪文锦主编，《语文》，高等教育出版社，2009年版）

【评析】

　　这则情况简报，报头项目齐全，排列得当。正文开头概述统考时间、对象、参加学校、所考科目，具体而简明。主体反映统考结果，用数字说明，客观而具体；介绍工作做法，突出特点，简明概括，便于推广；分析工作中的不足之处，具体明确，便于改进。结尾要言不烦。报尾完整。

【技能训练】

　　一、下列简报的格式有错误，请修改

20××年××职业学院编	第 3 期 简报	
	我校举办第四十届运动会 （正文略）	
20××年12月2日		送、发：××××　×××　××××

二、情境写作

请就学校迎新工作制作一份简报。

第六节　规章制度

一、规章制度的含义

规章制度是国家行政机关、社会团体、企事业单位和人民群众为了维护正常的工作、学习和生活的秩序，依照国家法律、法令和政策，在自己权限范围内制定的具有法规性、指导性与约束力的应用文书。是在一定范围内要求人们必须共同遵守的规范和准则。

规章制度是一个总称，可分为行政法规类、章程类、制度类和公约类。具体文种有条例、规定、办法、细则、章程、制度、规则、守则、规程、须知和公约等；另外，标准、准则、规范等也属于规章制度。

二、规章制度的作用

健全的规章制度是实施规范化管理的重要保障，是保证各项活动高效、有序进行的重要手段。健全的规章制度能够有效地维持内部秩序，对整个团队的良性运转起到积极作用。合法有效的规章制度，对员工具有约束力。

三、规章制度的特点

1. 法规性。规章制度是为了加强管理、维护工作秩序依法制定，一经公布实施，就要求有关人员遵照执行，具有一定的约束力和强制性。

2. 稳定性。规章制度不宜经常变动和修改，应具有相对稳定性。

3. 制定者的限定性。规章制度的制定者必须是在自己的权限范围内依法制定相关层次的规章制度，否则，制发的文书无效。

4. 制发的程序性。规章制度的制发程序有严格规定，即通过法定程序使文件获得法定效力。规章制度的发布，对不同级别的机关有不同的要求。

四、规章制度的写作要求

1. 准确选择文种，不可越级越权。
2. 依法合规，切合实际。必须依据法律法规，符合党和国家的方针政策，切合本部门、本单位的实际情况，要保证制定出来的规章制度内容具有民主性。
3. 态度谨慎，内容严密。制定规章制度，必须有预见性、科学性，要对现实生活和工作做深入了解和研究，必须通盘考虑，使其内容具有严密性，否则无法遵守或执行。
4. 文字表述精确、严谨、规范。规章制度的条文应具体准确，简明扼要，易于记忆，便于执行。条文的先后顺序、内容主次要精心设计，注意各章、各条内容之间的内在逻辑联系，避免内容的交叉。

五、规章制度的结构和写法

规章制度的种类多，内容、范围不同，写作格式和写法也有所不同。但总体来说，它们的结构写法有共同之处，一般由标题、正文和落款三部分组成。

（一）标题

规章制度的标题有以下五种写法：

1. 由"单位（或适用范围）+内容+名称"组成，如《××公司职工奖励办法》。
2. 由"内容+名称"构成，如《企业职工奖罚条例》（国务院制定）。这样的规章制度多数是由高层机构发布的。
3. 由"单位（或适用范围）+名称"构成，如《××文学社章程》。
4. 由"涉及的人员+名称"构成，如《中学生守则》。
5. 公文式标题，如《北京市关于禁止燃放烟花爆竹的规定》。

如果所订规章制度在内容上还不够成熟，是草案或暂行、试行的，可以在标题内文种名称前写明"暂行""试行"，也可在标题后面或下面加括号注明，如《××省城镇股份合作制企业暂行规定》《××商场职工奖励办法（试行）》；如果是该规章制度是对原有文件的补充，可以在名称前加上"补充"字样，如《关于临时出国人员费用开支标准和管理办法的补充规定》。

（二）正文

规章制度的正文要写清楚规章制度的具体内容，基本上采用条文结构。条文可分层次，最多为七层，分别是编、章、节、条、款、项、目。其中，最基本的是"条"。常见的是用三级：章、条、款或条、款、项。篇幅长、内容多的，一般为七级全用。使用时应注意由高往低选用。

按照内容的复杂程度，正文主要有两种写法：章条式和条文式。

1. 章条式。由总则、分则、附则组成。

（1）总则。基本上是第一章为总则，简要说明制定本规章制度的依据、目的和总的要求，规定该文件的基本原则、适用范围、主管部门等。若是章程，还要说明该组织的性质、地位、指导思想。

（2）分则。总则以下各章叫分则，说明具体要求执行的事项和办法。每一分则要设小标题，标明本章的主旨。这是规章制度的主体部分。

（3）附则。最后一章叫附则，提出实施要求，说明本规章制度以及具体实施办法的制订权、修订权、解释权，以及适用对象和生效日期等。适用对象和生效日期也可以写在总则内。

附则可单列一章，也可不单列，用几个条目写出，排在最后。

内容比较复杂的规章制度，一般用章条式的写法，如《党政机关公文处理工作条例》。有些大型的重要规章制度，常常在总则前还加上一个序言强调背景，如《中华人民共和国宪法》。

2. 条文式。一般适用于内容比较简单的规章制度，有前言条文式和条文贯通式。

（1）前言条文式。在条款前先简单说明订立这项规章制度的目的、意义作为"前言"，用前言代替总则，分则和附则按常规排列。然后分条写出应遵守的事项，最后补充说明解释权限、生效日期。

（2）条文贯通式。只要分条写出规章制度的内容即可，第一条或前几条相当于总则，最后一条或最后几条相当于附则。

（三）落款

写在正文右下方，由制发机关名称、制发时间构成。如果标题已注明制发单位，则此处可省略。

【例文】

××大学学生违纪处分条例

第一章 总 则

第一条 为了维护学校正常的教学和生活秩序，建设优良的学习、生活环境，促进学生的健康成长，为国家培养合格建设人才，根据《中华人民共和国教育法》《中华人民共和国高等教育法》《高等学校校园秩序管理若干规定》《高等学校学生行为准则》《普通高等学校学生管理规定》《公民道德建设实施纲要》以及其他有关规定，结合我校的实际情况，制定本条例。

第二条 本条例适用于我校全体学生。

本条例所指的学生包括在我校正式注册并参加正常学习活动的专科生、本科生、第二学士学位学生、硕士研究生、博士研究生。

第三条 学生在校内有违纪行为的，依照本条例给予纪律处分。学生在校外参加教学实习、考察、社会实践、挂职锻炼等社会活动中有违纪行为，参照本条例给予纪律处分。

第四条 学生违反校规校纪，根据情节轻重、认错态度、悔改表现等，给予下列处分：（一）警告；（二）严重警告；（三）记过；（四）留校察看；（五）开除学籍。

学生有违反校规校纪的行为，但情节轻微不足以给予行政处分的，应由学生所在院（系、所、中心）给予通报批评，督促其改正错误。

第五条 对违反国家和地方法律、法规者，视其情节，给予以下处分：

（一）违反国家和地方的法律、法规，司法和公安部门认定其行为违反国家和地方的法律法规，但不予处罚者，给予记过以下处分；

（二）违反《中华人民共和国治安管理处罚法》，被公安机关处罚者，给予记过以上处分；

（三）违反国家法律，受到刑事处罚者，给予留校察看以上处分；

（四）违反宪法、反对四项基本原则、破坏安定团结、扰乱社会秩序者，给予留校察看以上处分。

第六条 受处分者，同时受到下列处理：

（一）取消其当年（指学年度，下同）参加学校和院（系、所、中心）级各种奖励、各类奖学金评定的资格；

（二）学士学位的授予按《××大学大学生学籍管理细则》的相关规定处理；

（三）享受研究生普通奖学金者，按照《××大学研究生普通奖学金发放的管理办法》处理；

（四）博士、硕士学位的授予按照《××大学对受纪律处分和退学研究生授予硕士、博士学位的有关规定》处理；

（五）有其他规定的按照相关规定进行处理。

第七条 违反校纪者，有下列情形之一，且危害后果轻微，可以从轻处分：

（一）能主动承认错误，如实交代错误事实，检查认识深刻，有悔改表现，可从轻处分；

（二）确系他人胁迫或诱骗，并能主动揭发，认错态度好，可从轻处分；

（三）其他可从轻处分的情形。

第八条 违反校纪者，有下列情形之一，应从重处分：

（一）对有关人员打击报复、威胁恫吓；

（二）在本校曾受过处分，再次违纪；

（三）勾结校外人员作案，违反本条例；

（四）涉外活动违纪；

（五）违纪群体为首；

（六）其他应予从重处分的情形。

第九条 处分违纪学生的权限、程序与管理。

（一）给予学生警告、严重警告、记过处分，由院（系、所、中心）学生工作办公室（下同）查证，院（系、所、中心）办公会讨论并做出决定，经院（系、所、中心）主管领导批准。根据管辖范围报学生工作部，教务部或研究生院审核同意后备案；

（二）给予学生留校察看处分，由院（系、所、中心）学生工作办公室查证，院（系、所、中心）办公会讨论，提出初步处理意见，院（系、所、中心）主管领导签署意见后上报。由学生工作部、教务部或研究生院做出处分决定，报校主管领导同意；

（三）给予学生开除学籍处分，由院（系、所、中心）学生工作办公室查证，院（系、所、中心）办公会讨论，提出初步处理意见，院（系、所、中心）主管领导签署意见后上报。由学生工作部、教务部或研究生院提出处分意见，由校长会议研究并作出决定；

（四）学校相关部门在其管辖范围内发现学生违纪行为，应及时调查清楚，必要时报保卫部调查。对已调查清楚的学生违纪事件，将有关材料送交学生所在院（系、所、中心）及学生工作部，由学生工作部与学生所在院（系、所、中心）按规定处理；

（五）案情复杂或性质严重的学生违纪事件，由保卫部或派出所负责调查。各单位在调查学生违纪事件中遇有困难，可提请保卫部调查。保卫部或派出所调查清楚后，将有关材料送交学生所在院（系、所、中心）及学生工作部，由学生所在院（系、所、中心）和学生工作部按规定处理；

（六）对事实清楚的违纪案件，有关院（系、所、中心）应在收到材料或接到通知后一个月内，做出处分决定或提出处理意见，逾期将由学生工作部、研究生院、教务部直接处理。同时对有关单位进行通报批评；

有关院（系、所、中心）在处理学生违纪事件时量度不当或未按规定处理时，学生工作部、教务部、研究生院有权提出异议，要求该院（系、所、中心）重新审议，或直接做出处理决定。有关单位应认真及时执行学校的决定；

（七）违纪事件涉及不同院（系、所、中心）的学生时，由学生工作部、教务部、研究生院协调处理；

（八）在特殊情况下，学生工作部、教务部、研究生院有权对违纪者直接做出处分决定；

（九）学生受到记过以上处分的，由所在院（系、所、中心）及时将其处分决定和有关材料存入文书档案，并将处分决定存入学生人事档案；学生受到记过以下处分的，由所在院（系、所、中心）及时将其处分决定和有关材料存入文书档案；

（十）留校察看以一年为限。受留校察看处分的学生，由学生所在单位负责考察，在察看期间有悔改和进步表现者，可按期终止；有突出贡献者，经本人申请，院（系、所、中心）审核，学校批准，可提前终止（察看期不能少于六个月）；经教育不改或察看期间又犯错误者，给予开除学籍处分。对毕业班学生一般不给予留校察看处分；

（十一）被开除学籍的学生，在处分决定做出后一周内办理离校手续。逾期不办，由学校给予办理，其善后问题，按学籍管理的有关规定处理。

第十条 处分决定做出后，由院（系、所、中心）学生工作办公室将处分决定送达给学生本人，由学生本人签字（一式三份）。拒绝签字的，由所在院（系、所、中心）送达的工作人员记录在案；因特殊情况不能签字的，由学生所在院（系、所、中心）记录在案；处分决定无法送达时，院（系、所、中心）可在一定范围内对该处分决定进行公示，同时根据管辖范围报教务部、研究生院和学生工作部备案。对学生开除学籍的处分决定应报××市教育委员会备案。

第十一条 关于医学部学生的违纪处理，按照本条例的处分程序和有关规定由医学部做出处理，并报学生工作部备案。

第十二条 处分决定视情况及时在全校、院（系、所、中心）或班级范围内公布，并书面通知学生家长，对涉及个人隐私、国家机密等情况的处分决定由学生工作部决定是否公布。

第十三条 对学生的处理，事实要清楚，证据要确凿，依据要准确，处分要恰当。处分决定做出前，要给学生申辩的机会。经本人申请，各院（系、所、中心）可以召开听证会，听取意见。处理结论要同本人见面，允许本人申辩、申诉和保留意见。本人有权向校申诉处理委员会提出申诉，本人的申诉必须在接到处分决定后15个工作日内提出，校申诉处理委员会工作办公室应在15个工作日内处理，并将处理结论通知申诉人。

申诉期间，不停止处分决定的执行。

经复查发现处分决定确实有误应及时更正并妥善处理。

第十四条 本条例中的给予某一级别"以上处分"包含该级别处分。

第二章 分 则

第十五条 学生不得有反对四项基本原则的言论和行为，不得从事非法的社会、政治、宗教活动，不得泄露国家秘密，有下列情形之一者，视其情节，给予记过以上处分：

（一）违反《中华人民共和国游行示威法》或其他有关法律法规，组织、参加未经批准的游行、示威活动；组织、策划或参与扰乱社会秩序或破坏学校的管理秩序，从事破坏安定团结的活动；

（二）张贴、投递、散发大小字报、反动传单，以及通过其他途径散布反动言论，混淆视听，制造混乱；

（三）组织、成立、加入非法社会团体或组织，从事非法活动；

（四）组织开展未经批准的社会政治、学术活动或举办未经批准的沙龙、俱乐部等；

（五）违反学生社团管理的有关规定，组织成立未经批准的学生社团并开展活动，出版刊物，或以合法学生社团的名义开展非法活动，或有其他违反社团管理规定并造成严重后果的行为；

（六）组织进行非法宗教、迷信活动；

（七）泄露国家秘密，造成后果。

第十六条 对寻衅滋事、打架斗殴者，给予以下处理：

（一）虽未动手打人，但用言词侮辱或其他方式触及他人，引起事端或激化矛盾，造成打架后果者，给予警告处分；

（二）动手打人，视其情节，给予严重警告以上处分，直至开除学籍；

（三）策划、怂恿他人打架、斗殴，未造成打架后果者，给予严重警告以上处分；造成打架后果者，视其情节，给予记过以上处分；

（四）故意为他人打架提供凶器，未造成伤害者，给予记过以上处分；造成伤害者，给予留校察看以上处分；

（五）在调查处理打架事件过程中，故意提供伪证，妨碍调查处理工作正常进行者，给予严重警告以上处分；

（六）因打架斗殴致人人身伤害者，向受害者赔偿经济损失。

第十七条 参与走私、贩私等非法经营，触犯法律、法规者按第五条处理，其他视其情节，给予警告直至开除学籍处分。

第十八条 违反学校勤工助学活动章程及助学办法的有关规定，给予警告以上处分；情节严重、性质恶劣者给予记过直至开除学籍处分。

第十九条 违反××大学学生军训规则的相关规定，视其情节，给予警告以上处分。

第二十条 以各种手段非法占用国家、集体和个人合法财物者，除如数偿还和按公安机关有关规定处以罚款外，视其情节，给予下列处分：

（一）盗窃公私财物，视其情节，给予严重警告以上处分；诈骗、抢夺、敲诈勒索公私财物比照盗窃从重处理；

（二）经公安部门确认盗窃者，虽未窃得财物，给予记过以上处分；

（三）偷窃公章、保密文件、档案等物品者，给予留校察看以上处分；
（四）拾物不还、非法占有遗失物或他人财物，给予警告以上处分；
（五）为作案者放哨，提供信息、作案工具或进行掩盖、窝赃等，可以比照作案者处理。

第二十一条　损坏公私财物者，视其情节，给予以下处理：
（一）由于过失损坏公私财物，价值在500元以上，除酌情予以经济赔偿或罚款外，给予警告以上处分；
（二）故意损坏公、私财物者，除赔偿损失和按规定处以罚款外，给予严重警告以上处分；
（三）故意损坏文物古木者，给予记过以上处分。

第二十二条　违反学校关于学生宿舍管理的有关规定，扰乱宿舍管理秩序者，视其情节，给予下列处分：
（一）未经批准，随便调换、私自占用学生宿舍或出租床位，经批评教育不改者，给予警告以上处分；
（二）未经批准，擅自留宿非本宿舍成员，经批评教育不改者，给予警告处分。因留宿非本宿舍成员或让其进入宿舍而造成不良后果者，给予记过以上处分。留宿异性者，给予留校察看以上处分；
（三）扰乱宿舍管理秩序，对其他人的正常学习生活造成影响，经批评教育不改者，给予警告以上处分；
（四）违反宿舍消防、用电的相关规定，经批评教育不改者，给予警告以上处分。因以上行为引起火灾造成严重后果者，给予记过以上处分；
（五）其他违反学生宿舍管理规定的行为，给予警告以上处分。

第二十三条　违反公民道德准则和大学生行为准则，视其情节，给予下列处分：
（一）故意损坏馆藏图书，以旧换新，偷用他人证件借书者，给予警告以上处分；
（二）伪造、变造、冒领、冒用、转让各种证件或证明文件者，给予以下处分：
1. 伪造学生证、图书证等各种证件者，伪造各类有价证券者，给予记过以上处分；
2. 变造、冒领、冒用各种证件并产生不良后果者，给予记过以上处分；
3. 转借各种证件并产生不良后果者，给予警告以上处分；
4. 违反校医院有关公费医疗的规定，弄虚作假者（如修改处方、药方，开假报销单、开假证明等），给予警告以上处分；
5. 明知自身患有传染病却隐瞒病情、拒不接受治疗并造成不良后果者，给予记过以上处分；
6. 为达到个人目的有下列行为者，视其情节，给予记过以上处分：
（1）私刻、伪造公章；
（2）涂改伪造成绩单；
（3）伪造教师签名；
（4）伪造各类获奖证书、证明、毕业证等有关证件、证明文件。
（三）侮辱、谩骂或威吓他人，经教育不改者，给予警告处分，造成不良后果者，给予严重警告以上处分；

（四）造谣、诬陷他人，给予警告以上处分；

（五）因学习成绩评定、转系、毕业分配、评奖、处分等原因，对有关人员寻衅滋事者，给予警告以上处分；

（六）拒绝、阻碍国家工作人员或学校管理人员依法或依校规校纪执行公务者，给予警告以上处分；

（七）隐匿、毁弃或私拆他人信件，造成不良影响或损失者，除赔偿经济损失外，给予警告以上处分；

（八）冒用学校或他人名义，侵害学校或他人利益，给学校或他人造成不良影响或损失者，除赔偿经济损失外，给予记过以上处分；

（九）严重违反社会风纪，有下列行为者，给予留校察看以上处分：

1. 侮辱或以其他方式严重骚扰他人者；
2. 卖淫、嫖娼行为的当事人及参与者。

（十）其他违反公民道德准则和大学生行为准则，情节严重，影响恶劣，给予记过以上处分。

第二十四条 收看、传播淫秽物品者，给予以下处分：

（一）收看淫秽书刊、网页、录像者，给予严重警告处分。经教育不改者，给予记过以上处分。

（二）涂写、书画淫秽文字、画像，制作、复制、出售、出租或传播淫秽物品者，给予记过以上处分。

第二十五条 通过网络、手机短信等方式传播假信息、不良信息、泄密或对计算机系统、网络进行攻击者，给予记过以上处分。

第二十六条 以各种方式组织或参与赌博者，视其情节给予以下处理：

（一）凡用麻将、扑克及其他任何方式和手段进行赌博或变相赌博者，一经发现，没收其赌具和赌资，给予记过以上处分；

（二）组织赌博者，给予留校察看以上处分。

第二十七条 破坏环境卫生，扰乱学校公共场所正常秩序，视其情节，给予以下处分：

（一）在建筑物、公用设备上乱涂、乱写、乱画，违章张贴者，给予警告以上处分；

（二）损坏校园设施，破坏草坪，攀折花木者，除赔偿损失和处以罚款外，给予警告以上处分；

（三）扰乱课堂、食堂、图书馆、会场等公共场所秩序，乱扔废弃脏物，经劝告不听者，给予警告以上处分。

第二十八条 对违反学习纪律、考试纪律的本科生和研究生，分别按照学校本科生和研究生学籍管理、考场纪律的有关规定，给予警告以上处分。

第二十九条 学生在临床学习过程中，有违反职业道德的行为，按照医学部临床教学过程中学生违纪处理的有关规定，视其情节，给予警告以上处分。

第三章 附 则

第三十条 对接受成人高等学历教育的学生、港澳台侨学生、留学生的管理参照本规定实施。

第三十一条 学校有关部门和各院（系、所、中心）必须认真执行本条例，违者要追究其责任。

  第三十二条 学校有关部门可以依据本条例制定相关规定，其他有关规定与本条例相抵触者，以本条例为准。

  第三十三条 本条例由学生工作部负责解释。

  第三十四条 本条例经2005年6月21日第575次校长办公会议讨论通过，自2005年9月1日起实施。

（资料来源：https://baike.baidu.com）

【评析】

  这是××大学学生违纪处分条例，采用章条式写法。正文依据《中华人民共和国教育法》《中华人民共和国高等教育法》等相关规定，结合了学校实际情况，分章列条写作。总体上分"总则""分则""附则"，共3章34条，分别规定了范围、处分种类和处分权限、违法违纪行为及处分等事项。这份章程格式规范，内容符合相关的法律法规，逻辑清晰，表达准确具体。

【技能训练】

一、分析并指出下面规定的错误

××市人民政府关于加强自行车交通管理的规定

  为了进一步贯彻《××市道路交通管理暂行规则》和《××市道路交通管理暂行处罚规则》，加强自行车交通管理，将重申并补充以下规定。

  1. 凡骑自行车者，必须遵守以下规定：

  （1）沿路靠右行驶，禁止逆行。在画有车辆分道线的道路上，不准在机动车或便道上骑行。

  （2）转弯要提前减速，照顾前后左右情况，并伸手示意。在画有上下四条以上机动车道的路段上左转弯时，必须推车从人行横道内通过。不准突然猛拐、争道抢行。

  （3）在三环路以内，郊区城镇或公路上，不准骑车带人，不准与骑车同行者扶身并行；不准双手离把、持物或攀扶其他车辆；不准骑车拖带车辆；不准追逐竞驶或曲折竞驶。

  （4）自行车在道路上停车、载物、停放等均应按《××市道路交通管理暂行规则》的规定执行。

  2. 对违反规定的，要批评教育，处罚款××元至×××元。

  3. 因骑车人违反规定，造成交通事故由骑车人承担全部责任。

  4. 本规定由市公安局负责实施。

××××年××月××日

二、情境写作

  请为本班制定一份课堂文明公约，要求从课堂纪律和课堂卫生两个方面来写。

【相关知识】

一、计划与总结的关系

计划、总结是事务文书中两个独立的文体，但两者之间又有密切联系，相互制约，相互促进。

1. 计划需事前行文，要回答的是未来某一时期"做什么""怎么做"的问题；总结是事后行文，回答的是过去某一时期"做了什么""做得怎么样"的问题。

2. 总结是计划执行的结果，是对计划的检查，写作总结时要以计划为依据；计划却是总结的发展，制订下一时期的计划应以上一阶段的总结为依据。

二、简报的按语和写法

简报的按语是编者代表简报的主办机关对一些重要事实表明态度、看法和意图，或介绍有关情况，或对简报的内容加以提示、说明和评注。

按语以事实说话，不能随便发言表态，且应当简洁、精练。按语不可过长，短者三五行，长者三五百字。

按语的写法有三种形式：

1. 说明性按语，介绍文章材料的来源、转发目的、转发范围。

2. 提示性按语，对于篇幅较长的文章，尤其是一些阐发观点、介绍经验的文章，为了便于读者抓住中心，帮助读者理解文章的精神，编者常常摘其要点，提纲挈领地介绍其主要内容。

3. 评价性按语（指示性按语），对于一些有典型意义、有示范作用的稿件，按语要表达上级发文机关对简报内容的意见、态度或对下级提出要求，表明编者对简报的倾向性态度。

三、写作章程的注意事项

章程是指党团组织、社会团体、学术组织等对其性质、宗旨、任务、组织结构、组织成员、权利、义务、纪律及活动规则等作出的规定。一般由该组织、团体制定并经其代表大会讨论通过后公布施行。章程在组织内部有很强的规范性和约束力。国家行政机关及其职能部门一般不用章程。写作章程必须注意：

1. 撰写章程必须符合国家的法律、法规和方针政策。

2. 撰写章程从初稿到定稿，一般经过讨论、修改和会议通过等环节，即需要经由各方深入磋商，对条款内容反复讨论修改后，方可正式形成章程（草案）。

3. 撰写章程要从现实的可能条件出发，对于一些把握不准的提法和难以操作的规定，不能勉强写入，以免影响条款实施的严肃性。用词要仔细斟酌，力求使条文严谨、周密和规范。

综合练习

一、单项选择题

1. 把计划进一步明细化，即如何完成计划的具体方法和步骤，安排具体行为的文书叫（　　）。
   A. 要点　　　　　　　　　　　B. 部署
   C. 方案　　　　　　　　　　　D. 设想

2. 对标题"××市国民经济和社会发展五年计划"修改正确的一项是（　　）。
   A. ××市国民经济和社会发展五年规划
   B. ××市国民经济和社会发展五年安排
   C. ××市国民经济和社会发展五年方案
   D. ××市国民经济和社会发展五年打算

3. "单位名称＋期限＋内容＋文书种类"，这种形式的总结单标题属于（　　）。
   A. 新闻式　　　　　　　　　　B. 公文式
   C. 双标式　　　　　　　　　　D. 理论式

4. 对某项工作或某方面问题进行总结回顾，用以记载工作情况，总结经验教训的书面材料叫（　　）。
   A. 综合工作总结　　　　　　　B. 全面工作总结
   C. 集体工作总结　　　　　　　D. 专项工作总结

5. 调查报告能使读者对调查内容很快获得总体认识的部分是（　　）。
   A. 主题　　　　　　　　　　　B. 结尾
   C. 前言　　　　　　　　　　　D. 标题

6. 写作调查报告的一条毋庸置疑的准则是（　　）。
   A. 罗列事实　　　　　　　　　B. 用事实说话
   C. 用观点说话　　　　　　　　D. 罗列观点

7. 某简报载一文，其标题为《全市国税发票专项检查情况表明事业单位发票管理亟待规范》。这个标题的主要特点或作用是（　　）。
   A. 指出问题的严重程度　　　　B. 指出出现问题的范围
   C. 交代事实，揭示中心　　　　D. 概括全文的主要内容

8. 下列几项内容中不属于简报版头范畴的是（　　）。
   A. 名称　　　　　　　　　　　B. 编号
   C. 印发份数　　　　　　　　　D. 编发单位

9. 简报的写作要求中"材料真实确切，问题切中要害，政策把握准确"，指的是简报写作要（　　）。
   A. 全　　　　　　　　　　　　B. 快
   C. 简　　　　　　　　　　　　D. 准

10. 党派或团体等组织，用于规定自身的组织结构、活动形式和行为准则，一般要用

(　　)。

  A. 章程   B. 条例

  C. 规定   D. 办法

11. 规章制度根据内容需要可分为编、章、节、条、款、项、目七个层次，其中最基本的一个层次是（　　）。

  A. 章   B. 条

  C. 款   D. 项

12. 《首都人民文明（　　）》。

  A. 章程   B. 公约

  C. 守则   D. 规则

13. 《春江饭店职工守则》的作者是（　　）。

  A. 春江饭店   B. 春江饭店人事部

  C. 签发人王总经理   D. 春江饭店全体职工

14. 规章制度中写明制度的各项具体规定的部分称（　　）。

  A. 总则   B. 分则

  C. 附则   D. 细则

15. 制度是机关、团体和企事业单位为加强对某项工作的管理，在不违背国家法律和法规的前提下而制定的办事规程和行为准则。这个规程和准则的最大特点是（　　）。

  A. 执行的强制性   B. 内容的规定性

  C. 表达的直接性   D. 语言的准确性

二、多项选择题

1. 计划正文部分的主要内容有（　　）。

  A. 目标任务   B. 措施方法

  C. 时间步骤   D. 执行部门

  E. 执行要求

2. 计划的具体可操作性，是指需要考虑（　　）。

  A. 方法是否得当   B. 语言是否准确

  C. 措施是否得力   D. 目标能否实现

3. 各类总结一般包括标题、正文和落款三大部分。正文的结构包括（　　）。

  A. 标题   B. 前言

  C. 主体（包括成绩收获、经验体会、问题教训）

  D. 结尾   E. 落款

4. 调查报告的正文组成部分一般有（　　）。

  A. 标题   B. 前言

  C. 主体   D. 结尾

5. 工作简报的版式的组成部分有（　　）。

  A. 版头   B. 报体

  C. 署名   D. 版尾

6. 规章制度的写作特点有（　　）。
A. 内容的规定性　　　　　　　　B. 表达的直接性
C. 语言的准确性　　　　　　　　D. 形式的条文性
7. 规章制度的写作具有一定的格式。它常用的格式有（　　）。
A. 总—分式　　　　　　　　　　B. 章断条连式
C. 序言加章条式　　　　　　　　D. 分—总式
E. 总—分—总式
8. 关于规章制度"序言＋章条"式结构表述正确的有（　　）。
A. 序言说明制度制定的有关目的和依据
B. 章条部分列出制度的内容
C. "章条"的写法即由"章"和"条"两个层次构成
D. 章条部分的层次结构为并列式结构

三、在下列标题的横线上填上恰当的计划名称

1. ××公司第二季度工作_____。
2. 广东省十年消灭荒山_____。
3. ××职业学院2020—2021学年度第一学期第五周工作_____。
4. ××镇2021年度脱贫攻坚工作_____。
5. "十四五"国家战略性新兴产业发展_____。
6. 2020年"七一"建党节活动_____。
7. ××县人民政府20××年精神文明建设工作_____。

四、判断题

1. 文章的体裁不同，文章的特点就不同，写作方式、写作要求、语言表达、文章格式都会有较大的差别。（　　）
2. 能否找出带有规律性的认识，用以指导今后的工作，是衡量一篇总结质量好坏的标准。（　　）
3. 写计划对任务要写得抽象一些，便于随时修改。（　　）
4. 对某项工作或某方面问题进行总的回顾，用以记载工作情况，总结经验教训的总结称为专题总结。（　　）
5. 内部使用的调查报告，一般不署调查者名称。（　　）
6. 写作调查报告要深入实际，大量占有资料，要"下深水，抓大鱼"。（　　）
7. 简报的版尾应分别注明报（上级机关）、送（同级或不相隶属机关）、发（下级机关）单位及印发份数。（　　）
8. 为增强政策指导性和约束性，事务文书可以单独作为文件发文。（　　）
9. 事务文书处理的日常事务亦为公务，所以事务文书属于广义的公文范畴。（　　）
10. 事务文书虽然有着习惯性的通用形式，但这些形式并不是绝对的，可根据情况适当变通，不必像公文那样严格。（　　）
11. 事务文书必要时可公开面向社会，或提供新闻线索（如简报），或通过传媒宣传

（如经验性总结、调查报告等）。（　　）

12. 制定工作计划与方案，只要结合自身实际工作即可。（　　）
13. 计划目标的可实现性，即要求合理，合情，具体可行。（　　）
14. 适用时间长，指导范围广，内容比较概括的计划叫中长期规划。（　　）
15. 制度在内容上具有调和性，做什么，怎么做，不能做什么，违反了如何处理等，都要用制度去综合协调。（　　）
16. 制度的标题一般由"发文机关＋内容＋文种"构成。（　　）
17. 调查报告写作时，一般先摆出观点，再叙述事实。（　　）
18. 调查报告是为工作需要和特定目的而撰写的，因此，作者应该带有很强的主观因素，应该将这种主观因素掺入所选的材料和所得的结论中。（　　）
19. 调查报告要揭示事物的规律性，写作时要尽量避免观点"先入为主"，即先有结论，再根据这些结论去寻找相关事实而"填空"。（　　）
20. 事实胜于雄辩。调查报告是用事实说话，只要详尽而具体地列举大量各种各样的事实，就能将话说好，说出令人信服的道理。（　　）
21. 调查报告的针对性强，要针对人们普遍关心的事情或者亟待解决的问题而撰写。（　　）
22. 简报既可以上行，也可以平行或下行。（　　）
23. 简报要求"全"，即要素齐全，格式规范。（　　）
24. 简报的作用是收集内部资料，以便归档保存。（　　）
25. 工作简报在版头的简报名称下要写编号，如"（2021）第9期 总第87期"。（　　）
26. 简报要求"快"，要迅速及时，快编快发。（　　）

五、简答题

1. "计划三要素"指的是什么？
2. 总结的正文通常有几种结构形式？它们各有何优点？
3. 调查报告可分为哪几类？它有哪些特点？
4. 依据简报内容，简报可分为几大类？
5. 简述调查报告的写作要求。
6. 调查报告前言的常用写法有哪几种？
7. 章程的附则一般写什么内容？

六、按要求完成下列各小题

1. 下面是李××同学新学期的学习计划，请指出文中存在的问题。

本学期学习计划

充实而有意义的寒假生活已成为美丽的记忆，随之而来，我们又开始了新的学习生活。新学期开始之际，为了让自己的学习成绩有更大的提高，让自己各方面的素质有长足进步，特制定学习计划。

一、加强对财务管理的理解与分析

财务管理是一门注册会计师考试课程,实践性强,难度很大。其中主要是计算与分析,还有对公式的熟练程度,我一定要努力学习财务管理,从基础学起,逐步深化,先牢记公式,根据老师的讲解,理解全书内容,课后认真复习。另外多找一些习题做,以便加强对课堂内容的理解,争取能符合注册会计师考试对本门课程的要求。

二、英语的学习与平时积累

英语是一门基础性学科,随着中国加入WTO,英语是当代学生必备的基本技能,它像我们的母语——汉语一样重要,我一定要学好。鉴于上学期口语能力、听力能力有所提高,这学期我要多看课外英语资料,提高阅读能力,并积极参加学校及班级组织的英语角活动,使英语达到四级水平。

三、计算机课上勤加练习,熟悉操作

在知识经济社会,计算机这门学科对我们以后的工作很重要,与英语一样是我们今后行动及展翅的重要支柱,所以对它们要进一步培养。我不但要课堂上学好,而且要特别注意实际的上机操作。同时,面对当前学习计算机的人多,水平又较高的形势,我只有再学习计算机的硬件维护修理才能有一点用处。根据上面的目标,我要利用周日时间参加计算机辅导班,学习计算机硬件的维护和修理,提高动手操作能力。

四、积极参加体育锻炼,合理安排课余时间

为了迎接四月份的五项达标,我要有意识地锻炼身体,认真上体育课,积极参加课外活动。好的身体、健康的身体是学习的本钱嘛!同时,要合理安排课余时间,在保证学好专业课的基础上,我应该博览群书,这样才能适应社会的发展。还要阅读一些国内外名著,陶冶自己的情操,再读一些对我们今后有帮助的课外书,如与专业有关的报刊,加强自己的知识储备,提高自己的综合素质。

以上是我新学期的计划,我一定要按照计划把自己的学习成绩搞上去,不断地充实自己,为自己将来能够步入社会打下坚实的基础。

2. 下面是李××同学的毕业实习总结,请指出文中存在的问题。

总　结

上学期结束后,作为21届毕业生一员的我到了××投资公司进行为期一个月的实习。我实习的××投资公司,是××银行指定为其个人信贷业务提供专业配套服务的公司,专门从事金融投资、金融信贷和金融担保的业务。现在,一个月的实习已经结束了,虽然实习时间不长,但是经过公司经理的悉心指导和我自己的努力学习,我收获了很多,现将实习情况简要总结如下:

一、懂得了很多基本的商务礼仪

刚进公司,我首先学习了基本的商务礼仪,例如,我平时就喜欢穿一身牛仔装,但公司要求男性员工上班期间冬天必须是职业西装和领带皮鞋,夏天必须是长裤衬衫和皮鞋。上班第一天下午,我在学习资料时,我所在的办公区电话响了,我很礼貌地先说了"您好"再询问了对方具体事情,等事情解决之后我挂断了电话,本自以为这是很正确的处理方式,但在公司规定里仍然是不合要求的,公司规定接电话必须先说"您好,××投资公司",先表明自己的身份,也避免被骚扰,电话结束时必须等待对方先挂机自己才能挂机以表示礼貌。

这些商务礼仪的学习有利于我从一个学生转变为一个公司职员。

二、了解和熟悉了金融行业的行业法规、专业流程

金融学毕业的李经理热心地用她的专业知识为我一一讲解了一些烦琐的权责义务关系以及相关名词。在后来的学习中，我又自学了《担保法司法解释》《中华人民共和国合同法》《纳税担保试行办法》，学习了国家关于担保业务的大政方针之后，我基本了解了担保业务的性质、业务范围和业务特点。

通过对《公司个人消费贷款担保业务操作实施细则》的学习，加上仔细观察一个个案子的流转过程，我基本弄清了案子从客户经理，到房贷部，到内勤流转部，到行政部门之间的复杂关系，以及格式合同的填写。由于房贷业务十分复杂，这中间又牵扯到房地局、银行、房屋中介机构、评估公司、保险公司等多家单位的业务往来，单据也十分多，为此我也经常请教黄经理，黄经理也很耐心地一一为我讲解。

三、学以致用，把课堂所学和工作实际结合起来

我的专业还算比较对口，很多学校里学的专业知识在公司里还是能用的。但是，学校学的知识比较抽象和理论化，在公司实习的时候，我逐渐学会了如何把课堂所学和实际工作结合起来。比如，上级有时会交给我做PPT的任务，这是在学校大一计算机课上学习的基本技能，现在再做起来未免有些生疏。凭着我在大一时候努力学习的底子，结合计算机课本和动手操作，最终我的PPT技能也越来越熟练。

公司里还经常要制作表单，制作表单是件异常繁杂的事情，耗费时间不说，还要知道哪些表单该做哪些不该做，该做的做哪些，如何分类，具体怎么做，虽然我面前有一些参考表单式样，但是必须结合公司的情况，所以基本上每个表单式样都是要修改的。依靠Word和Excel，我花了整整三天时间制作了诸如《催款通知单》《请假单》《经费审批单》《工资发放单》等100多个表单。

通过实习，我也意识到自身存在的一些问题，主要如下：

一、基本技能不够扎实

像计算机操作、文字写作、基础英语等工作基本技能都是在学校学过的基础课，但由于平时学习有些放松，导致不能熟练掌握这些基本技能，一到工作的时候，就全暴露出来了，严重影响了自己的工作效率。

二、不熟悉专业术语和概念

学校学习的专业知识有限，也比较浅显，第一次在公司工作的我对专业术语不太了解，比如不了解抵押与质押的区别，也不知道抵押权、留置权、动产质押、权利质押、反担保人等专业词汇的具体解释，这提醒我今后要拓宽眼界，增加专业相关知识，不能只局限在课本上。

三、办事太以自我为中心，不够严谨

公司里有很多我平时根本想不到、也不在意的事情。比如，有一天，我去饮水机倒水喝，把最后一点水喝完了，但是我并没有想到要换上新的水桶，而是一走了之。又比如，李经理给我一沓单据去处理，我根本没有想好应该如何用最快的速度处理好，而是在各个部门之间盲目地跑来跑去，既浪费了时间，又给正式员工添了很多麻烦。

七、写作题

1. 五四青年节到来之际，为发现校园生活之美，发现生命之美，发现青春之美，展现当代大学生的青春活力，××学院将开展以"传承五四薪火，展现青春风采"为主题的摄影比赛活动，请你以该学院名义拟写一份活动方案。

2. 根据下列材料，以《××大学学生消费行为调查》为标题，写一篇调查报告。

学生各项支出：伙食费支出占总支出的70%，日用品支出占15%，交际支出占7%，烟酒支出占5%，购书支出占3%。

3. 请以"××大学推广普通话宣传活动"为题写一份简报，要求内容完整，重点突出，符合简报的结构。

4. 为了帮助同学们培养良好的行为习惯，请结合班级实际情况拟写一份班规。

第四章 经济专用文书

情景导入

在业务管理、生产经营、商贸往来等经济活动中,我们经常需要借助一些经济文书来帮助处理经济事务、协调经济活动、传递经济信息等,这类文书通常具有较为固定的格式,注重实用,讲究实效,内容真实,文约意丰,这一类型的经济文书叫作经济专用文书,是经济文书的一个类别。常见的经济专用文书有经济合同、经济活动分析报告、市场预测报告,以及工商、税务、保险、房地产等经济部门经常使用的各专项报告等。经济专用文书是做好经济工作、提高管理水平的工具,是财经工作者从事财经工作必须掌握的武器,有时也是解决经济纠纷的依据。无论是出于科学管理的需要、社会发展的需要还是培养管理人才的需要,掌握经济专用文书的相关知识和写作技能都十分必要,本章选取了几种常见的经济专用文书进行讲解。

第一节 概 述

一、什么是经济专用文书

经济专用文书是社会组织及个人在进行业务管理、生产经营、购销流通等经济活动中,为处理经济事务、协调经济活动、传递经济信息而经常使用的专用文书。生活中常见的经济合同、市场调查报告、市场预测报告、经济活动分析报告、审计报告等都属于经济专用文书的范畴。

二、经济专用文书的特点

除具有一般应用文书的实用、真实、时效性、格式固定等特点外，经济专用文书还有一些特殊的属性，如以经济理论和经济政策为指导、与国家经济法律法规紧密相关、依托科学的分析方法、反映经济活动规律、力求解决实际经济问题，以及在承担权利和义务方面的凭据作用更为突出等。

1. 法律法规约束性。经济法规和经济政策是经济文书写作的指导方针，一些经济文书具有法律效力，这就要求作者深入了解相关经济法规和经济政策，使文书内容符合法律规定、体现政策精神。

2. 客观性和实用性。反映经济活动规律、解决实际经济问题是经济文书的价值取向，这就决定了撰写经济文书与撰写文学作品有本质区别，作者不可进行艺术虚构、主观抒情，而应当基于客观经济现象真实地反映经济情况。

3. 规范性和程式性。经济文书的规范性和程式性很强。就格式上来讲，写作不得随心所欲，要按照一定的套路、标准和要求进行。规范化保证了经济文书的专业性、准确性、统一性和完整性，有效提高了经济写作的速度与效率，同时也为经济文书实现写作自动化奠定了基础。就语言上来说，一些惯用语即程式化的语言在经济文书的长期写作中相沿成习，形成了规范、严谨的语体特点。

三、经济专用文书的作用

1. 规范经济行为的指导作用。市场经济就是法治经济，相关经济法规和经济政策就是经济运行的基本规则，也是经济文书写作的指导方针。这就要求经济文书的内容要体现和渗透经济法规和经济政策的精神，以有关的法规和政策为依据去分析经济现象、研究经济形势、解决经济问题。如签订经济合同，其内容必须遵循《合同法》的有关规定以及有关税务、财务、物价等方面的政策。

2. 告知经济信息的传递作用。通过经济文书，可以对错综复杂的经济现象进行科学的研究与分析，以便总结经验，揭示规律，抓住典型，指导一般，对经济工作做正确导向。例如，一份好的市场调查报告能为企业的市场经营活动起到有效的导向作用，能为企业的决策提供客观依据。

3. 沟通关联双方的媒介作用。经济专用文书对商情能起到反映与宣传的作用。通过经济文书，企业可以及时发布商品产、供、销方面的信息，加速商品流通，开拓市场，扩大销售，提高效益。例如市场预测报告通过对供求关系的科学分析从而预测行业未来发展趋势，促使产销对路，提高经济效益。

4. 作为法定依据的凭证作用。与有关方面发生权益关系而形成的经济文书是维护自身合法权益的凭证，一旦发生经济纠纷，它们就会从法律的角度成为处理纠纷、分清违约责任的依据。在完成了特定的任务后，有些经济文书还需要归档保存，以备查考。

作为财经类专业的学生，应该做到熟悉各类经济文书，并且具备较高的经济专用文书写作水平。通过本专题的学习，学生须掌握常见经济专用文书的概念、特点、种类和作用；掌握经济合同、市场调查报告、市场预测报告、经济活动分析报告、审计报告文书的概念、特点和作用，把握写作格式和写作要求，逐渐培养起独立撰写经济专用文书的能力。

【技能训练】
一、请简述经济专用文书的特点和作用
二、请列举几种你生活中接触过的经济专用文书，并介绍它们的用途

第二节 经济合同

一、经济合同的含义和作用

1982年7月1日起施行的《中华人民共和国经济合同法》第二条规定，经济合同是法人之间为实现一定经济目的，明确相互权利义务关系的协议。

从内容上看，经济合同明确了合同当事人相互之间有关权利义务关系的各项条款。根据经济合同法的规定，经济合同的内容要素主要包括标的、数量、质量、价款或酬金、履行期限、履行地点和方式、争议解决方式、违约责任等。此外，根据法律规定或按照经济合同的性质必须具备的条款，以及当事人一方要求必须规定的条款，也是经济合同的主要条款，也是经济合同的主要内容。

经济合同，除即时清结者外，应当采用书面形式。当事人协商同意的有关修改合同的文书、电报和图表，也是合同的组成部分。

二、经济合同的类别

经济合同按其内容，一般可分为购销合同（包括供应、采购、预购、购销结合及协作、调剂等合同）、建设工程承包合同、加工承揽合同、货物运输合同、供用电合同、仓储保管合同、财产租赁合同、借款合同、科技协作合同等。

1. 购销合同。主要是指供方（卖方）同需方（买方）根据协商一致的意见，由供方将一产品交付给需方，需方接受产品并按规定支付价款的协议。

2. 加工承揽合同。加工承揽合同是指承揽方按照定作方提出的要求完成一定的工作，定作方接受承揽方完成的工作成果并给付约定报酬而订立的合同。提出加工任务的一方，称为定作方；接受并完成加工任务的一方，称为承揽方。

3. 建设工程承包合同。建设工程承包合同亦称基本建设承揽合同，指一方（承包人，即勘察、设计或施工单位）按期完成并交付他方（发包人，即建设单位）所委托的基本建设工作，而发包人按期进行验收和支付工程价款或报酬的合同。

4. 货物运输合同。简称货运合同，是委托人将需要运送的货物交给承运人，由承运人按委托人的要求将货物运送到指定地点交付给委托人或者收货人，并由委托人或收货人支付运费的合同。

5. 供用电合同。供用电合同是供电人向用电人供电，用电人支付电费的合同。通常供

用电合同是以用电人提出用电申请为要约，供电人批准用电申请为承诺而订立的。

6. 仓储保管合同。甲乙双方为更好地开展仓储业务，在互惠互利的原则下，根据有关规定，就仓储货物装卸、保管等具体事宜达成的合同。

7. 财产租赁合同。当事人双方就财产租赁中相互权利、义务达成的协议。合同中明确规定租赁财产的名称、数量、用途、租赁限期、租金和租金缴纳期限，租赁期间财产维修保养的责任、违约责任等条款。

8. 借款合同。当事人约定一方将一定种类和数额的货币所有权移转给他方，他方于一定期限内返还同种类同数额货币的合同。

9. 科技协作合同。受托人（或技术转让人）接受并完成委托人（或称技术受让人）提出的有关科技项目的需求任务的合同。

三、经济合同的特点

1. 合法性。经济合同只有符合《经济合同法》及其配套条例，以及一切与订立经济合同有关的法律、规范性文件及地方性法规，才拥有法律效力，当事人的利益才能受到合同保护。经济合同的内容不得违背国家利益或者社会公共利益。

2. 平等性。订立经济合同，应当遵循平等互利、协商一致的原则。经济合同当事人法律地位平等，各方当事人在签订经济合同时，必须协商一致、平等相待。

3. 互利性。经济合同明确了自然人、法人及其他组织相互之间的权利和义务，具有法律约束力，能够保护合同当事人双方的合法权益，同时也有利于维护社会经济秩序。

4. 制约性。签订经济合同是一种法律行为，合同对当事人双方均具有法律约束力。

5. 格式固定性。经济合同有固定的格式写法，拟写合同时要注意格式规范、条款完备、表述精确。要件残缺的经济合同难以认定其法律效力。

四、经济合同的结构写法

经济合同因其种类和用途的不同，内容上存在一些差异，现实生活中要素完全齐备的合同也很少，但无论哪种类型的经济合同，都应包含标题、首部、主部、尾部四个部分。

1. 标题。合同的标题需要明确合同性质、业务性质和文种名称，如"购销合同""房屋租赁合同""建筑合同"等。

2. 首部。

（1）当事人基本信息。标明双方当事人的基本信息，包括名称或姓名、地址、邮政编码、电话号码等。注意应准确写出签约单位或个人的全称，并在其后注明双方约定的固定代指，如"甲方""乙方"；在对外贸易合同中，有时可称"买方""卖方"；但不能使用"你方""我方"来指代当事人。

（2）引言。概述签订合同的目的或依据，写明双方是否经过友好协商等。

3. 主部。

（1）标的。标的是合同成立的必要条件，指当事人的权利义务所共同指向的对象。标的条款必须清楚地写明标的名称，如房屋租赁合同的标的是租赁房屋的使用权。

（2）数量、质量。数量是对标的的计数，要求数字和计量单位都必须准确无误。质量是标的的性能和特征，一般从使用材料、质地、性能、用途、保质期等方面进行约定。

（3）价款或报酬。是指合同标的的价格，由合同各方当事人协商议定。需明确标的的总价、单价、货币种类及计算标准、付款方式和程序、结算方式。

（4）履行的期限、地点、方式。履行期限是指合同当事人兑现承诺的起止时间，年、月、日书写齐全。履行地点是指当事人履行合同义务、完成标的任务的地理位置。履行方式是指合同当事人兑现承诺的方法和手段。

（5）违约责任。是指对当事人不履行合同义务时要承担的经济责任和法律责任。

4. 尾部。

（1）必要说明。如合同中未尽事宜的处理方法、争议解决方法、合同有效期限、合同份数和保存方式、合同所列附件等。

（2）签署。主要写明合同的生效标识，如当事人的名称及印章、单位地址、电子邮箱、法人代表或委托代理人签章、开户行及账号、联系电话、邮政编码、签订日期等。有担保、签证或公证的合同，应注明相应的意见和日期，并签字盖章。

五、经济合同的写作注意事项

1. 遵守政策法规。签订合同或起草合同必须以《中华人民共和国合同法》为法律依据，必须遵守法律和行政法规。重要的合同必须经国家仲裁机关或国家司法部门进行鉴证或公证，否则，所签订的合同应视为无效合同。

2. 明确签订目的。任何单位和个人在签订合同时，都必须写明签订目的，不得利用合同进行违法行动，扰乱社会经济秩序，损害国家利益和社会公共利益，牟取非法收入。

3. 签订合同的双方必须具备法人或自然人资格。签订合同的双方代表必须是单位领导授权后具有法人代表或自然人资格的。目前，确定一个经济组织是否具有法人资格，主要是看其是否持有工商行政管理机关颁发的企业法人营业执照。代签合同，必须事先取得委托人的委托证明书，并根据授权范围以委托人的名义签订，所签合同才对委托人直接产生权利和义务。

4. 明确合同类别。由于经济关系的复杂性，实践中往往会混淆一些合同关系，发生合同类别认定错误。只有明确了合同的类别，才能确定合同所适用的法律，才能设定合同的条款、当事人的权利义务及责任。

5. 条款项目齐备清晰。经济合同一经签订就具有法律效力，这就要求合同在签订时，双方必须将执行合同过程中所发生的情况写清楚，将每一条款写具体、明确，不允许出现含糊其辞、模棱两可的现象。

6. 不得擅自修订。签订好的合同，任何一方都不得随意涂改，如果确有必须修订之处，一定要双方及时互通信息、共同协商，并于涂改处加盖双方印章。如经过仲裁机关或司法机关鉴证或公证的合同有修改的地方，应及时将修改内容通知原鉴证单位、公证机关。如不便在原件上修改，也可以互相通信函，双方统一意见后，将信函作为原合作的附件。

【例文】

蔬菜订购合同

甲方（购方）：_____

地址：_____
电话：_____

乙方（供方）：_____
地址：_____
电话：_____

为了调动菜农积极性，促使蔬菜生产优质、高产，保证蔬菜供应，经甲乙双方充分协商，特订立本合同，以供双方共同遵守。

第一条 蔬菜交售品种、数量、质量及办法

1. 乙方全年向甲方交售各种蔬菜____斤，其中，第一季度交售蔬菜的品种、数量为：_____，第二季度交售蔬菜的品种、数量为：_____，第三季度交售蔬菜的品种、数量为：_____，第四季度交售蔬菜的品种、数量为：_____。

2. 蔬菜品种的等级价格，按规定执行。乙方应分等级交售，甲方抽样验级。

3. 价格：日常收购按物价部门规定执行。

4. 蔬菜交售时间由甲方联络员与乙方负责人协商，提前一天安排次日应交售的品种、数量，开出蔬菜预约通知单，乙方凭条办理交售。其交售与预约量允许上浮动20%。

第二条 本合同内的品种、数量要求

正常情况下，按分月所订品种、数量交售、收购，所订品种完成90%以上者，均按执行了合同对待。

第三条 在乙方按季（月）完成蔬菜交售任务情况下，乙方每交售一万斤蔬菜，甲方提供____斤化肥指标。

第四条 合同期限

合同期限为一年，即从_____年___月___日起至_____年___月___日止。

第五条 甲方的权利义务

1. 甲方对乙方交售的蔬菜必须及时验收，及时承付菜款，最迟不超过____小时（天）。

2. 甲方评定蔬菜等级要按照国家规定的质量标准，不得任意压级压价。

3. 甲方应按季（月）按乙方交售蔬菜任务拨付给乙方化肥供应指标。

4. 甲方对乙方交售的不合规格的蔬菜，有权拒收，但必须对乙方认真说明理由。

第六条 乙方的权利义务

1. 乙方在完成交售任务前，不得私自出售蔬菜。

2. 为确保人民身体健康，乙方必须按照蔬菜用药规定施用农药，严禁在蔬菜地使用剧毒农药。对药性、肥气未脱的蔬菜严禁出土上市。

3. 乙方交售给甲方的蔬菜，要求一级菜达到____%，二级菜达到____%，三级菜不多于____%，不得交售等外菜。

4. 乙方必须保证按合同规定的面积和品种种植蔬菜，未完成合同规定的任务前不得种植其他农作物。

5. 乙方的蔬菜生产如受气候条件的影响，允许在减产____%的幅度内不以违约论。

6. 乙方完成向甲方交售蔬菜的任务后，有权自行销售。

第七条 甲方违约责任

1. 在正常或预约的临时收购时间内，甲方无故不收购，造成蔬菜变质和运输等损失，或故意压级压价，除应赔偿乙方的损失外，应向乙方偿付该批蔬菜总金额____%的违约金。

2. 甲方如拖延支付乙方菜款的时间，应按银行关于拖延付款的罚款规定，向乙方偿付违约金。

3. 甲方如不按乙方交售蔬菜的比例向乙方提供化肥供应指标，每百斤化肥指标拖延一天，应向乙方偿付____元违约金。

第八条 乙方违约责任

1. 乙方非因自然灾害，未完成当月合同总数量的__%者，应根据所欠蔬菜价款，比照银行拖延付款的规定，向甲方偿付违约金。

2. 乙方如在未完成交售任务前擅自出售蔬菜，每出售100斤，应向甲方偿付违约金____元。

3. 乙方如交售使用剧毒农药喷洒以及药性、肥气未脱的蔬菜，应按每百斤____元向甲方偿付违约金。如果因此造成人身伤亡，乙方应承担一切责任。

第九条 不可抗力

如因不可抗力的自然灾害造成蔬菜生产的损失，不以乙方违约论，甲方应据实减少乙方所承担的交售任务。

第十条 其他约定_____。

第十一条 本合同正本一式两份，甲、乙双方各执一份。

第十二条 本合同有效期自_____年___月___日至_____年___月___日止。

甲方（公章）：　　　　　　　　　　　　乙方（公章）：

代表人：　　　　　　　　　　　　　　　代表人：

××××年××月××日

（资料来源：http://www.diyifanwen.com）

【评析】

这是一份标的为蔬菜的购销合同，具备经济合同的必备条款，分条列项，逻辑清晰，每一项条款中明确规定了买卖双方的义务和责任，是学习撰写经济合同的良好范本。实际签订合同时要注意加盖公章和骑缝章。为使蔬菜交售品种、数量、质量及办法更加详细清晰，可在附件中列表进行补充说明。

【技能训练】

一、阅读下面这份经济合同，分析并指出其存在的主要问题

经济合同

立合同人：××食品公司第四车间（甲方）
　　　　　××第二建筑公司生产科（乙方）

1. 建筑××食品公司第四车间东厂房，经双方协议，订立本合同。

2. 由乙方全面负责建造。
3. 甲方委托乙方建造东厂房一座。全部建造费用共计855 000元。
4. 甲方在订立合同后先交一部分建造费。
5. 其余在厂房建成后抓紧归还所欠部分。
6. 工期待乙方筹备就绪后立即开始。
7. 力争3月中旬开工。
8. 力争在11月份左右交工。
9. 建筑材料由乙方全面负责筹备。
10. 本合同一式四份，双方各一份，各自上级单位各一份。

2020年6月12日

二、根据下列内容写一份购销合同，要求内容正确、条款完备、格式规范

锦绣针织厂于今年10月向卓越公司机电研究所购进汽车夜间绘测仪50台，每台单价1 350元，要求质量符合国家一级标准。锦绣针织厂前往卓越公司仓库自行提货，运费由卓越公司负担。提货时当场由针织厂验收员验清产品数量及质量，凭收货单结算，货款在交货后三天内汇到××工商银行3245账户。

若卓越公司不能按时交货，向锦绣针织厂偿付不能交货部分货款总值10%的违约金。若锦绣针织厂中途退货，向卓越公司偿付退货部分货款总值10%的违约金。

合同一式4份，双方各执一份，双方主管部门存查各一份。合同经双方和公证单位签字盖章后生效，执行完毕作废。

第三节　市场调查报告

一、市场调查报告的含义和用途

市场调查报告是经济调查报告的一个重要种类，是市场调查人员以科学的方法对市场的供求关系、购销状况以及消费情况等进行深入细致的调查研究后写成的报告文书。其作用在于反映市场调查内容及工作过程，并提供调查结论和建议，帮助企业了解掌握市场现状和趋势，增强企业的应变能力和竞争能力，从而有效地促进经营管理水平的提高。同时，市场调查报告也是衡量一项市场调查项目质量水平的重要标志。

二、市场调查报告的特点

1. 科学性。科学的市场调查方法是市场调查报告的基础，调查者要善于运用询问法、观察法、文献调查法、实验法以及问卷调查等方法（详见本章"相关知识"），适时捕捉瞬息万变的市场变化情况，以获取真实、可靠、典型、富有说服力的商情材料。只有建立在科学的市场调查方法之上的市场调查报告，才能为管理者获得正式有效的信息提供帮助。

2. 真实性。写入市场调查报告中的信息必须真实可靠、准确无误，通过调查获取真实的、反映市场现状和变化规律的信息，写出客观的市场调查报告，为企业经营决策服务，是市场调查报告的价值所在。

3. 针对性。调查研究报告应针对不同的调研目的和不同的阅读对象安排报告的内容和格式。

4. 时效性。顺应瞬息万变的市场形势，市场调查报告必须讲究时间效益，及时反馈市场信息，迅速发现市场的新情况，并且要及时送达使用者手中，才能让经营决策者不失时机地做出相应的决策，提高企业的应变能力和竞争能力。

5. 创新性。调查报告中应总结有创新性和建设性的观点、结论，以增强调查报告的使用价值，更好地指导企业的生产经营活动。在表现形式上也可追求创新，例如采用生动直观的图表增强报告的表现力和吸引力。

三、市场调查报告的种类

按服务对象分，可分为市场需求者调查报告（消费者调查报告）和市场供应者调查报告（生产者调查报告）。

按调查范围分，可分为全国性市场调查报告、区域性市场调查报告、国际性市场调查报告。

按调查频率分，可分为经常性市场调查报告、定期性市场调查报告、临时性市场调查报告。

按调查对象分，可分为商品市场调查报告、房地产市场调查报告、金融市场调查报告、投资市场调查报告等。

四、市场调查报告的撰写

（一）标题

市场调查报告的标题即市场调查的题目，一般有三种构成形式：公文式标题、文章式标题和双标题。

1. 公文式标题。由调查对象、内容和文种名称组成，如《关于20××年××省农村服装销售情况的调查报告》。需要注意的是，实践中常将"市场调查报告"简化为"调查报告"或"调查"。

2. 文章式标题。用概括的语言形式直接交代调查的内容或主题，例如《全省城镇居民潜在购买力动向》。

3. 双标题（正副题）形式。正题是文章式标题，副题由调查对象、内容和文种构成，如《竞争在今天，希望在明天——全国洗衣机用户问卷调查分析报告》《市场在哪里——天津地区三峰轻型客车用户调查》，这种撰写方式更为引人注目，富有吸引力。

（二）引言

引言又称导语、前言或绪论，是市场调查报告正文的前置部分，要写得简明扼要、精练概括。一般应交代出调查的目的、时间、地点、对象与范围、方法、调查者相关情况等，也可概括市场调查报告的基本观点或结论，以便使读者对全文内容、意义等获得初步了解。例如一篇关于汽车市场的调查报告引言中写道："……××广告公司以衡阳市区消费者为研究对象，通过问卷调查法了解消费者购买行为的状况以及影响购买行为的因素，为奇瑞改善经营管理、提高服务质量、更好地服务消费者提供有效建议……"

（三）主体

主体是市场调查报告的核心，也是写作的重点和难点所在。它要完整、准确、具体地说明调查的基本情况，进行科学合理的分析预测，在此基础上提出有针对性的对策和建议。具体包括以下三方面内容：

1. 情况介绍。对调查所获得的基本情况进行介绍，是全文的基础和主要内容。要用叙述和说明相结合的方式，将调查对象的历史和现实情况，包括市场占有情况、生产与消费的关系、产品、产量及价格情况等表述清楚。在具体写法上，既可按问题的性质将其归结为几类，采用设立小标题的形式，也可以时间为序，或者列示数字、图表或图像等加以说明。无论采用哪种方式，都要力求做到准确和具体，富有条理性，以便为下文进行分析和提出建议提供坚实充分的依据。

2. 分析预测。在对调查所获基本情况进行分析的基础上，进行具体的分析研究，对市场发展趋势做出预测。主要采用议论的方式，对调查所获的资料条分缕析，进行科学的研究和推断，并据以形成符合事物发展变化规律的结论性意见。用语要富于论断性和针对性，做到析理入微，言简意赅。

3. 营销建议。这层内容是市场调查报告写作目的和宗旨的体现，要在上文调查情况和分析预测的基础上，提出具体的建议和措施，供决策者参考。要注意建议的针对性和可行性，能够切实解决问题。

（四）结尾

结尾部分可总结强调调查结果，可补充交代在主体里没有提及但又值得重视的问题，可提出相关的新的问题引发人们进一步的探究。

五、市场调查报告的写作注意事项

1. 不可根据自己的主观意愿选择调查样本。选取合适的调查样本对于保证市场调查报告的科学性和客观性至关重要，除特殊情况，不可图方便只选择自己熟悉或容易获得的样本，那样会使调查结果失真，调查结果有效性大大降低。一般采用随机抽样法来确定调查样本，以排除调查者的主观因素，保证样本的客观性，提高市场调查的信度。有时为了保证样本在总体中平均分布，还可采用等距抽样法和分层抽样法。

2. 不可仅对调查结果作客观描述。一篇市场调查报告的价值往往体现在基于调查结果的分析和研究，从而帮助企业了解掌握市场现状和趋势，因此不可仅对调查结果进行流水账似的描述，而要通过对调查结果的分析，总结规律，得出结论，或提出具体建议，为决策者提供帮助。

3. 调查报告不可空发议论。市场调查报告中的分析与议论必须基于市场调查的结果展开，如果没有进行过深入的市场调查，就不可撰写市场调查报告，切忌脱离市场调查的结果去阐述个人的主观观点，脱离实际状况"空对空"地研究。表达方式应以叙述为主，议论为辅，议论为叙述服务。

【例文】

W市大学生网购消费情况调查报告

【摘要】目前国内的网上购物市场（以下简称"网购"）已呈现出一派蓬勃之势。大学生凭借其得天独厚的学习优势和对新鲜事物的敏感度，使得"网购"朝着更加广阔和便捷的道路发展。但是大学生们对于"网购"也分为两派，一派人热衷于网络购物，随时随地在网上进行消费，而另一些人由于担心买到假货等原因，对网络购物有一定的顾虑。针对这种现象的出现，我们通过在×大学实施小范围的市场调查，预测出W市大学生网购的相关数据，然后进行分析，根据分析结果找出网购存在的一些亟待解决的问题，并提出具有针对性的改进建议。

一、引　言

据中国互联网络信息中心（CNNIC）《第十九次中国互联网络发展状况的统计报告》，至20××年6月30日，我国内地网民总人数已达3.23亿；其中，经常上网购物的约有3 000万人，与上年同期相比，经常上网购物的网民增长50%，显示出这种新的购物方式的潜力。

随着网络和电子商务的发展，大学生成为网络购物群体中的主体。他们往往扮演着引领社会消费趋势的角色。尽管在校期间没有收入来源，在消费能力上受到了限制，但大部分学生4年之后都会获得一份高于社会平均水平的收入，所以在校大学生一旦突破了资金的限制，将是未来网络的主宰力量，在网络购物方面，他们更具优势。因此，大学生是网上购物消费的潜在群体，他们对未来网上购物的发展趋势有重要的影响。而从网络购物者的文化程度来分析，大学文化水平的消费者已经达到49.3%。

基于以上思考，我们对×大学在校学生进行问卷调查，以期了解当代大学生网络购物的主要特征。

二、大学生网络消费状况调查

（一）调查背景

互联网和通信技术的高速发展，使电子商务迅速普及。互联网凭借无地域限制的优势，消除了产品、服务、供应商和需求者之间的距离障碍，我国经济正逐渐成为以互联网、通信技术为基础的新经济。现在越来越多的人为了方便、节约时间在网上购物，网上购物的模式在降低运营成本、方便快捷等方面的优势，大大降低了企业和个人的行业进入门槛，一时间网商如雨后春笋般纷纷涌现。网络购物的兴起，正悄然改变着社会的商业结构和生活方式。大学生作为对网络最敏感的人群，对网上购物行为接受度高，已经成为网上购物市场上一股不可忽视的力量，对大学生网上购物的特点进行研究具有商业价值和现实意义。

（二）调查目的

此次调查有助于了解大学生网上购物的情况，从中分析当代大学生对网购的接受程度及消费行为特征，正确指导大学生网上购物消费行为，并对我国网上购物未来的发展提供一些参考建议。

（三）调查方法和调查对象

主要采取问卷调查法。首先设计制做出调查问卷；然后用随机抽样的方法向×大学男、女在校大学生各50人发放纸质版问卷，进行问卷调查；最后对问卷进行了统计和分析，得出结论。

（四）调查结果及分析

（1）大学生网上购物潜力巨大。有网上购物经历的大学生占50%，而没有网上购物经历的大学生，其中只有7.8%的人没有浏览过购物网站。不难看出W市大学生网上购物的市场潜力是巨大的，大学生对网上购物这一行为接受度较高。

（2）大学生网购群体的性别特征。有78%的女生曾选择过网上购物，而男生中这一比例只有62%，明显低于女生。这可能是因为女生对新生事物比较感兴趣，喜欢追求时尚；而男生在这方面的需求或认识显然比女生要低，这可能是造成大学男生网购比率比女生低的原因，也反映了男女生的不同心理需求。

（3）选择网上购物的原因。有网上购买经历的大学生，尝试网购的主要原因主要有：节约时间、节约费用、方便、送货上门、寻找稀有产品、出于好奇、有趣、时尚、款式新颖、受身边朋友影响、可以货比三家、没有营业员压力。而比例较大的是：节约时间、节约费用，方便、送货上门。

（4）不网上购物的原因。无购买经历的大学生，没有尝试网购的原因主要有：商品问题、卖家诚信（如假货，质量差）、货款的支付问题、商品的递送及邮费问题、售后服务问题、网络安全问题、观念难以转变、环境不允许等。其中，有50%认为商品质量低劣，认为售后服务差的占27.30%，有22.70%的大学生认为网络欺诈使他们对网购望而却步。质量差是大学生对网购产品的主要意见。

（5）购买的商品或服务类型。大学生在网上购买的商品和服务的排名依次是：服装类（78.3%）、图书音像（53.3%）、小饰品（38.3%）、生活用品（26.7%）、数码产品（20.0%）和其他类（5.0%）。

从调查结果来看，服装类、书籍音像类所占比例较大；其次小饰品、生活用品、数码产品也占一定比例。这体现了大学生在网购类型中以生活必需品为主，而且学习用途（如图书）的商品所占比例也较大。网上购买数码产品的接受程度显然还有待提高，其主要原因是：数码产品价值较高，消费者信任度低；由于数码产品的性质和别的商品不太相同，一般购买它时需要见到样品，这可能是制约网上购买数码产品发展的重要原因。

（6）大学生网购消费金额。消费的金额主要是由生活水平所决定，而大学生并没有实际的收入，W市大学生一般消费金额主要集中在30—60段和60—100段，其中女生偏多。在100—200元之间和200元以上这两档，男生的消费高于女生。

三、网上购物存在的问题与对策

（一）网上购物的薄弱环节

调查显示，无论是否有购物经历的大学生都对网购存在一定的顾虑，他们普遍认为网购在很多方面还有待提高，如商品的质量（66.7%）、商家的售后服务（60.0%）、网上支付安全（46.7%）以及送货速度（31.7%）等。以上调查结果说明，大学生在选择网上购物时还不能完全信任，尤其是对网上商品的质量还很不满意，在这方面还希望商家能够提供质量合格并且网络与实物差别不大的商品；再者，商家不能认为一旦网上商品卖出后就与自身无关，还应提供较好的售后服务，以满足消费者的需求。

（二）网上购物存在问题的对策

第一，加强网络商品的管理。调查发现，很多大学生喜欢购买一些品牌商品，之所以在网上购买，就是看中了网络商品的价格低，但是虚假商品的掺入使大学生受到欺骗，从而失去了对网络购物的信任。因此必须加强对网络商品的质量管理与鉴定，确保商品的真实性。

第二，加强商家信誉度的管理。根据调查，很多购物网站都设立了信誉度的测评。比如淘宝会员在淘宝网每使用支付宝成功交易一次，就可以对交易对象作一次信用评价。在交易中作为卖家的信用度分为20个级别，级别越高，信誉度越高，大学生在网上购物的过程中就可以通过信誉度来确定购买哪个商家的产品。

第三，加强法律法规的建设。网络购物的迅速发展，有关法律法规建设的步伐却显稍慢，中国涉及网络购物方面的纠纷主要依靠《合同法》《消费者权益保护法》《产品质量保护法》等法律解决，但是没有一部专门规范电子商务的法律法规。因此，建立和完善网络购物方面的相关法律法规，就赔偿责任承担主体、合同模式、权利与义务、纠纷处理机制、赔付途径等做出规定，具有十分重要的意义。

四、总　结

本次调查发现，大学生这一未来的主要消费群体对网上购物的态度较为积极，说明网上购物市场具有很大开发潜力。相关网站、企业和商家应提高宣传力度，同时对网络管理与支付程序等的不足加以改进，力求做到尽善尽美，以此吸引更多的潜在客户群体，增加老客户的忠诚度。除了大学生，也要让广大民众了解、参与网上购物，促进网上购物的发展。相信随着我国网络环境的不断改善和网民的不断增加，会有越来越多的企业和个人参与网络购物活动，我国的网络购物市场必定会越来越繁荣。

（资料来源：http://fanwen.chazidian.com）

【评析】

本调查报告要素完备，结构清晰，能为读者了解大学生网上购物情况提供有效信息，分析部分用数据说话，客观公正。结尾还为企业提出了营销参考建议，体现了市场调查报告的写作价值。不足之处在于调查结果仅以文字呈现，形式单一枯燥，可以文字配合图表的方式进行改进提升。部分调查细节交代得不清楚，如问卷回收率、问卷情况介绍等，可根据需要进行补充完善。

【技能训练】

一、以下是某大学生撰写的手机市场情况调查报告节选，请分析其中存在的问题

手机市场情况调查报告（节选）

一、调查背景

近年来，越来越多的手机厂商把目光投向了校园这一潜在的巨大市场。在学校里，手机几乎是人手一部的通信工具，无论是大学生，还是中学生，父母为了与儿女得到第一时间的

联络，纷纷为儿女们买了手机，有的学生身上还有两部手机。为了了解手机在大学生群体中的存在情况、使用效果以及消费情况，掌握手机在大学的销售情况和市场前景，我们决定以大学生为调查对象，对校园里的手机市场作一次调研。

二、调查目的

1. 了解手机在大学生市场中的使用情况。

2. 了解大学生购买手机的渠道。

3. 了解男女生对手机的需求差别。

4. 了解大学生选择手机的重点，给下一步公司制造新型手机指明道路，帮助企业做好定价策略。

三、调查对象和调查时间

1. 调查对象：在校大学生。

2. 调查时间：20××年××月××日—20××年××月××日。

四、调查方式

设计发放调查问卷，组织访谈，访问在校大学生，了解他们对手机的需求情况，以及对现在手机各种常见情况的看法等。调查问卷包括：最熟悉的手机品牌和现在使用的手机品牌，便于了解大学生是否会购买自己心目中既定的手机品牌产品；喜欢的手机款式与颜色，意向中手机的价位等，利于卖场做出准确的决策；手机的购买渠道，购买手机的场所，喜欢的货架类型，促使其做出购买行为的促销活动等，利于卖场改变营销策略。

五、调查实施

略。

六、调查数据统计分析

本次调查共有超过100人参加并且完成了问卷，并且参加调查的朋友具有很高的随机性，保证了本次大学生手机调研具有一定普遍意义。主要针对大学生手机拥有和需求状况、学生手机的使用要求分析、学生手机族的消费动机分析、学生手机族的目标确立分析4个方面进行数据统计和分析并最后给出营销建议。

（一）大学生对手机的拥有和需求状况

调查数据显示，在被访者中有93.3%的学生拥有手机。同时，56.2%的学生将在近期更换手机。在没有手机的学生中，78.4%的学生将会在近期购买手机。从这些数据可看出：随着人们生活水平的提高，手机在大学里已不再是新鲜事物了，已开始普及化了。大学生已经成为手机市场中一个不容忽视的消费者群体。

（二）大学生对手机的使用要求分析

1. 最重质量。选择手机时，大学生消费者考虑的主要因素依次为：功能16.7%，质量14.6%，外形12.5%，价格7.3%，品牌7.3%，售后服务5.2%，其他方面的考虑因素合计占比约为36.4%。其中，消费者对功能的要求最高，功能若不好，会产生使用不便的麻烦。

另外，由于大学生都是年轻人，部分大学生消费者对外观款式要求也较高，手机厂商不断推出新款的做法很大程度上是迎合他们的口味。随着人们生活水平的提高，以及持手机者年龄的下降，消费者对价格的敏感度会降低，而对外观款式的要求会更高。

2. 中低档产品较受欢迎。在手机价格的调查中，大学生消费者比较倾向于价位在1500

元至2500元的手机，其比例高达70.9%。另外，有少部分的大学生消费者表示会选择1000元以下的手机。当然，也有部分大学生消费者购买了高价位手机。

3. 购机地点较集中。对消费者购买手机地点的调查发现，消费者购买手机的地点较为集中，大体上分布在手机大卖场和品牌专卖店，其比例分别为40%和33.3%，其他购买渠道合计占比26.7%。手机是高科技产品，普通消费者难以了解其功能是否完善、质量是否可靠，他们只好以销售人员的信用和专业知识作为判断标准，而手机大卖场或品牌专卖店的销售人员素质相对较高，因而容易赢得消费者的信任。此外手机大卖场的价格优势也是学生朋友们考虑的重要因素。

4. 功能多元化。照相功能重要，游戏不可或缺。（略）

（资料来源：https://www.ruiwen.com/，有改编）

二、情境写作

请选择一个你感兴趣的行业，围绕你关注的问题展开小范围的市场调查，并根据调查的结果写一篇市场调查报告。

第四节 市场预测报告

一、市场预测报告的含义和用途

市场预测报告是调查报告的一种特殊形式，是在市场调查的基础上，依据已掌握的有关市场信息和资料，用科学的方法估计和预测未来市场趋势的一种预见性报告。市场预测报告可为有关部门和企业的经济决策提供科学依据，为企业制定和调整生产经营计划提供信息，促进商品供需平衡，提高经济效益和社会效益。

二、市场预测报告的类别

按照不同的划分标准可将市场预测报告划分为不同的类别，常见的划分形式如下：

1. 宏观预测和微观预测。宏观市场预测报告是对大范围或整体现象所做的综合预测，常指有关国民经济乃至世界范围内的各种全局性的、整体性的、综合性的经济问题的预测报告。微观市场预测是对一个生产部门、公司或企业的营销活动范围内的各种预测。

2. 短期、中期、长期市场预测。这是按预测时间进行的划分，一年以内的预测称为短期预测，一年以上五年以内的预测为中期预测，五年以上的为长期预测。

3. 定量预测和定性预测。这是根据预测方法进行的划分，定量预测是指主要采用统计分析和经济计量法进行的预测，定性预测是对影响需求的各种因素，如产品、价格、渠道、宣传等进行调查、分析、综合之后，对供求前景做出推测和判断。

三、市场预测报告的特点

1. 预见性。市场预测报告的性质就是对市场未来的发展趋势做出预见性的判断，它是在深入分析市场既往历史和现状的基础上的合理判断，目的是将市场需求的不确定性极小化，这种预测不是盲目猜测，而是有理有据地判断。

2. 科学性。市场预测报告在内容上必须占据充分翔实的资料，并运用科学的预测理论和预测方法，以周密的调查研究为基础，充分搜集各种真实可靠的数据资料，才能找出预测对象的客观运行规律，得出合乎实际的结论。

3. 针对性。市场预测的内容十分广泛，但每一次市场调查和预测，只能针对某一具体的经济活动或某一产品的发展前景，因此，市场预测报告的针对性很强。

4. 时效性。对市场的预测必须及时，在市场发展的上一阶段尚未结束时，就要及时预测下一阶段的发展趋势，及时发挥预测报告的作用。

四、市场预测报告的结构写法

1. 标题。市场预测报告的标题一般采用格式化写法，由预测时间、预测范围、预测对象、文种四要素构成，其中范围和时间两项的顺序可以调换，如《2018—2024年中国居家养老护理服务市场分析预测及发展趋势研究报告》《北京地区2018—2024年机场酒店行业市场分析预测及投资战略研究报告》。

2. 前言。这一部分要求以简明扼要的文字，说明预测的主旨，或概括介绍全文的主要内容，也可以将预测的结果先提到这个部分来写，以引起读者的注意。

3. 正文。市场预测报告的正文是市场预测报告的主体部分，一般包括现状、预测、建议三个部分。

（1）现状部分：从收集到的材料中选择有代表性的资料、数据来说明经济活动的历史和现状，以遵循因果相承的规律，为预测分析提供依据，是市场预测的基础。

（2）预测部分：在调查研究或科学实验取得资料数据的基础上，进行科学的定性分析和定量分析，从而预测经济活动的趋势和规律，是市场预测报告的核心内容。

（3）建议部分：为适应经济活动未来的发展变化，根据预测的结果，为领导决策提供有价值的、值得参考的有关商品生产、经营方面的建议，是进行市场预测的目的。

4. 结尾。结尾归纳预测结论，提出展望，鼓舞人心，也可以照应前言或重申观点，以加深认识。

五、市场预测报告的写作要求

（一）把握预测的基本原则

1. 系统性原则。一般情况下，经济预测并不是孤立的，必须与其他预测系统密切结合，相辅相成，如政治、文化方面的预测。

2. 连续性原则。市场预测报告的预见性体现在深入分析市场既往历史和现状的基础上进行的合理判断，客观事物的发展具有合乎规律的连续性，因此，预测未来必须建立在了解它的过去和现状的基础上，预测不可脱离历史和现状。

3. 类推性原则。客观事物之间存在着某种类似的结构和发展模式，可以根据已知事物的某种类似的结构和发展模式，类推未来某个预测目标的结构和发展模式。

4. 因果性原则。客观事物的各种现象之间存在着一定的因果关系，可以从已知的原因推测未知的结果，对提高质量、降低成本、增长效益、发展企业有着巨大的推动作用。

（二）运用科学的预测方法

1. 经验推断法。即根据已有的知识、经验和通过各种渠道掌握的信息情报，估计设想和推断预测对象未来状况的方法。

2. 时间序列法。即利用观察或记录，按时间顺序排列起来的数字序列，分析它们的变化方向和程度，从而对下一时期或以后若干时期可能达到的水平进行推测。

3. 统计调查抽样法。即在预测对象总体中选择了取样单位搜集各种统计资料的方法。其目的在于以最短的时间和最少的人力、财力消耗获得决策所需要的信息情况资料。该法所选用的取样单位必须是总体的各个独立单位之一，通过解剖"麻雀"，能够推测出其他各独立单位以及整个系统的情况。这也是一种相关推断和类比推断的方法。

（三）准确、精练地表达预测结果

预测结果体现在定性、定量、定时、概率四个方面。定性是指即将发生什么事件。定量是指这一事件活动水平有多大等数量方面变化的可能性。定时是指这一事件将在什么时间发生。概率是指发生这一事件的可能性多大。在搞清预测结果这四个方面后，认真分析资料，预测结果会明晰地展示出来，而后再用精练、确切的语言去表述。

【例文一】

金砖国家航空市场预测及分析报告

一、金砖国家总体情况

（一）概况

金砖五国（巴西、俄罗斯、印度、中国和南非）幅员辽阔，人口众多，五国国土面积占世界的26.46%。根据IHS数据，2021年，五国人口占世界总人口41.6%，其经济总量经过十年发展占世界比例从20.5%提升至25.7%。

（二）宏观经济

2008年金融危机以来，以中国为代表的金砖国家一直是世界经济增长的重要引擎。2020年以来，金砖国家面临经济增速放缓、货币贬值压力增大和金融市场波动增多的情况。但是，通过适当的国内政策改革和激励措施，金砖国家已经度过了新冠疫情的最艰难时期，正走上复苏之路，尽管每个国家的步伐不同。

1. 巴西。

2017—2019年，巴西经济增速为1%左右。受新冠疫情影响，2020年巴西GDP增长率为-4.1%，创下120年以来的最大经济衰退。随着国内外需求复苏和大范围疫苗接种铺开，2021年巴西GDP增长率上升至4.68%。

在与其他金砖国家的贸易方面，2020年巴西对中国、印度、俄罗斯和南非的出口额合计为731.84亿美元，占其总出口额的34.88%；自该四国的进口额达423.04亿美元，占其进口总额的26.62%。

2. 俄罗斯。

受世界经济增速放缓，以及俄罗斯本国投资乏力、净出口减少、乌克兰危机的影响，特别是受俄与美西方国家间的相互制裁冲击内需不振等因素作用，俄罗斯经济近几年一直保持低速增长。

2022年2月，俄乌冲突爆发，美国、欧盟、英国、日本等纷纷对俄罗斯采取经济制裁措施。受此影响，最重要的出口产品，如天然气和小麦价格涨幅破纪录，不确定性增加，融资环境趋紧。

3. 印度。

印度近些年来的经济增长令世界瞩目，十年时间GDP翻了一倍，GDP增速多年排名靠前。根据世界银行的全球经济体排名，2019年印度GDP达到2.94万亿美元，超过英国和法国，名列全球第五位。最近几年，印度推出一系列改革政策，同时大力推动基础设施建设，以期补齐制约印度引入外资的"短板"。

此外，人口红利是印度在经济发展方面的一个巨大优势。根据世界银行数据，截至2020年末，印度约有13.80亿人口，仅次于中国，为世界第二人口大国。

4. 中国。

2020年，中国GDP首次突破100万亿人民币，是当年全球主要经济体唯一正增长国家，比上一年增长2.3%。2021年，国内经济总量达到114.3万亿元，GDP全年增长8.1%。中国经济增长存在许多积极因素，新一轮对外开放（海南自贸区、加入RCEP、外商投资新模式），海外投资和基础设施建设的扎实推进将稳定和激发外部需求，巩固中国在全球产业链、供应链和价值链中的地位。对外开放的进一步扩大和深入，以及国内区域经济的进一步发展都将极大有利于航空运输业发展。

5. 南非。

2021年，南非是非洲的第三大经济体，GDP总量约占非洲大陆总体经济产出的四分之一。新冠疫情暴发后，2020年南非GDP为3 025亿美元，下降了7%，创1946年以来最大降幅。失业率于2021年第二季度达到34.4%的历史最高水平。

非盟《2063年议程》致力于推进非洲一体化建设和经济结构调整，2018年正式启动非洲单一航空运输市场，非洲民航业迎来新的发展机遇。

金砖五国承运人2021年总运力排名及占比如表1所示。

表1　　　　　　　　金砖五国承运人2021年总运力排名及占比

排名	国家	2021年运力（可供座公里：千亿）	总运力占比
1	中国	9.59	66.05%
2	俄罗斯	2.41	16.60%
3	印度	1.79	12.33%
4	巴西	0.62	4.27%
5	南非	0.11	0.76%

数据来源：OAG

二、金砖国家航空市场

2021年，金砖五国客运航空市场规模由大到小排列依次是中国、俄罗斯、印度、巴西和南非。中国是全球第二大客运市场，俄罗斯排第4，印度排名第6，巴西排名第25，南非排名第44。

（一）金砖国家基础设施

2021年南非几乎所有航空运力都集中在前两大枢纽机场（JNB、CPT），显示该国航空客运仍有待全面发展（金砖国家2021年主要民航相关设施情况见表2）。

表2　　　　　　　　　　　2021年金砖国家航空公司数量及机场情况

国家	航空公司数（个）	机场数（个）	主要枢纽	枢纽在全国机场动力占比
中国	53	241	北京（PEK，PKX）、上海（PVG，SHA）、广州（CAN）、成都（CTU）、重庆（CKG）	28.7%
俄罗斯	43	232	莫斯科谢列梅捷沃（SVO）、莫斯科多莫杰多沃（DME）、莫斯科伏努科沃（VKO）、圣彼得堡（LED）、新西伯利亚（OVB）、索契（AER）	57.1%
印度	11	136	德里（DEL）、孟买（BOM）、班加罗尔（BLR）、加尔各答（CCU）、海得拉巴（HYD）	59.6%
巴西	8	99	圣保罗国际机场（GRU）、里约热内卢国际机场（GIG）、巴西利亚（BSB）、圣保罗孔戈尼亚斯机场（CGH）、累西腓（REC）、圣保罗坎皮纳斯国际机场（VCP）	62.1%
南非	19	27	约翰内斯堡国际机场（JNB）、开普敦（CPT）	85.5%

数据来源：OAG

受机场产能瓶颈和空域限制，中国枢纽机场时刻及设施容量均已逼近饱和，未来增长空间有限。虽然新机场的建设能缓解部分需求增长带来的压力，但从长远来看，仍需持续加强技术革新和基础设施建设。

俄罗斯政府正大力投资改善基础设施建设。近年来，部分俄罗斯机场开启机场基础设施建设计划。

为了鼓励航空业发展，印度政府的区域联通计划、国际联通计划备受关注，其中区域联通计划是通过补贴的方式鼓励航空公司向二三级机场转移，以缓解主要机场的压力；区域联通计划包括区域机场建设计划，其中70座机场将建在没有基础设施的新兴地区，其余则作为附近原有机场的辅助机场。

（二）金砖国家机队

金砖五国中，中国机队规模最大，其次是俄罗斯，南非机队规模最小（2021年金砖五国各类型喷气客机数量情况见表3）。

表3　　　　　　　　　　2021年金砖五国各类型喷气客机数量　　　　　　　　（单位：架）

国家	涡扇支线客机	单通道喷气客机	双通道喷气客机
中国	94	3 024	561
俄罗斯	179	496	103
印度	4	456	38
巴西	0	327	25
南非	35	62	2

数据来源：Cirium Fleet

金砖五国目前各类型喷气客机在役机队机龄中等（喷气客机平均机龄详见表4）。中国机队机龄普遍较小，而南非客机普遍机龄较大。

表4　　　　　　　　　2021年金砖五国喷气客机在役机队平均机龄　　　　　　　（单位：年）

国家	涡扇支线客机	单通道喷气客机	双通道喷气客机
中国	3	5	7
俄罗斯	9	11	15
印度	17	5	9
巴西		9	11
南非	20	18	18

数据来源：Cirium Fleet，COMAC

三、金砖国家航空市场预测

（一）机队趋势

过去5年，中国、印度的机队年均复合增长率分别为2.00%、4.22%，但俄罗斯、南非、巴西的机队增长率近5年都为负值，其中南非的年均复合增长率为-12.02%，主要是由于近年经济低迷及全球新冠疫情暴发带来的全球机队大封存。

（二）机队预测

2021年，新冠疫情全球大流行持续对全球经济造成严重破坏。全年航空旅行需求（收入客公里或RPKs）与2019年相比下降了58.4%。其中，中国疫情得到快速控制、经济开始快速恢复，呈现长期向好的发展趋势，根据商飞预测，未来20年中国经济将保持4.3%的年均增速，中国地区RPK将以平均每年5.67%的速度增长。

2022年，俄乌冲突爆发后，西方对俄罗斯实施了一系列制裁，其中包括对俄罗斯飞机租赁的制裁。另约有36个国家对俄罗斯飞机关闭领空，作为回应，俄罗斯也对这些国家关闭了领空。紧接着，波音公司还暂停了为俄罗斯航空提供零部件、维护和技术支持等服务。这些致使俄罗斯航空公司面临巨大的挑战，俄罗斯运营的波音和空客飞机将很快不得不退出其市场，尽管俄罗斯市场的航空需求依旧存在，但未来几个月的俄乌局势仍不明朗。基于此原因，本报告将不包括俄罗斯市场的机队预测。

如表5所示，预计到2040年，中国、印度、南非和巴西的喷气客机机队规模将分别达到9 957架、1 424架、258架、777架，未来20年机队年均复合增长率分别为5.2%、

5.4%、5.9%、4.5%。

表5　　　　2021年和2040年金砖国家喷气客机机队规模及预测　　　　（单位：架）

国家	2021年	2040年
南非	140	258
印度	576	1 424
中国	3 750	9 957
巴西	403	777

数据来源：COMAC

注：本表不包括俄罗斯市场的机队预测

未来20年，金砖五国的交付量受新飞机项目及支线市场需求快速增长驱动，涡扇支线客机方面，中国及俄罗斯交付量值得关注。印度的航空运输市场主要受其国内需求的驱动，国内客运量从2013—2014年的约6 100万人次增加到2021—2022年的1.66亿人次，增加了一倍多。中国国内运输量的增长会推动单通道喷气客机数量的增加，但是与印度不同，中国国际航线的扩张也为新型双通道喷气客机的引进提供了稳定的需求。南非及巴西的航空市场未来20年将稳定增长，交付量将占非洲（1 425架）及拉美（2 786架）交付量的15%和26%。

（资料来源：《现代金融导刊》，2022年第7期，有改动）

【例文二】

20××年平安快餐店市场预测报告

一、前言

随着高校的大规模扩招，高校学生数量大幅度增长，人均生活空间日益降低、传统的大学生食堂已不能满足大学生餐饮需要，快餐行业在学校周边迅速发展壮大。为了解我们学校周边平安快餐店的发展状况，特此撰写一份平安快餐店20××年市场预测报告。

二、现状

（一）平安快餐店环境分析

1. 地理环境。

平安快餐店位于××美食城内，距离××大学100米左右。××大学有在校生×××名，且附近居民区集中。

2. 店面环境。

店面规模小，消费场所局限，无宽敞的地方让消费者在门店进餐，店面装修简单，但店面干净整洁。店面两旁分别是快餐店，店面对面是砂锅饭店面。附近还有不少快餐店和面食店，客源量大，大大增加了平安快餐店的消费额。

3. 竞争环境。

平安快餐店周边有很多快餐店和面食店，竞争非常激烈。其中桂林砂锅饭、波记烧卤饭、广香源烧卤饭、佳和快餐、好又快快餐等是最大的竞争者，其余的快餐店对其影响较小。

（二）平安快餐店的商圈

因平安快餐店附近是××大学，消费者以学生为主，消费金额不高，属于文教区商圈。以平安快餐店为中心，距离平安快餐店50米为半径画圆，它的周围是××大学及居民住宅区，所以人流量大。但在这个商圈中，也有几家竞争者，如桂林砂锅饭、波记烧卤饭、广香源烧卤饭、佳和快餐、好又快快餐等。

（三）平安快餐店的经营范围

只经营快餐和砂锅饭。

（四）价格和规格

平安快餐店快餐每份价格主要在6—8元之间浮动，与其他快餐店对比，价格相对合理，学生普遍能接受。

（五）促销策略

无。

（六）店内基本布局

一个门面、十张桌子、一个厨房、两个卖饭窗口、七八个工作人员。

三、预测

1. 随着我校的大规模扩招，我校学生数量大幅度增长，而且连年扩招使得这一数量继续增加。随着大学生消费水平的逐步提高，我校周边市场潜在的爆发力日益增强，因此我校周边的饮食业是有一定潜力的。

2. 高校人流量越来越集中。

3. 饮食业发展呈稳健增长的趋势。

4. 平安快餐店周边可能会有更多快餐店和面食店开张，也有可能会有比它更强的竞争对手出现，竞争将会更激烈。

5. 市场原材料价格不断上涨，消费群体将不能接受不断上涨的价格。

四、建议

1. 针对不同的季节，推出与本季节相应的菜品；

2. 偶尔做一些吸引顾客的活动；

3. 保证原材料来源的可靠性，保证质量；

4. 做相应的宣传，给顾客留下更好的印象，特别是公益性的宣传；

5. 卫生要清洁点；

6. 门面装修好一点，给顾客营造一个良好的就餐环境；

7. 偶尔开出一些优惠价格；

8. 送外卖；

9. 把门面扩大，为消费者提供更多的座位。

五、结尾

每一家快餐店，都有自己的经营目标，都希望把自己的店面经营得更好。随着我校的大规模扩招，我校学生数量大幅度增长，为平安快餐店的发展提供了更为有利的条件，希望平安快餐店能够提供更适合我们学生的快餐，把食品质量提到更高点，更好地为我们学校的学生服务。

【评析】

例文一是一篇专业性较强的金砖国家航空市场预测报告,报告分为三个部分,第一部分对金砖国家总体情况进行介绍,让读者对预测的范围和背景有所了解。第二部分为对金砖国家航空市场现状的介绍,为预测分析提供依据;为使有关数据和资料更加清晰直观,作者采用表格辅助说明。第三部分为金砖国家航空市场预测,作者在取得资料数据的基础上,进行了科学的定性分析和定量预测,是整个报告的核心内容。整篇文章材料充分,用数据说话,分析紧密结合现实背景,具有指导意义。

例文二是某大学生进行的市场预测报告写作尝试,基本达到了写作要求,要素齐备,结构清晰,同时研究对象贴近生活,但预测部分专业性不强,用语过于口语化,预测逻辑需再进行整理。

【技能训练】

一、分析下面市场预测报告中存在的问题

××市劳动市场的发展趋势

随着我国改革开放形势的深入发展和人民群众着装条件的不断改善,××市劳保市场的商品正在向着美观化、多样化、高档化方向发展。

根据××市××统计局××××年对"××市劳保市场"的统计资料,我们可归结出以下趋势:

1. 高级布料所制的劳保服装越来越受欢迎,昔日的纯棉劳保服装越来越受到冷遇。从劳保服装的色泽来看,深灰、浅灰、湖蓝、橘红、米黄、大红等鲜艳色调正在日趋取代传统的黑、蓝、黄、白"老四色"。

2. 新颖的青年式、人民式、中山式、西装式劳保服装的销售形势常年不衰;而传统的夹克式、三紧式等劳保服装销售趋势长年"疲软"。

3. 档次较高的牛皮鞋、猪皮鞋、球式绝缘鞋、旅游鞋已成了热门货;而传统的劳保鞋,如棉大头鞋、棉胶鞋、解放鞋却成了滞销品。

4. 劳保防寒服,如狗皮软胎棉帽、解放式棉帽等几乎无人问津。

5. 高质量而美观的劳保手套,如布皮手套、全皮手套、羊皮五指手套日趋成为"抢手货";而各种老式的布制手套、线制手套、布闷子手套的销量日渐下落。

6. 色彩艳丽的印花毛巾、提花毛巾、彩纹毛巾等,已成为毛巾类商品的主销品;而素白毛巾的销量不断减少。

二、情境写作

请阅读下列新闻,并查阅相关资料,撰写一篇中国汽车市场预测报告。

近日,在长沙举行的"2018中国汽车市场发展预测峰会"上,中国汽车工业协会发布了关于明年中国汽车市场的预测报告。根据预测,明年中国汽车市场将继续延续缓慢增长态势,全年汽车销量为2 987万辆,同比增长3%。

具体到细分市场,2018年乘用车预计增速为3%,销量为2 559万辆;其中轿车销量为

1 177 万辆，同比下滑 1%；SUV 销量 1 152 万辆，同比增长 11%；MPV 销量为 179 万辆，同比下滑 11%，微客销量 51 万辆，下滑 7%。

说到乘用车领域，豪华品牌销量一直是人们关注的焦点。近日，各大豪华品牌也陆续公布了 11 月份国内市场的销量，从数据上看，以奔驰、宝马、奥迪为代表的德系三强地位稳固，今年前 11 个月，奔驰在华累计销量约为 56 万辆，同比增长 26%；而宝马以 54.24 万辆的销量位列第二，同比增幅为 15%；而常年稳居中国豪华品牌第一的奥迪暂居第三，销量为 52.87 万辆。从目前的销量来看，尽管奔驰处于领先位置，但究竟谁是 2017 年中国豪华品牌销量冠军，还得看这三驾马车的最后冲刺了。

值得注意的是，根据预测，明年 SUV 市场份额有望超过轿车。而对于德系三强来说，明年在 SUV 车型上的竞争势必非常激烈。近日有消息称，2018 年宝马将在中国市场推出 16 款新产品，其中就包括将于明年年中上市的全新一代宝马 X3。而奥迪也将有 10 多款新车将于明年亮相上市。此前有媒体获悉国产新奥迪 Q5L 将于 2018 年 6 月上市，并有望在 2018 年 4 月北京车展正式亮相。相比这两个对手，奔驰似乎在有意放缓节奏，但不得不承认，同级别的 GLC 一直都是价格坚挺、销量不愁。加之刚刚上市的全新沃尔沃 XC60，想必在这一细分市场上，明年必将迎来一番鏖战。

而在商用车市场，根据中汽协预测，2018 年商用车将整体增长 2% 达到 428 万辆：客车销量为 47 万辆，同比下滑 8%；货车销量为 381 万辆，同比增长 3%。

数据显示，今年 11 月我国汽车市场销量为 295.76 万辆，同比微增 0.65%；前 11 月累计销量为 2 584.49 万辆，同比增长 3.59%。中汽协表示，2017 年中国汽车实现销量预计将达到 2 900 万辆，同比增速约为 3.5%。事实上，过去十年，我国汽车市场增速呈现周期式增长的特点，其中，2010 年、2013 年和 2016 年增速均为两位数，随后都进入了调整期。按照这样的规律，今年和明年，汽车市场或许将回归微增长态势。

未来汽车市场，谁会成为大赢家？

第五节　经济活动分析报告

一、经济活动分析报告的含义

经济活动分析报告，简称经济活动分析，是企业运用会计报表及其他核算资料，采取一系列的分析方法，对一定时期内的经济活动的过程和结果进行研究和评价，综合概括企业经营状况、资金运作情况，为报表使用者做决策提供依据的一种书面报告。

经济活动分析报告与市场调查报告、市场预测报告的区别在于：市场调查报告是对市场当下情况的分析和判断；市场预测报告是对市场未来情况的推测和把握；而经济活动分析报告是对已经发生过的经济过程进行剖析，总结经验，找出规律。

二、经济活动分析报告的功能

1. 评价历史经营业绩。分析金融企业会计报表，有助于金融企业的利害关系人和管理当局正确评价过去的经营业绩，并与同业比较，检验其成败得失。

2. 衡量目前财务状况。由于金融企业会计报表只能概括地反映企业的财务现状，不能充分解释数字的含义，无法对企业的财务状况是否良好做出有事实根据的判断。只有运用会计报表分析，揭示各项数据的经济含义，观测金融企业的营运绩效、获利能力，才能为金融企业的管理当局、投资者和债权人正确衡量金融企业的现状提供依据。

3. 预测未来发展趋势。企业在决策之前，必须做好会计分析，只有这样，才能把金融财务方面可能出现的各种因素及其作用弄清楚，明确重点、要点，促进有关因素的最佳组合，帮助有关决策者做出正确的经营决策。

三、经济活动分析报告的分类

从编写的时间来划分，可分为定期分析报告和非定期分析报告。

按编写的内容可分为综合性分析报告、专项分析报告和项目分析报告。综合性分析报告是对公司整体运营及财务状况的分析评价；专项分析报告是针对公司运营的一部分，如资金流量、收入变量的分析；项目分析报告是对公司的局部或一个独立运作项目的分析。

四、经济活动分析报告的特点

1. 分析性。经济活动分析报告不仅要将各种数据进行定量、定性、定时的分析，以便找出相互间的关系，而且还要从不同的侧面、角度对宏观和微观的、全面和局部的、有利和不利的因素进行深入的分析和比较说明，这样才能综合地反映出一个时期以来的经济、金融形势，以及银行或工商企业的经营活动情况，因此，分析性是经济活动分析报告的主要特点。

2. 说明性。报告中必须对所涉及的经济现象、特征、指标、数据等进行详细的说明，以此揭示经济活动的变化规律，为企业工作者提供管理的依据。

3. 目的性。写分析报告的最终目的在于准确地指出经济活动存在的得失，从中寻找提高企业经济效益的最佳途径，使经济活动沿着正确的方向发展。

五、经济活动分析报告的格式写法

经济活动分析报告要根据其分析的主要内容来选择具体的写作内容。但就其形式而言，是具有一定的格式的。它一般是由标题、引言、主体、结尾和落款五部分所组成。

1. 标题。经济活动分析报告的标题一般由四部分组成：单位、时间、内容和文种，如《综合管理部20××年第一季度经济活动分析报告》，这是比较典型的经济活动分析报告标题。其中有的部分是可以省略的，例如在某一范围内使用的，我们也可以写成"××年度经济活动分析报告"。在具体的经济活动分析报告写作中，有时在标题上不出现"经济活动分析报告"字样，例如专题经济分析报告的标题可撰写为"托收拒付的专题分析"。

2. 引言。引言是经济活动分析报告的开头，一般简明扼要地阐明分析的目的和意义，或者从总体上简要地概括前一阶段经济活动的状况，或者是概括点明经济形势。具体写法可以根据分析目的灵活确定。例如：

20××年11月，××房地产公司实现主营业务收入229万元，完成年度总预算的4.58%。本年累计完成收入1 617万元，完成年度预算5 000万元的32.34%。11月份实现利润29万元，本年累计完成利润61万元，完成年度调整预算利润120万元的50.83%，同比增加利润57万元。

这是某房地产公司的一份经济活动分析报告的引言部分，概述了该房地产公司11月及当年收入情况，让人们对其经济运营状况有一个初步的了解。有些情况下，"引言"部分可以省略，应根据行文的要求来决定引言是否保留。

3. 主体。主体部分是经济活动分析报告的核心，它的结构通常由描述基本情况——进行分析评论——下一步的工作措施构成。

（1）描述基本情况。这一部分要求综合各种经济形势，用各种数据、事实来介绍经济活动的基本面貌。描述基本情况的目的是要给人一个总体的印象，有助于下面分析的展开。但是如果在引言部分中已经概述了相关的情况，那么这一部分可以根据行文的要求进行省略，从而直接进入主体的分析部分。

（2）进行分析评论。这一部分是主体中的重点，它要求对分析对象的各个部分、各个方面加以细致考察、深入分析。一方面要分析取得成绩的原因，总结其中的经验；另一方面还要找出问题。分析时要运用科学的分析方法，经济活动分析报告常用的分析方法有对比分析法、因素分析法、平衡分析法、动态分析法、时间分析法等。

（3）下一步的工作措施。在进行分析之后，接下来要提出下一阶段的工作措施。一般情况下，措施要逐条列出。措施可以放在一个段落中，如果需要具体展开，可以采用分段的形式进行阐述。措施的提出切忌泛泛而谈，要对下一阶段的工作具有指导性，措施和建议要切实可行。

4. 结尾。经济活动分析报告不一定要有一个专门的结尾，要视具体情况而定。通常情况下，写完措施后，自然收束全文；有的则另起一行，写几句展望式的话作结，以提高员工们工作的积极性；还有的是在结尾处强调某些问题，以引起人们的注意。

5. 落款。落款处通常要先写单位名称，然后标明日期，最后还要加盖单位印章。

六、撰写经济活动分析报告的注意事项

1. 考虑报告阅读对象和报告分析范围。报告阅读对象不同，写作风格也不一致。例如，提供给财务本部门领导的可以专业化一些，而提供给其他部门领导的，尤其是对财务专业比较陌生的领导的报告则要力求通俗易懂；同时提供给不同层次阅读对象的分析报告，则要求分析人员在写作时准确把握好报告的框架结构和分析层次，以满足不同阅读者的需要。

2. 了解读者对信息的需求。经济活动分析人员要尽可能地多与领导沟通，捕获他们"真正想了解的信息"，否则可能辛苦做出来的分析报告真正实用的信息却很少。

3. 建立各项辅助台账和数据资料。在编写经济活动分析报告时仅靠会计凭证、账簿、报表的数据往往是不够的，比如，在分析销售经营费用与营业收入的比率增长原因时，往往需要分析不同区域、不同商品、不同责任人实现的收入与费用的关系，但这些数据不能从账簿中直接得到。这就要求分析人员平时就做大量的数据统计工作，对分析的项目按性质、用途、类别、区域、责任人、月度、季度、年度进行统计，建立台账，以便在编写经济活动分

析报告时有据可查。

4. 关注重要、特别事项。经济活动分析人员对经营运行、财务状况中的重大变动事项要勤于做笔录，记载事项发生的时间、计划、预算、责任人及发生变化的各影响因素，必要时马上做出分析判断，并将各类文件归类归档。

【例文】

××市电力局20××年上半年经济活动分析报告

半年来，在××的正确领导下，经济态势运行良好。各种营销经济指标较之去年均有较大幅度的增长，经济效益明显增强，然而由于受各种条件的限制，尤其是受经济环境和买方市场的约束，我局部分经济指标离系统的要求仍有差距，未能达到预期目标。为了更好地总结经验，找出差距，现将我局1—6月份营销活动综合分析如下。

一、上半年各项指标完成情况及分析

（一）购电量

20××年1—6月份购××网电量7 512 384千瓦时，较上一年1—6月份完成购××网电量7 515 552千瓦时，少购电量3 168千瓦时，基本与去年持平。购××网电量与去年同期持平的主要原因是：由于林区木材产量下降，多种经营、林产工业等替代产业滞后，导致用电量明显下降，影响了我局购电目标的完成。我们采取各种措施拓宽电力市场，建立了增供扩销激励机制，制定了增供扩销奖励办法，分解指标层层考核，调动了营销人员的积极性。

1. 根据市场的实际情况，经过多方比较，反复测算，制定了线路台区经济指标承包责任制，激发了广大职工的劳动积极性，取得了明显的经济效果。

2. "两改"工程的实施，使我局电网电能质量和安全可靠性大大提高，给用户带来了放心电。

3. "诚信工程"的实施，密切了供用电双方关系，一定程度上激发了用户用电的积极性。提高服务质量，简化用电报批手续，推进无障碍办电，缩短了办电时间，加快了办电速度，争取时间多供电。

（二）购电平均单价

（略）

（三）电费收缴完成情况

（略）

（四）节能降损工作

（略）

二、上半年主要工作

一是狠抓用电管理，大力降低线损。推行了"组包线，人包变"的管理模式，把线损指标任务到班组，责任到人，线损指标完成情况直接与工资挂钩，对抄表员按实际线损与核定线损完成比例进行奖罚。

二是提高经济效益，普查商业用电。年初以来，我局每月定期组织人员进行用电普查，并把普查情况及时输入电脑，更正电价比例，到目前为止查出高价低接6户，追回电费约1万元，每月合理增收约6千元。

三是动力用户及商服用户的计量装置按标准进行了改造，并对大用户单独加封上锁，进行特殊管理。

三、目前工作中存在的问题和不足

1. 线损达标率仍不尽如人意，部分公变低压线损依然较高，离"两改"后的标准差距较大，用电检查和反窃电力度不够，因此降损工作仍有潜力可挖。

2. 10kVA以上台区及用户端没有电容补偿（林业局没有这方面的资金投入），对功率因数存在较大的影响，致使线损增加。

3. 营业管理体制有待按农电系统进行全面改革，规章制度有待进一步完善。

四、下半年工作思路

1. 增强以电力市场为导向的思想观念，做好市场需求侧工作，以人为本，加强营销队伍的培训工作，提高队伍整体素质，发展人才战略，进一步完善管理机制和制约机制，量化责任追究制和激励机制。认真执行各项管理办法，加大营销管理力度和考核力度，确保全年指标顺利完成。

2. 加强实抄考核工作，杜绝估抄、代抄、错抄、漏抄现象的发生。

3. 加强电费回收管理，按时上缴电费，对部分信誉不佳的用户和用电大户加装磁卡表、实行每月三次抄表，确保电费结零。

（本文根据网络素材改编）

【评析】

该报告层次清晰，首先，交代了撰写该篇报告的目的，即为了找出未达到企业预期目标的原因、总结经验。其次，对电力局营销活动情况进行陈述。运用了逐条分析法，结构严谨，条目清晰。再次，对该电力局××年上半年的主要工作进行了总结。之后，又根据工作的完成程度，实事求是地找出目前工作中存在的问题和不足。最后，制定出改进方法，具有针对性和可行性。综合来讲，整篇文章结构完整，思路清晰，内容合理。

【技能训练】

一、阅读下文，指出不妥之处，并进行修改

2010年全市消费品市场运行情况分析

2010年，在国家"扩内需，促消费"各项政策的影响下，我市消费品市场保持平稳较快的发展态势，全年实现社会消费品零售总额214.8亿元，同比增长19.1%，比"十一五"前4年年平均增幅高1.8个百分点；实现商品销售额452.7亿元，同比增长29.5%；实现营业额36.3亿元，同比增长25.9%。

一、我市消费品市场运行特点

1. 批发零售业稳步增长。我市批零企业不断创新经营策略，经营业绩稳步增长。全年批发零售业实现零售额184.6亿元，同比增长18.5%，比"十一五"前4年年平均增幅高0.3个百分点。批零业零售额占社会消费品零售总额的比重达85.9%，成为支撑消费品市场平稳增长的主要力量。

2. 住宿餐饮业较快增长。随着假日消费升温和人们生活水平的不断提高，居民外出就餐、亲友团聚的次数增加，公务、商务活动频繁；伴随我市创建中国优秀旅游城市的深入推进，旅游环境不断改善，知名度不断提高，旅游人数增多，带旺了餐饮消费。诸因素共同推进了行业的快速发展。2010 年，住宿餐饮业实现零售额 30.2 亿元，同比增长 22.8%，比"十一五"前 4 年年平均增幅高 7.1 个百分点。

3. 城乡消费品市场均保持较快增长。2010 年，全市城镇实现零售额 176.3 亿元，占社会消费品零售总额的 82.1%，其中城区实现零售额 83.3 亿元，增长 21.5%；乡村实现零售额 38.5 亿元，增长 21.4%。

4. 惠民的消费政策效应进一步显现。家电下乡产品销售持续增长，家电以旧换新工作开局良好。2010 年我市共销售家电下乡产品 37.5 万台，销售额 8.8 亿元；全市家电以旧换新产品销售总量达 2.4 万台，销售额突破 8 000 万元。

5. 吃、穿、用消费热点频现。从限额以上批发和零售业商品零售类别看，一是吃、穿类商品较快增长，吃、穿类商品零售额同比分别增长 52.5%、37.1%；二是家居类商品继续热销，建筑装潢材料、家具和家用电器商品同比增长 60.6%；三是文化消费持续升温，文化娱乐体育健康类商品同比增长 31.5%。

6. 汽车消费强劲增长。2010 年，全市汽车市场销售持续旺盛，成为消费市场的亮点。全市限额以上批零企业汽车类商品零售额 2.2 亿元，同比增长 169.3%。

7. 商品销售额（营业额）较快增长。2010 年，全市实现商品销售额 452.7 亿元，同比增长 29.5%，其中，批发业实现销售额 237.2 亿元，同比增长 32.0%，零售业实现销售额 215.5 亿元，同比增长 26.8%；实现营业额 36.3 亿元，同比增长 25.9%，其中，住宿业实现营业额 5.1 亿元，同比增长 18.1%，餐饮业实现营业额 31.2 亿元，同比增长 27.3%。

二、消费品市场运行中存在的问题

1. 乡村市场有待进一步开拓。2010 年，我市城乡市场均保持较快的增长速度，但是，农村商业服务体系不健全、网点布局不合理、基础设施落后等都制约着农村居民的消费。乡村市场实现零售额比重小，全市乡村市场零售额仅占社会消费品零售总额的 17.9%。

2. 物价上涨制约消费需求持续增长。居民消费价格指数（CPI）上涨，部分生活必需品价格上涨较快，2010 年居民消费价格指数上涨 3.3%，其中食品上涨 8.2%，物价上涨影响了居民实际收入水平与实际购买力，制约消费需求的持续增长。

3. 消费环境影响居民消费意愿和消费信心，制约消费品市场的进一步发展。随着对市场监管和整治力度的加大，消费品市场秩序有所改善，但是相关管理体制不健全、监管机制不完善，使得我市消费环境还存在许多商品质量和安全隐患，影响居民消费信心和消费意愿。

三、保持消费品市场平稳较快增长的几点建议

1. 积极开拓农村市场。继续以"万村千乡市场工程"为重点，全面推进"家电下乡"和"家电以旧换新"等惠民消费政策的实施，充分调动农民消费积极性和消费升级换代，进一步开拓农村市场。加强对农村基础设施的投入，完善农村消费市场建设，不断扩大农村市场消费的规模。

2. 加快消费结构升级步伐。城镇居民对汽车、住房、娱乐休闲等的需求越来越大，农村居民开始追求中高档耐用消费品。在小排量车购置税减免、"汽车下乡"等鼓励汽车消费的政策以及"家电下乡"等政策的出台，给我市汽车和家电消费带来了新的增长点。要继续培育和扩大消费热点，扩大文化教育、旅游、娱乐等消费需求，加快消费结构升级步伐。

3. 加强对市场运行的监管。加强市场价格监管，防止游资炒作。努力做好粮食、蔬菜、肉禽蛋、食用油等商品价格的调控，减少物价上涨对人们消费心理造成的冲击。进一步整顿和维护市场秩序，规范市场行为，加强执法监管力度，不断完善消费者权益保护的法律体系，营造安全和谐的消费环境。

4. 以创建中国优秀旅游城市为契机，扩大旅游消费。旅游业与餐饮、住宿、贸易行业关联度高，要大力发展旅游业。打造宋、明文化品牌和特色旅游产品，加快我市旅游产业化发展，提升旅游产业水平，丰富旅游产品。要充分利用我市旅游资源优势，促进旅游消费的持续快速发展。

中央十七届五中全会研究制定"十二五"规划的建议中，首次将"扩大内需"列为独立章节，并提出"坚持扩大内需特别是消费需求的战略，必须充分挖掘中国内需的巨大潜力，着力破解制约扩大内需的体制机制障碍，加快形成消费、投资、出口协调拉动经济增长新局面"。这里将消费列为三驾马车的首位，表明我国将"扩大内需"战略上升到一个新的高度。

2011 年是"十二五"的开局之年，在市委、市府的正确领导下，随着国家一系列"扩大内需"政策的贯彻实施和城镇化步伐的不断加快，我市消费品市场将继续保持平稳较快的发展态势。

（本文根据网络资料改编）

二、情境写作

根据下列资料，拟写一份财务分析报告。

1. 单位：××电脑公司；时间：2022 年第二季度。
2. 应收账款为 4.2 万元；应付账款为 5.8 万元；销售收入为 30 万元，较计划多完成 127%；计划利润 20 万元，实际利润为计划利润的 96%。
3. 产品成本 4 320 元/台，与计划相比，提高了 78 元/台，同行业可比产品成本为 4 506 元/台。

第六节　审计报告

一、审计报告的概念

审计报告是注册会计师在完成审计工作后向委托人提交的最终产品。注册会计师只有在实施审计工作的基础上才能报告。注册会计师通过对财务报表发表意见，从而履行业务约定的责任。

审计报告是注册会计师对财务报表合法性和公允性发表审计意见的书面文书，因此，注册会计师应当将已审计的财务报表附于审计报告之后，以便于财务报表使用者正确理解和使用审计报告，并防止被审计单位替换、更改已审计的财务报表。

二、审计报告的作用

1. 鉴证作用。审计报告对被审计单位会计报表中所反映的财务状况、经营成果和现金流量情况的合法、公允和一贯具有鉴证作用。

2. 保护作用。随着所有权和经营权的进一步分离，有很多投资者不直接参与企业的经营活动，他们需要了解企业真实的财务信息，但又不能保证对方所提供的财务报表的真实性，那么可以请注册会计师进行审计。因此，审计报告对于保护投资者利益而言具有十分重要的作用。

3. 证明作用。审计报告可以证明注册会计师在审计过程中是否完成预定的审计程序，是否以审计工作底稿为依据客观地表示审计意见；表示的审计意见是否与被审计单位的实际情况相一致；审计工作的质量是否符合一定的要求。通过审计报告，可以证明注册会计师审计责任的履行情况。

三、审计报告的分类

注册会计师出具的审计报告可以按不同的标准来划分种类。

（一）按照审计意见划分

1. 无保留意见的审计报告。无保留意见是指注册会计师对被审计单位的会计报表，依照中国注册会计师独立审计准则的要求进行审查后确认：被审计单位采用的会计处理方法遵循了会计准则及有关规定；会计报表反映的内容符合被审计单位的实际情况；会计报表内容完整，表述清楚，无重要遗漏；报表项目的分类和编制方法符合规定要求，因而对被审计单位的会计报表无保留地表示满意。无保留意见意味着注册会计师认为会计报表的反映是合法、公允和一贯的，能满足非特定多数利害关系人的共同需要。

无保留意见的审计报告具体地又可分为标准无保留意见审计报告和附带说明段的无保留意见审计报告两种。标准无保留意见审计报告表明会计师认为财务报表质量合格。非标准意见审计报告表示会计师认为财务报表质量不合格。

2. 保留意见的审计报告。保留意见是指注册会计师对会计报表的反映有所保留的审计意见。注册会计师经过审计后，认为被审计单位会计报表的反映就其整体而言是恰当的，但还存在着下述情况之一时，应出具保留意见的审计报告：个别重要财务会计事项的处理或个别重要会计报表项目的编制不符合《企业会计准则》和国家其他有关财务会计法规的规定，而且被审计单位拒绝进行调整；因审计范围受到局部限制，无法按照独立审计准则的要求取得应有的审计证据；个别会计处理方法的选用不符合一贯性原则。

3. 否定意见的审计报告。否定意见是指与无保留意见相反，认为会计报表不能合法、公允、一贯地反映被审计单位财务状况、经营成果和现金流动情况。注册会计师经过审计后，认为被审计单位的会计报表存在下述情况时，应当出具否定意见的审计报告：会计处理方法的选用严重违反《企业会计准则》和国家其他有关财务会计法规的规定，被审计单位拒绝进行调整；会计报表严重歪曲了被审计单位的财务状况、经营成果和现金流动情况，而且被审计单位拒绝进行调整。

4. 无法表示意见的审计报告。无法表示意见是指注册会计师说明其对被审计单位会计报表的合法性、公允性和一贯性无法发表意见。注册会计师在审计过程中，由于审计范围受到委托人、被审计单位或客观环境的严重限制，不能获取必要的审计证据，以致无法对会计报表整体反映发表审计意见时，应当出具无法表示意见的审计报告。

（二）按照格式措辞划分

1. 标准审计报告。是指格式和措辞基本统一的审计报告，注册会计师出具无保留意见的审计报告，不附加说明段、强调事项段或任何修饰性用语，一般适用于公布目的。

2. 非标准审计报告。是指格式和措辞不统一，可以根据具体审计项目的问题来决定的审计报告。它包括一般审计报告和特殊审计报告。"非标"意见通常以四种形式出现：带强调事项段的无保留意见、保留意见、否定意见和无法表示意见。这种审计报告一般适用于非公布目的。

（三）按照审计报告使用目的划分

1. 公布目的审计报告。用于向被审计单位的所有者、投资者或债权人等非特定性质利害关系者公布的审计报告，这种审计报告必须附送会计报表。

2. 非公布目的审计报告。用于向经营者、合并或业务转让的关系人、提供信用的金融机构等具有特定目的关系人分发的审计报告。注册会计师提供这类审计报告通常是应委托人具有特定目的而出具的，如会计报表某些特定项目、经营管理、合并或业务转让、融通资金等目的审计。

（四）按照审计报告的详略程度划分

1. 简式审计报告。内容和格式简明扼要的审计报告，包括注册会计师对会计报表审计后出具的各类审计意见的审计报告。这类审计报告记载的内容是法令或审计准则规定的，而且用以表述的文字是众皆通晓的。

2. 详式审计报告。注册会计师对所有重要的经济业务和情况都必须做详细、具体的分析和说明而出具的审计报告。详式审计报告因为说明的内容丰富，程度不一，因此，很难做出统一措辞或基本统一措辞的要求，不具有标准格式的特点。有的多达数万字，甚至数十万字，加上附件资料，可以同一本审计理论或实务的专著媲美。

（五）按照审计报告的格式划分

1. 文字说明式审计报告。最常见的格式形式，绝大多数审计报告均采用这一格式。

2. 表格式审计报告。以表格为主体格式的审计报告。这类审计报告并不多见，而且也不是人们观念中想象的通篇均是表格，因为它或多或少还需要配以一定的文字进行说明，纯粹的表格式审计报告并不存在。

四、审计报告的写作原则

第一，审计报告具有法定证明效力，撰写时必须实事求是、客观公正地反映审计事项。

第二，审计报告是有关单位和人员做出决策的依据，因此必须做到数字准确、证据确凿。

第三，按照规定的格式及内容编制，保证要素齐全、格式规范。

第四，突出重点、主次分明，不遗漏审计中发现的重大事项。

第五，应针对被审计单位提出可行的改进建议，促进组织目标的实现。

第六，及时编制，以便有关单位适时采取有效措施。

五、审计报告的格式写法

（一）标题

审计报告的标题应当统一规范为"审计报告"。

（二）收件人

审计报告的收件人是指注册会计师按照业务约定书的要求致送审计报告的对象，一般是指审计业务的委托人。审计报告应当载明收件人的全称。

（三）审计意见

审计意见段应当说明：财务报表是否按照适用的会计准则和相关会计制度的规定编制，是否在所有重大方面公允反映了被审计单位的财务状况、经营成果和现金流量。

（四）形成审计意见的基础

形成审计意见的基础段应当说明：注册会计师按照审计准则的规定执行了审计工作；提及审计报告中用于描述审计准则规定的注册会计师责任的部分；声明注册会计师按照与审计相关的职业道德要求独立于被审计单位，并履行了职业道德方面的其他责任，声明中应当指明适用的职业道德要求，如"中国注册会计师职业道德守则"；说明注册会计师是否相信获取的审计证据是充分、适当的，为发表审计意见提供了基础。

（五）管理层对财务报表的责任

管理层对财务报表的责任段应当说明按照适用的会计准则和相关会计制度的规定编制财务报表是管理层的责任，这种责任包括：设计、实施和维护与财务报表编制相关的内部控制，以使财务报表不存在由于舞弊或错误而导致的重大错报；选择和运用恰当的会计政策；做出合理的会计估计。

（六）注册会计师对财务报表审计的责任

注册会计师对财务报表审计的责任段应当说明下列内容：

1. 注册会计师的责任是在实施审计工作的基础上对财务报表发表审计意见。注册会计师按照中国注册会计师审计准则的规定执行了审计工作。中国注册会计师审计准则要求注册会计师遵守职业道德规范，计划和实施审计工作以对财务报表是否不存在重大错报获取合理保证。

2. 审计工作涉及实施审计程序，以获取有关财务报表金额和披露的审计证据。选择的审计程序取决于注册会计师的判断，包括对由于舞弊或错误导致的财务报表重大错报风险的评估。在进行风险评估时，注册会计师考虑与财务报表编制相关的内部控制，以设计恰当的审计程序，但目的并非对内部控制的有效性发表意见。审计工作还包括评价管理层选用会计政策的恰当性和做出会计估计的合理性，以及评价财务报表的总体列报。

3. 注册会计师相信已获取的审计证据是充分、适当的，为其发表审计意见提供了基础。

（七）按照相关法律法规的要求报告的事项（如适用）

适用的情况下，注册会计师还应当按照相关规定，在审计报告中对与持续经营相关的重大不确定性、关键审计事项、被审计单位年度报告中包含的除财务报表和审计报告之外的其他信息进行报告。

（八）注册会计师的签名和盖章

《财政部关于注册会计师在审计报告上签名盖章有关问题的通知》（财会〔2001〕1035号）明确规定：审计报告应当由两名具备相关业务资格的注册会计师签名盖章并经会计师事务所盖章方为有效。

（九）会计师事务所的名称、地址和盖章

审计报告应当载明会计师事务所的名称和地址，并加盖会计师事务所公章。

（十）报告日期

审计报告应当注明报告日期。审计报告的日期不应早于注册会计师获取充分、适当的审计证据，并在此基础上对财务报表形成审计意见的日期。

六、审计报告的写作要求

1. 审计报告的编制应实事求是、不偏不倚地反映审计事项。
2. 审计报告应按照规定的格式及内容编制，做到要素齐全、格式规范，不遗漏审计中发现的重大事项。
3. 审计报告应突出重点、简明扼要、易于理解。
4. 审计报告应及时编制，以便适时采取有效纠正措施。
5. 审计报告应针对被审计单位经营活动和内部控制的缺陷提出可行的改进建议，促进组织目标的实现。
6. 审计报告形成的审计结论与建议应当充分考虑审计项目的重要性和风险水平。

【例文】

腾讯公益慈善基金会 2021 年度审计报告

目　　录

一、审计报告

二、基金会财务相关情况统计表（略）

三、资产负债表（略）

四、业务活动表（略）

五、现金流量表（略）

六、财务报表附注（略）

七、管理建议书（略）

腾讯公益慈善基金会：

一、审计意见

我们审计了腾讯公益慈善基金会（以下简称"贵会"）财务报表，包括 2021 年 12 月 31 日的资产负债表及 2021 年度的业务活动表和现金流量表以及财务报表相关附注。

我们认为，后附的财务报表在所有重大方面按照《民间非营利组织会计制度》的规定编制，公允反映了贵会 2021 年 12 月 31 日的资产负债情况以及 2021 年度的财务收支状况和

现金流量。

二、形成审计意见的基础

我们按照中国注册会计师审计准则的规定执行了审计工作。审计报告的"注册会计师对财务报表审计的责任"部分进一步阐述了我们在这些准则下的责任。按照中国注册会计师职业道德守则，我们独立于贵会，并履行了职业道德方面的其他责任。我们相信，我们获取的审计证据是充分、适当的，为发表审计意见提供了基础。

三、管理层和治理层对财务报表的责任

贵会管理层（以下简称"管理层"）负责按照《民间非营利组织会计制度》的规定编制财务报表，使其实现公允反映，并设计、执行和维护必要的内部控制，以使财务报表不存在由于舞弊或错误导致的重大错报。

在编制财务报表时，管理层负责评估贵会的持续经营能力，披露与持续经营相关的事项（如适用），并运用持续经营假设，除非管理层计划清算贵会、终止运营或别无其他现实的选择。

治理层负责监督贵会的财务报告过程。

四、注册会计师对财务报表审计的责任

我们的目标是对财务报表整体是否不存在由于舞弊或错误导致的重大错报获取合理保证，并出具包含审计意见的审计报告。合理保证是高水平的保证，但并不能保证按照审计准则执行的审计在某一重大错报存在时总能发现。错报可能由于舞弊或错误导致，如果合理预期错报单独或汇总起来可能影响财务报表使用者依据财务报表作出的经济决策，则通常认为错报是重大的。

在按照审计准则执行审计工作的过程中，我们运用职业判断，并保持职业怀疑。同时，我们也执行以下工作：

（1）识别和评估由于舞弊或错误导致的财务报表重大错报风险，设计和实施审计程序以应对这些风险，并获取充分、适当的审计证据，作为发表审计意见的基础。由于舞弊可能涉及串通、伪造、故意遗漏、虚假陈述或凌驾于内部控制之上，未能发现由于舞弊导致的重大错报的风险高于未能发现由于错误导致的重大错报的风险。

（2）了解与审计相关的内部控制，以设计恰当的审计程序，但目的并非对内部控制的有效性发表意见。

（3）评价管理层选用会计政策的恰当性和作出会计估计及相关披露的合理性。

（4）对管理层使用持续经营假设的恰当性得出结论。同时，根据所获取的审计证据，就可能导致对贵会的持续经营能力产生重大疑虑的事项或情况是否存在重大不确定性得出结论。如果我们得出结论认为存在重大不确定性，审计准则要求我们在审计报告中提请报表使用者注意财务报表中的相关披露；如果披露不充分，我们应当发表非无保留意见。我们的结论基于截至审计报告日可获得的信息。然而，未来的事项或情况可能导致贵会不能持续经营。

（5）评价财务报表的总体列报、结构和内容，并评价财务报表是否公允反映相关交易和事项。

我们与治理层就计划的审计范围、时间安排和重大审计发现等事项进行沟通，包括沟通我们在审计中识别出的值得关注的内部控制缺陷。

永拓会计师事务所（特殊普通合伙）　　　　　　中国注册会计师：
深圳分所
　　中国·深圳　　　　　　　　　　　　　　　中国注册会计师：
　　　　　　　　　　　　　　　　　　　　　　二〇二二年二月二十八日

（资料来源：腾讯基金会官网）

【评析】

该审计报告全面反映了审计结果，肯定成绩以审计查证事实为依据，以法律法规为准绳，坚持原则，客观公正地对被审计事项进行定性，体现了实事求是、客观公正的态度。行文结构完整，对审计工作做了清晰的描述，论述有据，表述慎重，专业性强。

【技能训练】

一、某公司出现了以下问题：

1. 招待费支出巨大。仅第一季度各类招待费用已达156.37万元。
2. 许多单据不符合报销手续。其中有24张单据总计17 264元，未经主管领导签字。
3. 公款私存。公司某项计划外资金42 710元被财务处擅自截留，并以会计×××、×××、××三人的户名存入银行。

要求：（1）就上述问题展开讨论，并探讨可能出现的其他财务问题。
　　　（2）提出相应的处理意见和建议。

二、情境写作

浏览相关网站，进一步体会审计报告的内涵和写作方法。

【相关知识】

一、"法人""法定代表人"与"法人代表"的区别与联系

日常工作中，经常有人把"法人""法人代表"和"法定代表人"这三个不同的概念混淆，但是按照《中华人民共和国公司法》和《中华人民共和国民法通则》的规定，这三个概念具有不同的含义。法人是指依法成立、具有独立法人资格的企业、单位、组织等机构，是对这些机构的拟人化的称呼；法定代表人是指法律规定的该法人的代表人，在一个法人内是唯一的，具有特定性和固定性，一般是该法人的一把手；而法人代表是指经该法人的法定代表人依法委托或授权的代表，在一个法人内可以是一个也可以是多个，具有不特定性和非固定性，只要是经该法人的法定代表人依法委托或授权谁都可以担任。

二、常用的市场调查方法

1. 询问法（Questioning）。询问法是将所要调查的事项以当面、书面或电话的方式，向被调查者提出询问，以获得所需要的资料，它是市场调查中最常见的一种方法。通常应该事先设计好询问程序及调查表或问卷，以便有步骤地提问。
2. 观察法（Observational Survey）。观察法是指研究者根据一定的研究目的、研究提纲

或观察表,用自己的感官和辅助工具去直接观察被研究对象,从而获得资料的一种方法。科学的观察具有目的性和计划性、系统性和可重复性。观察一般利用眼睛、耳朵等感觉器官去感知观察对象。由于人的感觉器官具有一定的局限性,观察者往往要借助各种现代化的仪器和手段,如照相机、录音机、显微录像机等来辅助观察。

3. 文献调查法(Literature Survey)。文献调查法是指通过寻找文献搜集有关市场信息的调查方法,它是一种间接的非介入式的市场调查方法。文献调查法也需要建立严密的调查计划,并对将要利用的文献进行真实性、可用性的检查,这样才能保证调查的系统性和可靠性。

4. 实验法(Experiment Survey)。实验法是指市场调研者有目的、有意识地改变一个或几个影响因素,以观察市场现象在这些因素影响下的变动情况,从而认识市场现象的本质特征和发展规律的调查方法。

5. 问卷调查法(Questionnaire Survey)。问卷调查法也称问卷法,是调查者运用统一设计的问卷向被选取的调查对象了解情况或征询意见的调查方法。研究者将所要研究的问题编制成问题表格,以邮寄方式、当面作答或者追踪访问方式填答,从而了解被调查者对某一现象或问题的看法和意见。

综合练习

一、单项选择题

1. 经济文书的价值取向是(   )。
   A. 揭露社会现实,抒发主观情感　　B. 反映经济活动规律,解决实际经济问题
   C. 普及经济法律知识　　　　　　　D. 维护劳动者的合法权益

2. 法人之间为实现一定经济目的、明确相互权利义务关系的协议被称为(   )。
   A. 投标书　　　　　　　　　　　　B. 借款欠条
   C. 收据　　　　　　　　　　　　　D. 经济合同

3. 供方(卖方)同需方(买方)根据协商一致的意见,由供方将一产品交付给需方,需方接受产品并按规定支付价款的协议是(   )。
   A. 加工承揽合同　　　　　　　　　B. 建设工程承包合同
   C. 财产租赁合同　　　　　　　　　D. 购销合同

4. 市场调查人员以科学的方法对市场的供求关系、购销状况以及消费情况等进行深入细致的调查研究后,写成的报告文书被称为(   )。
   A. 可行性分析　　　　　　　　　　B. 市场调查报告
   C. 市场预测报告　　　　　　　　　D. 审计报告

5. 市场调查报告按调研频率分,可分为经常性市场调查报告、临时性市场调查报告和(   )。
   A. 定期性市场调查报告　　　　　　B. 不定期性市场调查报告
   C. 长期性市场调查报告　　　　　　D. 区域性市场调查报告

6. 在市场调查的基础上,依据已掌握的有关市场的信息和资料,用科学的方法估计和

预测未来市场的趋势的预见性报告被称为（　　）。
   A. 市场调查报告　　　　　　　　B. 经济工作总结报告
   C. 可行性分析报告　　　　　　　D. 市场预测报告
   7. 企业运用会计报表及其他核算资料，采取一系列的分析方法，对一定时期内的经济活动过程和结果进行研究和评价，综合概括企业经营状况、资金运作情况，为报表使用者决策提供依据的书面报告是（　　）。
   A. 经济活动分析报告　　　　　　B. 经济活动总结报告
   C. 商业计划书　　　　　　　　　D. 市场策划书
   8. 财务会计报表编完以后，必须由（　　）依法进行审计。
   A. 税务师　　　　　　　　　　　B. 注册会计师
   C. 金融理财师　　　　　　　　　D. 企业法人
   9. 注册会计师应当将（　　）附于审计报告之后，以便财务报表使用者正确理解和使用审计报告，并防止被审计单位替换、更改已审计的财务报表。
   A. 已审计的财务报表　　　　　　B. 会计凭证
   C. 工作台账　　　　　　　　　　D. 企业缴税证明
   10. 经济活动分析报告的功能包括衡量目前的财务状况、预测未来发展趋势、（　　）。
   A. 评价历史经营业绩　　　　　　B. 保护投资者利益
   C. 进行宏观预测和微观预测　　　D. 便于有关单位适时采取有效措施

二、判断题

1. 为了增强经济文书的表现力，作者在行文中可积极使用各类修辞方法。（　　）
2. 经济文书在长期写作中也形成了一些惯用语即程式化的语言。（　　）
3. 当事人协商同意的有关修改合同的文书、电报和图表，不属于合同的组成部分。（　　）
4. 市场调查报告应针对不同的调研目的和不同的阅读对象安排报告的内容和格式。（　　）
5. 市场预测报告不属于调查报告。（　　）
6. 注册会计师只有在实施审计工作的基础上才能进行报告。（　　）

三、简答题

1. 订立经济合同有哪些注意事项？
2. 市场调查报告具有哪些作用？
3. 市场预测报告的正文一般包含哪些内容？
4. 请说明经济活动分析报告与市场调查报告、市场预测报告的区别。
5. 审计报告有哪些写作原则？
6. 经济合同具有哪些特点？
7. 经济合同的主部应该具备哪些要素？

四、请指出以下合同有哪些问题，并加以订正

协议书

现×××××公司经理部（乙方）有进口 1 寸折叠伞伞骨 59 909 把，其中男用伞伞骨 3 000 把，女用伞伞骨 56 909 把，按处理价一次售给×××××伞厂（甲方），每把价 7.50 元。双方协商如下：

1. 合同总额：肆拾肆万玖仟叁佰壹拾柒元伍角（449 317.50 元）。
2. 验收办法：19××年××月××日，甲乙双方代表到乙方仓库检验，乙方即按合同发货，以甲方实际验收数为准。
3. 付款办法：甲方在 19××年第二季度内付 50%，四季度全部付清（货款按乙方实际发出数结算）。
4. 运输办法：自合同签订之日起，一个月内由乙方代办运输至××站。短途运输由乙方负责，铁路运输由乙方按实际发出数甲方托运。
5. 包装：纸箱包装。应完整。费用由乙方负担。
6. 如甲方在指定期限内不能如数付清货款，所欠款项必须按每日罚款×%计算，直至全部货款付清为止。
7. 本协议双方代表签字盖章后生效，并到二商局、银行鉴证执行。

甲方：×××××伞厂	乙方：×××××公司经理部
代表：×××（章）	代表：×××（章）
开户银行：××××	开户银行：××××
账号：××××××	账号：××××××
	签约日期：20××年××月××日

五、根据下述材料，撰写一篇市场调查报告

中国饮料工业协会统计报告显示，国内果汁及果汁饮料实际产量超过百万吨，同比增长 33.1%，市场渗透率达 36.5%，居饮料行业第四位，但国内果汁人均年消费量仅为 1 千克，为世界果汁平均消费水平的 1/7，西欧国家平均消费量的 1/4，市场需求潜力巨大。

我国水果资源丰富，其中，苹果产量是世界第一，柑橘产量世界第三，梨、桃等产量居世界前列。据权威机构预测，到 2020 年，预计果汁产量达 200 万—245 万吨，人均年消费量达 1.6 千克。

近日，我公司对××市果汁饮料市场进行了一次市场调查，根据统计数据，我们对调查结果进行了简要的分析。

追求绿色、天然、营养成为消费者饮用果汁饮料的主要目的。品种多、口味多是果汁饮料行业的显著特点，据××市场调查显示，每家大型超市内，果汁饮料的品种都在 120 种左右，厂家达十几家，竞争十分激烈，果汁的品质及创新成为果汁企业获利的关键因素，品牌果汁饮料的淡旺季销量无明显区分。

目标消费群——调查显示，在选择果汁饮料的消费群中，15—24 岁年龄段的占了 34.3%，25—34 岁年龄段的占了 28.4%，其中，又以女性消费者居多。

影响购买因素——口味：酸甜的味道销路最好，低糖营养性果汁饮品是市场需求的主流；包装：家庭消费首选750ml和1L装的塑料瓶大包装，260ml的小瓶装和利乐包为即买即饮或旅游时的首选，礼品装是家庭送礼时的选择，新颖别致的杯型因喝完饮料后瓶子可当茶杯用，所以也影响了部分消费者购买决定。

饮料种类选择习惯——71.2%的消费者表示不会仅限于一种，会喝多种饮料；有什么喝什么的占了20.5%；表示就喝一种的有8.3%。

品牌选择习惯——调查显示，习惯于多品牌选择的消费者有54.6%；习惯性单品牌选择的有13.1%；因品牌忠诚性做出单品牌选择的有14.2%；价格导向占据了2.5%；追求方便的比例为15.5%。

饮料品牌认知渠道——广告：75.4%；自己喝过才知道：58.4%；卖饮料的地方：24.5%；亲友介绍：11.1%。

购买渠道选择——在超市购买：61.3%；随时购买：2.5%；个体商店购买：28.4%；批发市场：2.5%；大中型商场：5.4%；酒店、快餐厅等餐饮场所也具有较大的购买潜力。

一次购买量——选择喝多少就买多少的有62.4%；选择一次性批发很多的有7.6%；会多买一点存着的有29.9%。

（本文根据网络资料改编）

第五章
经济事务文书

情景导入

毕业生王某与某公司签订了就业协议书,并约定违约金2 000元。7月初王某持报到证到该公司报到,一个星期后与公司订立劳动合同,并约定试用期三个月,合同期限三年。王某在试用一个月后提出解除劳动合同,单位要求王某承担2 000元的违约金。王某认为他到公司报到并订立劳动合同,就意味着就业协议已终止,而根据《中华人民共和国劳动法》规定,试用期内劳动合同一方当事人可单方解除合同,无须承担违约责任。据此,他认为自己无须承担违约金。双方发生争议。

【评析】

按照协议书的规定,协议书的效力终止于毕业生与用人单位签订劳动合同或聘用合同之日,即就业协议的生效期限为成立之日到订立劳动合同或聘用合同之日这一段时间。违反就业协议书也只可能在此期间产生,在此期间之外不存在违约情形。在本案中,王某到公司报到并签订了劳动合同,那么他就算履行了协议。至于他之后提出解除合同是在合同试用期内,根据试用期的规定,他完全有权单方解除合同。即使王某不是在试用期内提出解约要求,也不一定违约,因为劳动者在提前30日以书面形式通知用人单位的前提下是可以单方面解除劳动合同的。

(资料来源:周丽娜,《毕业生签订就业协议书应当注意的法律问题》,《科教文汇》,2002年12月(中旬刊))

第一节 经济新闻

一、经济新闻的含义

经济新闻是关于最新的经济活动、经济关系和自然经济现象的报道。从内容与形式的角度来划分，大致分为经济动态新闻、经济综合新闻、经济典型新闻、经济述评与经济人物新闻。

二、经济新闻的特点

1. 真。"真"是新闻的生命，新闻的生命力和魅力在于它的真实性。经济新闻既要求报道的事件确实可靠，也要求新闻中的人物、时间、地点、原因、结果及所引的数字准确无误，不能弄虚作假。其深层含义还包括，经济新闻必须真实地反映事物客观规律，揭示事物本质特性。

2. 新。"新"体现了新闻的价值。一指内容的"新"。即经济新闻报道的应是以前从未出现过的新事物、新情况、新成就、新动向、新问题，体现的是时代的新精神、人类的新思想。二指角度新。对于别人报道过的题材，如果能选择一个新的角度，也能给读者耳目一新的感受，也有新鲜感。

3. 短。"短"是指经济新闻篇幅要短，信息量要大。版面短新闻多，信息容量就多，报道的内容就广，就能为大众所喜爱。

4. 快。"快"要求经济新闻写作要有敏锐的观察力，经济新闻是"易碎品"，需及时发现新闻事实并及时报道出来，发挥经济新闻的应有作用。

5. 活。经济新闻不仅要吸引读者、观众，还需要写"活"。首先，内容上要有生动而有意义的事实，善于抓住实际生活中人们普遍关注的新问题、新题材；其次，形式上要生动活泼，引人入胜，善于抓住事物特点，写出"色、香、声、味，呼之欲出"（胡乔木，《人人要学会写新闻》）的好新闻，这样才能赢得更多的读者。

三、经济新闻的作用

1. 传递经济信息，提供决策依据。传递经济信息是经济新闻的基本职能。信息的获得与利用是国家、企业、个人进行决策的依据。市场经济说到底是一种信息经济，市场调节实际上是一种信息调节，谁先掌握了信息，谁就掌握了市场的主动权。在信息过量的今天，经济信息的传递应特别注意及时、准确、平衡和有效，以方便经济决策。

2. 传播经济知识，剖析经济现象。人们从事经济活动，离不开经济知识的指导与运用，同时又在新的经济实践中发展出新的经济知识。在知识经济时代，在市场经济条件下，对经济知识的追逐、获取与利用已成为国家、企业、个人致富的金钥匙。因此，传播经济知识是经济新闻报道义不容辞的责任。

四、经济新闻的写法

广义的经济新闻是指经济报道、经济消息、经济评论，狭义的经济新闻指的是经济消息，本文所讲的是狭义的经济新闻，即经济消息。一般情况下，经济新闻由标题、消息头、导语、主体、背景、结尾等部分构成。

（一）标题

标题是新闻的"眼睛"，对读者具有"第一吸引力"的功用，主要分为三种类型：

1. 单行式标题。以一个主标题或正标题来概括经济消息的主旨。要求准确、精练、生动。常用于内容简短、单纯的经济消息。如：

"今日当铺'当'之无愧"。此标题巧化成语，运用双关，贴切生动地揭示了所报道的主要内容——当今当铺以诚待客，为人解忧。

"麦当劳中国改名：金色拱门下已无新鲜事"。生动形象地报道了汉堡包不再因为"洋"而被视为"现代化"象征，金色拱门底下也已少有"西洋景"。

2. 双行标题。一种是由正题和引题组成，一种是由正题同副题组成。拟写时需注意上下句配合。如：

项庄舞剑意在沛公（引题）
明传人民币贬值　实为投机牟暴利（正题）

这一标题，表现出了个性、动感和情感。主标题运用对仗形式，句式整齐，音韵铿锵，节奏鲜明，读起来朗朗上口，听起来悦耳，值得回味、记忆和传诵。引题运用了历史典故制题，构思奇妙，意义完整，生动传神，具有很强的表现力和感染力。

3. 三行标题。即引题、正题、副题俱全。三行标题比双行标题内容丰富，一般用于比较重要的经济新闻。三行标题之间讲究配合，虚实结合，各标题之间要各司其职，把握好主从之间的逻辑关系，让引题或副题更好地突出正题。如：

知否？知否？应是贱"肥"贵"瘦"（引题虚题）
爱吃瘦肉者，请您多付钱（正题实题）
本省十几个县市调整猪肉各品种之间的差价（副题虚题）

引用李清照"知否知否，应是绿红肥瘦"，生动形象，虚实结合。再如：

中国电影史翻开崭新一页（引题）
上海电影节开幕（正题）
33个国家或地区的164部影片参展参赛（副题）

（二）消息头

消息头是狭义经济新闻特有的、区别于其他新闻题材的外部标志，是稿件发出单位、时间、地点的说明。消息头一般分为"电"和"讯"两大类。

电：主要指通过电报、电传、电话等形式传递的新闻报道。

讯：主要指通过邮寄或书面递交的形式传递的新闻报道。

作用：

1. 版权所有的标志，其他新闻媒体不得任意转载、抄袭。
2. 明确发出新闻作品的媒体责任，接受社会监督。
3. 注明新闻来源和时效。
4. 与其他文体区别的标志。

（三）导语

导语是经济新闻开头的第一段或第一句话，一般是用最精练的语言，写出经济新闻中最主要、最新鲜、最精彩的事实，并鲜明地揭示经济消息的主题思想，以便读者迅速了解经济消息的主要内容，进而产生阅读兴趣。

导语内容主要是交代与新闻事实有关的几个要素，即5W1H：When（何时）、Where（何地）、Who（何人）、What（何事）、Why（何故）、How（如何）。

导语的写法较多，需因人、因事而定。通常的有以下几种形式：

1. 概述式。也叫"综合性导语"，即用最精练的文字把经济消息中最主要、最新鲜的内容概括地叙述出来，让人首先对所报道的基本事实有一个总体了解。例如：

近日，由国家认证认可监督管理委员会支持的出口产品内销"同线同标同质"工程（简称"三同"）展区首次亮相"第十九届中国零售商博览会"。此次参加展会的200多种"三同"产品，包括休闲零食、速冻食品、冷饮、调味料、新鲜蔬菜、杂粮等。

2. 描写式。即用形象生动的笔法把能反映经济消息主要内容的场面或细节简明地描写出来，给人身临其境、生动具体的感觉。例如：

6月12日，占领了埃及74年的英国军队的最后一个士兵，背起他的步枪，默默地离开了苏伊士运河。埃及人民实现了他们长期奋斗的目标：把外国占领者从自己的土地上全部赶出。

3. 提问式。故意在消息的开头提出某个引人注目的问题，然后加以解答。设问时，要注意抓读者共同兴趣的问题；要有疑问性，针对性；设问后要立即用事实做出回答；不要连续设问。例如：

与联合国做生意难不难？记者昨天采访了本市唯一一家既是联合国供应商又与联合国组织达成实际业务合同的北方国际集团有限公司。该公司负责人在介绍经验时认为，与联合国做生意并不难，关键是要懂得联合国采购的"游戏规则"，服务要跟得上。

4. 评论式。对导语中的简要事实明确表态，表示鲜明的倾向。例如：

2003年10月15日清晨，朝阳辉映着酒泉卫星发射中心载人航天发射场耸入云天的发射架。乳白色的"神舟"五号飞船内，杨利伟——中国第一个航天员正静候着一个举国关注的时刻。上午9时整，随着一声惊天动地的巨响，巨型运载火箭喷射出一团橘红色的烈焰，托举着载人飞船拔地而起，直刺九霄。

5. 对比式。通过前后对比或者是此事物与彼事物的对比，来揭示经济新闻的主题或突出新闻事实的方法。例如：

8年前，重庆市约有2/3的重庆人生活在农村，但现在这个比例已经降到了55%，这意味着至少有360万人从农村进入到城市。

6. 结论式。即先从事实中得出的结论端出，然后再做进一步阐释。

11月4日，海军舰载直升机在黄海海域首次进行夜间行进间着舰训练，并取得圆满成功。此举标志着我舰载机部队战斗力提升。（第15届中国新闻奖消息二等奖作品《我舰载机首次夜间行进间着舰成功》的导语）

（四）主体

主体是经济新闻的主要部分，在导语之后具体、详尽地表述新闻内容。这些内容，或是阐发导语，或是回答导语，或是补充导语，对新闻事实做充分而具体的报道和说明。

（五）背景

背景又称背景材料，是对人物、事件起作用的历史背景、现实环境及客观条件的介绍，目的在于帮助读者深刻理解经济新闻的内容和价值，起到衬托、深化主题的作用。常见的有三种类型：

1. 对比性材料。即介绍与新闻事实有着正反、今昔对比关系的材料。通过对比，来烘托和深化主题。

2. 说明性材料。即介绍与新闻事实有关的政治背景、地理环境、历史演变、思想状况、物质条件等情况的材料。它可以帮助读者加深对经济新闻内容的了解和意义的认识。

3. 注释性材料。即对新闻事实做出评注或解释的材料。对经济新闻中出现的一些不易理解的内容进行适当的解释，以便读者看得更明白。如对产品的特色、性能以及专业术语、技术性知识等所做的解释说明。

背景材料的穿插没有固定位置，在导语、主体、结尾都可以灵活安排，有时可以多处运用，但必须成为经济新闻的有机部分，一般不宜过长。

（六）结尾

结尾是消息的最后部分，但不是必备的部分。作用是收束全篇，深化主题，表现事物的完整性和逻辑的严密性。

五、经济新闻的写作要求

第一，坚持事实说话。
第二，精选新闻报道角度。
第三，表述通俗、简练。

【例文】

汶川：苦耕 30 年红了甜樱桃

编者按：

弹指 12 年，从满目疮痍中走来，如今的汶川，天更蓝，水更绿，老百姓的日子更香甜。汶川的重建，离不开全国人民的同心援助，汶川的新颜，离不开全国人民的携手描绘。

有志者，事竟成。汶川，不忘人民，不负时代，把苦难视为历练，一路披荆斩棘。如今，越来越多带着"汶川"标签的产品，从川西大山深处走向全国，把汶川人的"好日子"展现在全国人民面前。

今天，是党的生日，四川经济日报从一颗"汶川甜樱桃"30 年的变迁中，从灾后重建的发展中，看汶川日新月异的变化和汶川人民在党的一系列富民政策照耀下，过上的甜日子、好日子。

汶川甜樱桃，一张响亮的名片。

新冠疫情暴发初期，多地甜樱桃（即大樱桃、车厘子）价格大幅"跳水"。

而汶川，作为全球最优质甜樱桃主产区之一，这里的甜樱桃，不仅未受疫情太大连累，而且，价格稳得起，市场走得畅，果农卖得欢。

汶川甜樱桃，为何逆势而行，美誉不减？四川经济日报记者一行走进汶川，一探究竟。

"汶川甜樱桃，种了 30 年，汶川，海拔、日照、气候、温差、土质非常适合种甜樱桃，汶川人，也在一次次艰难探索中，在走过的'弯路'上总结出：汶川甜樱桃，要把汶川的阳光、绿色、有机种进去，要把汶川人的勤劳、善良、感恩种进去，走品牌化发展之路，让汶川甜樱桃，跃出山谷、享誉世界、福泽子孙。"四川省阿坝藏族羌族自治州人大常委会副主任、汶川县委书记张通荣说。

汶川甜樱桃的"甜"

岷江，在川西大地蜿蜒穿行，高山峡谷间，有一条流过灞州镇周达村的支流，叫杂谷脑河，河水倒映着两岸山村，倒映着挂满红红点点的甜樱桃树。

河岸边，村民李国文在打着电话往果园走，一位重庆客户订了500斤甜樱桃，天黑前，他和家人要进果园采摘、装箱，并通知快递发出去。"订单每天都有，我们的甜樱桃大家信得过，老客户很多，又有新客户来。"

汶川，地处四川盆地西北部边缘、阿坝藏族羌族自治州东南部、北纬30度到32度之间，巨大的昼夜温差、碱性的无污染土壤，是甜樱桃栽种最适宜区域，与世界优质甜樱桃原产地——美国西北部和加拿大西南部地区的气候极为相似，是世界甜樱桃最优质产区之一，先后荣获"樱桃之乡""甜樱桃基地"称号，质量上乘，且上市期早于北方甜樱桃产区15—20天，极具品质优势和市场竞争力。

灞州镇克枯村，杂谷脑河岸的另一村。因为疫情，今年到果园采摘的游客少了，但家家户户线上线下齐发力，种地人变成了销果商，甜樱桃销量并未减少。克枯村村干部耿玉洪对记者说："村民总体收入与去年持平，未受疫情太多影响。"

汶川甜樱桃，不止"甜"了果农李国文，不止"甜"了克枯村。

今年，汶川县主动出击，搭建平台拓空间、多渠道促销售，全面启动销"樱"战"疫"。搭建"汶川三宝"产业信息服务平台，以可追溯体系为核心，甜樱桃的生产、预售、供应、到货等全流程实现信息化和标准化，共助销甜樱桃25.6万斤。同时，精心组织"2020四川花卉果类生态旅游节分会场暨汶川甜樱桃采摘节"系列活动。此外，通过阿里、抖音、京东等平台预订4万斤，农商邦平台预订4.35万斤，线下门店企业团购预订7万斤。

汶川甜樱桃，种植面积3万余亩，产量约1万吨，覆盖6 000多户果农。多渠道助销下，今年，汶川甜樱桃销售喜报频传：基地现场采摘销售20%，县内市场销售15%，线下商超、企业团购销售15%，帮扶协作及对口支援销售5%，线上电商销售45%。与去年相比，销售收入预计增长5%到10%。

"汶川甜樱桃扛住疫情，价格没出现大波动，非常了不起！"到汶川收购甜樱桃的重庆客商李先生说。

汶川甜樱桃的"苦"

汶川甜樱桃，甜。但栽种的30年间，汶川发展甜樱桃，也尝够了"苦"头。

汶川甜樱桃，1990年从辽宁大连引种试栽。30年产业发展史，是一部汶川人砥砺前行的求索史，一次次风雨间，走得异常艰辛与苦涩。

最早是砍树毁苗之苦。

郭朝秀老人，今年71岁，住克枯村。说起栽种甜樱桃的历史，老人如数家珍。她说，初期，不懂技术，樱桃树"只长个儿不结果"，七八年结不出果，大家就砍树骂树还骂人。老人边说边笑，原来果树也分公母，甜樱桃是雌雄异株，需要公枝与母枝授粉才结果。那时候，人不懂树，砍了当柴烧，可惜啊！

后来又遇上卖不出去、烂在地头之苦。

汶川，作为四川最早栽种甜樱桃的地方之一，果农尝到"甜头"后蜂拥种植，从几百亩到几千亩，至2008年的1.1万亩。面积扩大了，求富心更切，施化肥、打激素，渐成普遍。然而，产量翻了倍，品质却下降，市场不认可，价格下滑严重。

果农李丛学说，他拉到成都去卖，除去开支，跟烂在地里没啥区别。让他更苦的是，他的果子被说成是"没良心的水果"。

汶川甜樱桃，三十年间苦不断：果蝇泛滥之苦、无壁蜂授粉之苦、异常气候之苦，尤其是保卫品质品牌之苦。

吃一次"苦",长一次"智"。

为了"汶川甜樱桃"不再"苦",2016年,从果农到果园,从种植到销售,从田间到政府,汶川打响了甜樱桃种植管理优质化、投入管理绿色化、身份管理品牌化、奖惩管理导向化、销售管理多元化等系列"汶川甜樱桃"品质提升、品牌建设的保卫战。

汶川,在种植技术上:"重间伐、降群体、巧改形、减枝量、压高度、控树冠",如今已成果农们共识,标准化基地一年比一年多。

汶川,在质量保证上:出台"六个史上最严格"农产品质量安全监管制度,乱施化肥、乱打激素自此绝迹,"汶川甜樱桃"重新找回全国市场话语权。

汶川,在品牌建设上:年年打响"品牌保卫战",向以次充好、缺斤少两、以假充真等行为宣战,成为四川品牌危机处置的样本经验。

"汶川甜樱桃",从"苦"走出来,走上了"甜"的路。

汶川甜樱桃的"根"

作为全国仅有的四个羌族聚居县之一,汶川"七山一水二分田",耕地少,坡地多,但汶川人把这方土地当成生命的根。

汶川甜樱桃,用30年耕耘,成就了高质量,守住了品质,赢得了口碑,夯实了根基,"苦"尽甘来。

甜樱桃,扎在这方土地上,成为这方百姓稳定增收的根源。

余跃兵,原本在汶川县城蹬三轮车,后来回乡种果树,成了甜樱桃专家,他说,现在吃穿不愁,还有好车好房。这些变化,全靠政府想着我们。

"今年2月初,疫情刚爆发,县委县政府就开始研判甜樱桃的销售情况,那时甜樱桃还没开花。"汶川县委常委、宣传部部长龙跃说。

县里决定拿出500万元做推广,让"汶川甜樱桃"在消费者心中扎根。有人说费用太多了。县委主要领导做工作说,"要学会算账":几百万营销费是小账,5亿元甜樱桃产业是大账,如果因疫情出现滞销,损失就是上亿元,这才是涉及甜樱桃产业、涉及果农信心的大账。政府可以过紧日子,百姓要过好日子。

汶川,为老百姓算大账。不仅在甜樱桃产业上用心用力,而且在县域南部,基本形成了笋用竹、中药材、茶叶等"六个一万亩"产业格局,在县域北部建成6.8万亩以甜樱桃、脆李子、香杏子"汶川三宝"为主的标准化生产基地。

汶川,为老百姓算长远发展账。全面融入川西北生态示范区建设,做好"生态保护建设、生态产业发展、生态惠民利民"三篇文章,探索民族地区绿色发展之路。"绿色百亿工业园区"建设、岷江流域综合治理、"无忧·花果山"农文旅融合发展基地、"主动健康"小镇、大熊猫栖息地竹旅游区等"绿色经济",可谓亮点纷呈。

汶川,总为老百姓算账。

记者问:"政府出钱出力做推广,表面上看县财政是没收入的,政府的账又怎么算呢?"

"不能只算政府投入的那点钱,如何让老百姓过上好日子,从甜樱桃产业中赚更多钱,这才是硬核道理,要算这个大账。种出甜樱桃的高品质、打响汶川甜樱桃品牌,让汶川甜樱桃走出品牌化道路,这才是汶川甜樱桃长远发展之根。做甜樱桃促销,是为了县域经济发展,但根本上是为了让老百姓富起来,钱袋子鼓起来,不断增强对党和政府的信心,夯实我

们的执政基础。"张通荣说。(四川经济网记者 李银昭 杜静 侯云春 庄媛)

(资料来源:四川经济网,2020年7月1日)

【评析】

这是一篇紧扣时代脉搏的经济题材报道新闻稿,在国家精准扶贫进入决胜阶段,乡村振兴处于战略起步阶段的时代背景下,四川经济网从汶川灾后重建的发展中,把汶川政府不忘人民,不负时代,把苦难视为历练,一路披荆斩棘,帮助人民群众过上"好日子"的成功经验充分展现在全国人民面前,这是一篇有深度、有温度的经济报道。在社会上引起强烈反响,在精准扶贫的关键时期,彰显了主流媒体的声音和正能量,荣获第33届中国经济新闻大赛一等奖。

【技能训练】

一、请就下面的导语判断选择其所属的形式

A. 概述式　　B. 描写式　　C. 提问式　　D. 结论式　　E. 对比式　　F. 评论式
G. 引语式

1. 一只羽毛雪白、红冠竖起、雄赳赳的大公鸡和四只同样漂亮的白母鸡,11月23日代表他们的家族——"北京白鸡",神气十足地通过了家禽专家们的技术鉴定。(　　)

2. 中共中央、国务院同意上海市加快浦东地区的开发,在浦东实行经济、技术开发区和某些经济特区的政策。(　　)

3. 你见过皮和肉都是乌黑的桃子吗?记者近日在地处浙西常山县的高山林区新桥乡采访,目睹了这种奇异的"黑桃皇后"。(　　)

4. 国务院国有资产监督管理委员会纪委书记黄丹日前表示,中央企业在建立现代企业制度过程中,要将反腐倡廉贯穿于企业改制、资产重组、产权交易、资本运营、投资决策、选人用人等关键环节,通过深化改革逐步铲除滋生腐败的土壤和条件。(　　)

5. 每年年底,都是商家促销商品的好机会。各种形式的让利销售便会纷纷登场。但消费者购物要小心,让利的招牌后兴许有诈。(　　)

6. 中国公安部和外交部日前联合公布"中国绿卡"的申请办法。美国洛杉矶很多在中国经商、从事文化和教育事业的华裔人士,对申请中国绿卡都有浓厚兴趣。(　　)

二、分析判断下列标题,指出哪些是虚题,哪些是实题?

1. 广东电子工业领先同行(正题)　　　　　　　　　　　　　　　　　　　(　　)
去年完成工业总产值逾170亿元,居全国第一位(副题)　　　　　　　(　　)
2. 国际金价"跳水"了(眉题)　　　　　　　　　　　　　　　　　　　　(　　)
央行昨再次下调收售价(正题)　　　　　　　　　　　　　　　　　　(　　)
3. 一批游戏机室"游戏"学生(正题)　　　　　　　　　　　　　　　　　(　　)
包吃包住报赊账还可以代家长签字(副题)　　　　　　　　　　　　　(　　)
"求新求快"开发产品 "以变应变"开拓市场(眉题)　　　　　　　　(　　)

三、情境写作

报道班上和学校新近开展的某项活动,写一则动态新闻;或到附近企业、市场、商场采写一篇经济动态新闻。

要求：

1. 选材新颖，写出新角度，力避套语，做到语言凝练、明确；
2. 标题要醒目，至少是双行标题；
3. 导语概括准确，能吸引读者；
4. 主体部分要条理分明，逻辑清晰，内容充实。

第二节　意向书

一、意向书的含义

从我国法律实务来看，意向书可以从广义和狭义两种角度来理解，广义上的意向书存在被认定为合同的可能，而狭义上的意向书则与正式合同严格区分开来。本书讲解的是狭义上的意向书的写作。

狭义上的意向书是指合作双方或多方针对某个项目表达合作设想或愿望的准契约性文书。它为日后进行实质性谈判、签订协议书或合同打下基础，是欲开展合作的第一个文件。

二、意向书的特点

1. 协商性。狭义的意向书不具有法律效力，是双方初步协商的产物，但具有促使双方进一步协商而签订合同的导向作用。
2. 意向性。仅表达合作各方的原则性意向，文字比较灵活，条款也比较有原则性，对实质性的关键问题不像合同那样需做出具体、准确的表述，而只表达原则性的意向。
3. 简略性。只是合作的基本意向，而不是可操作的具体方案，所以内容比较简略。
4. 可变性。在签署意向书后，合作各方仍可协商修改甚至协商放弃原来已签订的条款。

三、意向书的类型

从文体格式分，可分为条款式意向书和书信式意向书。条款式意向书是指类似于合同，采取分条列项写法的意向书。书信式意向书即用信函式文体写作的意向书。

四、意向书的结构写法

1. 标题。标题常见的形式有两种：一种直接写文种"意向书"；另一种由项目名称和文种构成。
2. 正文。正文由导言、主体和结尾三部分构成。

（1）导言。导言一般只写各当事人的单位名称、因何事项进行了协商，以及合作的指导思想，继而用"双方就有关事宜，达成如下意向"的承起语导出主体部分。

（2）主体。主体部分是意向书的重点内容，一般写双方的意图及初步商谈后达成的倾向性认识和比较认同的事项，多采用分条列项的形式写。各项条款之间的界限要清楚。各项条款的内容要相对完整。

（3）结尾。结尾一般应写明"未尽事宜，在签订正式合同时予以补充"一类的语言，以便留有余地。

3. 尾部。尾部写签订意向书各方单位名称、签订时间、通信地址、电子邮箱、电话号码等。

五、意向书写作注意事项

1. 要忠实地表达各方协商的事项。
2. 语言要体现意向书的特点。由于意向书表达的内容比较有原则性、笼统，需要为以后的谈判和正式签订合同留有余地，因而必须注重使用留有余地、富有弹性的语言，切莫把关键问题的条款尤其是数字写得太具体、太准确。
3. 各条款内容要合理合法。

【例文】

联办综合服务公司意向书

××市化工厂（以下简称"甲方"）和×××公司（以下简称"乙方"）于××××年××月×日在×地就创办联营综合服务公司的问题进行了初步协商。为了更合理地利用双方优势，提高经济效益和社会效益，双方在平等互利的基础上达成如下联营意向：

1. 联营综合服务公司在创建之初的生产经营项目主要有两个：一是利用甲方在生产过程中产生的废渣石灰生产煤渣砖；二是代客户运输。
2. 甲方提供运输工具载重车数辆给联营企业，按月收取适当的租用费。乙方提供土地一块给联营企业，按月收取适当的租用费。乙方一并提供综合服务公司所需的生产人员。
3. 联营项目投资总额估计十余万元（包括基建、厂房、设备及流动资金）。甲方投资比例约三成，实现的利润按投资比例分成。
4. 综合服务公司是具有法人资格、实现独立核算、自负盈亏的企业。
5. 双方各派代表若干组成筹建小组，具体负责筹建工作。筹建小组应于明年春完成可行性研究并提交工作方案。
6. 有关具体问题双方在进行可行性研究后进一步协商。
7. 本意向书一式四份，双方各执两份。

甲方（盖章）： 乙方（盖章）：
甲方代表：×××（签名） 乙方代表：×××（签名）
　　　××××年××月××日 　　　××××年××月××日

【评析】

　　这是一份双方联办公司的意向书。标题由项目名称和文种组成。导言部分，写双方单位名称、因何事项进行了"初步协商"和合作的指导思想。由"……达成如下联营意向"引出主体部分。主体部分采用条文式结构，依次写了联营综合服务公司的经营项目、双方的责任、双方投资比例、公司的性质和经济形式、组建筹建小组及意向书份数等内容。本协议书的语言注重使用留有余地的和弹性的语言，比如载重车是"数辆"，土地是"一块"，投资比例约"八成""三成"，各派代表若干等，还有"有关具体问题双方在进行可行性研究后进一步协商"，这些都是颇能体现意向书写作特点的语言。

【技能训练】

　　阅读下列意向书，完成文后问题。

开办快餐食品公司意向书

　　××进出口公司××分公司和××市××公司（以下简称甲方）与××海外贸易公司（以下简称乙方），通过友好协商，双方就在××开设"××快餐食品公司"达成本意向书，内容如下：

　　1. 双方同意合资开办一家快餐食品工厂和餐厅。

　　2. 甲方将负责中国境内的筹备工作，乙方将负责国外的筹备工作。

　　3. 甲方将提供：

　　（1）一座可建成日产10万份左右的快餐食品加工厂的厂房。

　　（2）两到三处繁华地段的可供改建成快餐厅的场所。

　　4. 甲方将向乙方建议不同品种的每份快餐的零售价格。

　　5. 甲方将提供加工快餐所需原料的参考价格，例如肉、鱼、蔬菜等。

　　6. 乙方将在甲方提供的有关资料的基础上提出初步的设计方案和所需设备及价格，以供双方制定可行性报告。

　　7. 双方一致同意在双方认为合适的时候，举行下一次会晤。

　　8. 本意向书，以中英文书就，两种文本具有同等效力，双方各执一份。

甲方：××进出口公司××分公司　　　　乙方：××海外贸易公司
　　　×××（签章）　　　　　　　　　　　×××（签章）

　　　　　　　　　　　　　　　　　　　　××市××公司
　　　　　　　　　　　　　　　　　　　　×××（签章）
　　　　　　　　　　　　　　　　　　　　二〇××年五月四日

问题如下：

1. 甲乙双方"做什么"？

2. 甲乙双方准备"怎么做"？（写出条款序号）

3. 为什么双方仍然要在"认为合适的时候举行下一次会晤"？

4. 从签署看，本文是一则什么意向书？

第三节　协议书

一、协议书的含义

协议书是指国家、政府、政党、团体、企业或个人之间于某一问题经过谈判、协商以后取得的一致意见所达成的书面文件，对签订协议的双方具有约束力。协议书具有合法性、制约性、对等性、一致性等特点。

二、协议书的写法

从内容角度，可以将协议书分成联营协议书、委托协议书、补充协议书、调解协议书和捐赠协议书。协议书一般由标题、开头、正文、签署四个部分组成。

1. 标题。协议书的标题一般标明协议的内容和性质，如《拆迁补偿协议》，有时也会标明当事人、事由和文种如《新华公司关于张渡村拆迁补偿协议》，或只用"协议书"作为标题。

2. 正文。正文包括前言、主体、尾部三部分内容。

（1）前言。写明协议各方的单位名称、个人姓名及立协议人，在一方后面用括号注明"甲方"，另一方后面用括号注明"乙方"。说明签订该协议书的原因、目的、依据，如"因为（为了）……经双方协商，特签订本协议"。

（2）主体。协议书的主体部分写明经双方协商达成一致的内容。如果内容较多且复杂，可分条逐条加以说明。协议书不同于合同，合同有《合同法》规定了应包括的一般条款，协议书的内容则没有法律规定，要依靠当事人协商决定。这既提供了更广阔的空间，又提出了更高的要求，所以必须考虑周全。

（3）尾部。协议书的尾部也是生效标识，写清楚签订协议各方的单位全称、代表姓名、达成协议的时间，如果协议书有中间人或公证人的，也应签名盖章。

【例文】

××职业技术学院与××有限公司战略合作框架协议

甲方：××职业技术学院（以下简称"甲方"）

乙方：××有限公司（以下简称"乙方"）

根据《中华人民共和国合同法》等法规要求，为加强校企合作，经甲、乙双方友好充分协商，共同达成以下战略合作框架协议。

一、合作宗旨

甲、乙双方一致同意在优势互补、平等合作、互惠互利、共同发展的基础上建立发展全面战略合作关系，推动双方在（跨境）电商人才培养和农产品网销技术支持等多方面合作，实现双方优势互补，资源共享，共同发展。

二、合作内容

（一）共同搭建沟通交流平台

1. 甲、乙双方共同成立"校企合作发展"领导小组，由成员双方相关领导及职能部门负责人组成。领导小组下设办公室，指定专门联系人负责双方议定事项落实和日常事务沟通协调。

2. 甲、乙双方建立校企联席会议制度。定期或不定期召开联席会议，互通需求信息，商定合作计划，协调解决问题，推进项目落实。

（二）合作开展专业人才培养

1. 甲方发挥电商专业人才培养优势，定期为乙方的员工开展电子商务国家政策、最新理念、运营实操等培训。

2. 甲方在乙方电商产业园建立校外实训基地。甲方将根据乙方需求，选派优秀师生在电商产业园内企业实习实训或推荐优秀毕业生在乙方就业。

3. 乙方优先向甲方推荐人才培养项目，并做好对接工作。乙方将甲方的电子商务一体化基地作为定点培训教学点，定期组织学员赴杭州学习实训。

4. 甲方对乙方及乙方合作伙伴的人才培训项目实行订单培养和跟踪服务。对于参加培训的就业创业学员，开展精准帮扶，定点项目孵化，助推学员成功，切实提升学员培训实效。

（三）开展农产品网销技术和渠道合作

1. 甲方以电子商务一体化基地为依托，配合乙方的"一县一品"项目，通过市场推广、项目互动、资本联动、渠道共享，更好地服务乙方，提供有效传播平台和销售渠道，帮助企业转型升级。

2. 甲、乙双方围绕人才培养和项目合作，共同组织实施各类冠名的培训、教育、扶贫、沙龙、路演等活动。以讲座、论坛或讨论会等多种形式，促进人员往来和文化交流，深化互利合作关系，推动双方共同发展。

三、合作期限

合作期限为5年，自2017年12月20日至2022年12月19日止。本次合作结束后，双方可根据合作意愿和实际情况续签新的合作协议。

四、安全保密

1. 合作涉及甲、乙双方所有人员均有保守商业秘密和秘密信息的义务。在签订协议、合同和合作过程中知悉的商业秘密和秘密信息，不得向任何第三方泄露或者不正当使用。泄露、披露或者不正当使用该商业秘密和秘密信息给对方造成损失的，应承担赔偿及其他相关法律责任。

2. 本条所说的商业秘密，指不为公众所知悉，能为权利人带来经济效益，具有实用性并且权利人采取过保密措施的技术信息和经营信息，包括合同书、合同附件、客户名单、经营渠道等信息。

3. 本条所说的秘密信息是指甲、乙双方中一方明示要求对方保密的信息。

五、违约处理

1. 凡未按本协议实行即视为违约，未违约方可以单方解除协议，并要求对方赔偿相关项目损失。

2. 本协议如发生争议，双方应积极协商解决，如协商不成，双方均可向原告所在地人民法院提起诉讼。

六、其他方面

1. 在本合作框架协议下，双方及其下属机构，可根据具体需求，另行签订单项合作协议或经济合同，进一步明确合作双方的权利和责任。

2. 本协议双方应共同遵守，未尽事宜由双方协商解决。

3. 本协议自甲、乙双方代表签字盖章后生效。

4. 本协议一式四份，甲、乙双方各执贰份，具有同等法律效力。

甲方（盖章）：　　　　　　　　　　乙方（盖章）：
地址：　　　　　　　　　　　　　　地址：
法定代表：　　　　　　　　　　　　法定代表：
联系人：　　　　　　　　　　　　　联系人：
联系方式：　　　　　　　　　　　　联系方式：
　　20××年××月××日　　　　　　　20××年××月××日

【评析】

这是一份目的明确、内容清晰、结构规范、语言严谨具有高度热情的协议书，前言部分写明协议各方的单位名称、依据、目的，用"甲乙双方经友好充分协商，共同达成以下战略合作框架协议"的承启语引出协议内容，协议内容采用条款式的方式进行写作。落款写清楚了签订协议各方的单位、地址、联系方式、达成协议的时间。

【技能训练】

病文修改：请按照协议书的写作规范，指出下面《租房协议书》存在的毛病，并重新写作一篇规范的租房协议。

租房协议书

经王××（以下简称"甲方"）与李××（以下简称"乙方"）友好协商，乙方同意甲方以一次9 600元人民币一次性租用×××××××路××号××室，租期自2015年6月25日至2015年12月25日止，共6个月，并预交600元人民币作为押金，退房时，如无遗留问题，如数归还。

甲方承诺：

1. 睦邻友好，爱护一切设施和家具、电器。

2. 不增加所租房内住客人数。

3. 所租房屋用于休息居住之用，不用于其他目的。

4. 按期缴纳居住期间所发生的费用。

5. 如协议期满后需再续约，提前一个月向乙方提出。

6. 如有违约，承担协议金额50%的罚款。
7. 中途如要退房，视同违约。

乙方承诺：
1. 保证甲方入住时家具、电器及其他设施的正常使用。
2. 保证甲方居住期间不再将其中的房屋出租给其他人。
3. 如合同期满后不再续约，提前一个月向甲方提出。
4. 承担房管部门要求的取暖费。
5. 如有违约，承担协议金额的50%的罚款。
6. 中途如要退租，视同违约。

附房屋设施：
1. 三组卧室柜，矮柜一个，梳妆台一个，四把椅子，五组转角柜，一个双人床，一个圆桌，小床头柜一个，挂衣架一个。
2. 美的热水器一个，LG窗式空调一个，吸排油烟机一个，煤气灶台一个。
3. 居室每窗一副窗帘。

甲方（签字）：　　　　　　　　　　乙方（签字）：

第四节　招标书　投标书

一、招标书

（一）招标书的含义

招标书又叫招标说明书、招标通告、招标广告、招标通知、招标启事等，是招标者将招标信息和有关事项告知于众，从而招使众多的投资者前来投标，利用投标者之间的竞争性优选投标者的文书。在整个招标过程中，它属于首次使用的公开性文件，也是唯一具有周知性的文件。

（二）招标书的特点

1. 广告性。招标书是一种告知性文件。它一般通过大众传媒公开，也称招标广告。
2. 竞争性。招标书是招标人利用投标者之间的竞争达到优选买主或承包方的目的，从而吸收和利用各种优势于一家的交易行为所形成的书面文件，具有相当的竞争性。
3. 具体性。招标书对征招项目、要求和技术质量指标等内容的表述具有具体性。

（三）招标书的类型

1. 根据内容分类有工程建设招标书、大宗商品交易招标书、选聘企业经营招标书、企业承包招标书、企业租赁招标书、劳务招标书、科研课题招标书、技术引进或转让招标书等。
2. 根据招标过程可分为招标委托书、招标通告、资格预审公告、资格审查结果通知书、投标邀请书、投标须知或投标说明、投标保证金函、评标报告、中标通知书、落标通知书、招标及投标情况报告。

（四）招标书的写法

1. 标题。招标书的标题一般由招标单位名称、招标项目名称和文种组成，或由招标单位名称和文种组成，或直接用招标书。

2. 正文。招标书的正文包括前言、主体和结尾三部分内容。

前言主要写清楚招标依据、原因。

主体部分要翔实交代招标方式（公开招标、内部招标、邀请招标）、招标范围、招标程序、招标内容的具体要求，双方签订合同的原则、招标过程中的权利和义务、组织领导、其他注意事项等内容。

结尾主要写招标单位的名称、地址、法人代表、成文日期并加盖印章以及联系人姓名、电话号码等，必要时可写上开户银行及账号。

（五）招标书写作注意事项

1. 方案和内容必须合法合理。

2. 内容必须真实、具体、严谨，避免发生不必要的纠纷；语言表述要简明、准确，尤其是对技术规格、质量要求的表述应该绝对准确无误。

【例文】

××财经职业学院16、17号学生宿舍招标公告

1. 招标条件

××财经职业学院建设已获上级有关部门批准实施，批准文号为：×发改社会［2014］1234号，项目业主为××财经职业学院，建设资金为财政资金。现对该项目16、17号学生宿舍施工总承包进行国内公开招标。

2. 项目概况与招标范围

工程名称：××财经职业学院建设项目16、17号学生宿舍施工总承包招标（以下简称"本项目"）。

建设地点：××市××路××号

2.1 工程概况

为加强全省财经人才队伍建设，培养满足经济社会发展对高层财经职业人才的需要，经上级有关部门批准，我校将在原校址上对我校部分楼房进行改扩建，并新建部分校舍。本项目建设地点位于××市××路××号，总建筑面积103 183平方米，其中新建校舍总面积95 619平方米，改扩建校舍总建筑面积7 564平方米（包括教学实训及辅助用房5 421平方米、学生食堂及浴室2 143平方米）。本次招标内容为16、17号学生宿舍施工承包，建筑面积为15 024.06平方米。

2.2 招标范围

××财经职业学院建设项目16、17号学生宿舍施工总承包招标，包括但不限于16号及17号学生宿舍红线范围内的建筑、结构、给排水、暖通空调、建筑电气（强电、弱电）、消防、人防、节能、室外总面积、绿化、综合管线、宿舍内外部装修等；具体详见招标人提供分工程量清单。

2.3 计划工期：200日历天

3. 资格要求
3.1 资质条件：须具有在工商行政管理部门注册的独立法人资格，须具备建设行政主管部门核发的房屋建筑工程总承包贰级或壹级资质，或建筑工程施工总承包二级或一级资质，并在人员、设备、资金等方面具备相应的施工能力。
3.2 财务要求：2012—2014年度经审计机构审计的财务报告及财务分析报表。财务状况良好，企业上年度未处于亏损状态。
3.3 业绩要求：2012年以来（合同项目竣工日期为2012年1月1日至今，下同）完成3个或3个以上类似业绩（类似项目指单项合同金额不少于3 000万元且单体建筑面积不少于15 000平方米的公共建筑施工项目，下同），业绩应附证明材料。
3.4 信誉要求：无诉讼及仲裁情况、建设行政主管部门认定的不良行为记录。
3.5 项目经理资格：
3.5.1 建筑工程专业二级以上注册建造师和有效的安全生产考核合格证书，必须为投标人本单位人员（提供有效的劳动合同或社保缴纳证明等证明材料），未担任其他在施建设工程项目的项目经理，且未在××省住房和城乡建设厅关于2015年7月份建筑施工项目经理质量安全违法违规行为的通报名单中。
3.5.2 2012年以来（合同项目竣工日期为2012年1月1日至今）作为项目经理承担过类似项目3个以上（含3个），业绩应附证明材料。
3.5.3 拟配备的项目经理及其项目管理人员在今后投标、施工过程中非建设方同意不得更换，必须长驻施工现场，并不得兼任其他项目的管理人员。
3.6 投标人拟派技术负责人应具有高级工程师及以上职称。
3.7 其他要求：
3.7.1 拟投入项目管理人员及拟配备的项目技术负责人在今后投标、施工过程中非建设方同意不允许作任何更换，必须长驻施工现场，并不得兼任其他项目管理人员，其他人员配备合理，能满足本招标项目要求。
3.7.2 ××省外企业需具备省外企业基本信息登记证或有效期内的备案证。
3.7.3 投标人拟配备的现场专业项目管理人员最低要求如下：项目负责人1人、技术负责人1人，施工员3人、安全员2人、质量员2人、标准员1人、材料员1人、机械员1人、劳务员1人、资料员1人，其中：标准员和劳务员可由其他责任岗位人员兼任，不需提供岗位证，其余人员必须提供岗位证。
3.7.4 投标人还需配备项目副经理1名（具备建设行政主管部颁发国家注册二级及以上建造师（机电工程专业），并提供其有效的劳动合同或社保缴纳证明材料）。
3.7.5 投标人应提供项目所在地检察机关所开具的在公告期至递交投标文件截止日期内的企业法人、法定代表人、项目经理行贿犯罪记录查询函。
3.8 本次招标不接受联合体

4. 资格审查
资格后审。

5. 文件获取

凡有意购买招标文件者，请于2015年9月7日至2015年9月11日，每日9：00至11：00，14：00至17：00，由法人代表或授权委托人携带介绍信、省外企业基本信息登记证或备案证（适用于省外企业）前往××市××路××楼××招标股份有限公司购买招标文件。招标文件每套1 200元，售后不退。图纸、工程量清单不再另行收取费用。

6. 投标文件的递交

6.1 递交投标文件截止时间（申请截止时间，下同）为2015年10月9日09时00分，地点为××省公共资源交易中心二楼第4开标厅。

6.2 逾期送达或者未送达指定地点的投标文件，招标人不予受理。

7. 发布公告的媒体

本次招标公司同时在××省公共资源交易中心网及××省建设工程招标投标监督管理网上发布。

8. 联系方式

招标人：××财经职业学院

招标代理机构：××招标股份有限公司

地址：××市××路××号

联系人：崔×××、郭××

电话：×××××××

传真：×××××××

电子邮件：12234458@QQ.COM

开户银行：××××××银行

账号：××××××××××××××

【评析】

这是招标单位委托招标公司做的一份格式规范、内容翔实的招标书，标题由单位名称、招标项目和文种三部分组成。正文将建设单位的招标条件、工程概况、资格要求、信誉要求、项目经理资格等事项逐条列出，符合项目工程招标书的要求。

二、投标书

（一）投标书的含义

投标书又称"标函"，是投标者为了中标而按照招标书提出的项目、条件和要求，以求实现与招标者订立合同而提供给招标者的承诺文书。写投标书前，一定要对投标项目做周密的调查研究和精确的计算，充分了解市场情况，报价既不要太高也不要太低，既要有一定的竞争力，又要有一定的利润。

（二）投标书的特点

1. 针对性。投标书是按照招标书提出的项目条件、资质和要求而写的，针对性较强。
2. 真实性。投标书对投标项目的分析、对自己的介绍、提供的材料及承诺必须真实有效，不能弄虚作假。
3. 合约性。投标的目的在于求合作，以签署合同为目的。

（三）投标书的类型

1. 按投标人员组成情况：可分为个人投标书、合伙投标书、集体投标书、全员和企业投标书等。
2. 按性质和内容：可分为工程建设投标书、大宗商品交易投标书、选聘企业经营投标书、企业租赁投标书、劳务投标书等。

（四）投标书的结构

投标书通常由标题、正文、附件、落款四部分组成。

1. 标题。可由投标单位的全称和文种组成，如《云南惠丰工程建设有限公司投标函》；也可由项目名称和文种组成，如《承包××财经职业学院学生公寓建设工程投标书》；有时还可以简写为"投标书""标书""标函"。
2. 正文。由前言、主体和投标人声明三部分组成。

（1）前言。简要说明参加投标的态度，投标单位的名称等。

（2）主体。根据招标公告分析企业现状，拟定标的，阐明经营思想，提出方案、措施。包括承诺招标项目的价格及保证条件、投标单位自我介绍。项目的价格及保证条件又可细分为：

- 标价——完成招标项目的总金额及每单位的金额；
- 保证完成的工期——具体时间和总天数；
- 质量保证——可达到的等级和保证质量的有效措施；
- 拟派出的项目负责人与主要技术人员简历、业绩等；
- 投标单位的自我介绍，包括企业的名称、地址、级别、企业的历史、曾经经营过的重大项目、企业的技术力量、企业的设备情况等。

（3）投标人声明。包括投标书的有效期限、履行合同的义务、表示放弃对投标人进一步解释招标文件的要求的权利等。

3. 附件。投标书所附带的有关文件材料，应分别写明各种附件的名称、正本和副本数。
4. 落款。包括署名、日期。投标书发出时间、投标单位名称、地址、电话、邮箱等，方便招标人进行联系。

（五）注意事项

1. 内容必须紧扣招标书的要求。
2. 说明己方优势和特点必须实事求是。
3. 内容要合理合法，尤其对承诺的内容表述要明确、具体、全面、缜密，避免中标后与招标要求不符而发生纠纷。

【例文】

投标函

致：××财经职业学院（招标人名称）

在考察现场并充分研究××财经职业学院建设项目16、17栋学生宿舍施工总承包招标（项目名称及标段）（以下简称"本工程"）施工招标文件的全部内容后，我方兹以：

人民币（大写）：×仟×佰×拾万元，（小写）¥：××××××元的投标价格和按合同约定有权得到的其他金额，并严格按照合同约定，施工、竣工和交付本工程并维修其中的任何缺陷。

如果我方中标，我方保证在××××年××月××日或按照合同约定的开工日期开始本工程的施工，200天（日历日）内竣工，并确保工程质量达到符合国家相关工程施工质量验收规范及标准，保证一次性验收合格标准。我方同意本投标函在招标文件规定的提交投标文件截止时间后，在招标文件规定的投标有效期限届满前对我方具有约束力，且随时准备接受你方发出的中标通知书。

随本投标函一道递交的投标函附录是本标函的组成部分，对我方构成约束力。

随同本投标函递交投标保证金一份，金额为人民币（大写）：××万元（¥：×××元）。

在签署协议书之前，你方的中标通知书连同本投标函，包括投标函附录，对双方具有约束力。

投标人（盖章）：××××工程建设有限公司
法人代表或委托代理人（签字）：×××
日期：20××年××月××日

【评析】

这是一篇工程项目投标书。标题直接采用"投标函"，正文先介绍了工程概况，然后说明了标的、工期、质量等，对招标书作了明确的回答，并做出了承诺，让他人对己方建立信心。除了在语言上有些瑕疵外，这是一份写得比较完整，规范的投标书。

【技能训练】

一、请按照协议书的写作要求，指出下文存在的问题

校企联合办学协议书

甲方：格力电器（中山）有限公司

乙方：湖南省湘阴县第一职业中等专业学校

为满足格力电器（中山）有限公司对专业、技能人才教授需求，经过对湖南省湘阴县第一职业中等专业学校的办学规模、学校素质及前期合作情况的全面考察，甲方决定把乙方作为员工的定向培养基地，乙方承诺定向为甲方培养和输送符合甲方要求的人才。

甲、乙双方本着诚实守信、平等互利的原则，经协商达成以下协议，并共同遵守相关条款。

一、合作总则

实施以素质教育为中心的教学模式，使乙方学校成为甲方公司定向人才提供及员工入公司前培训的场所。双方同意建立校企联合办学关系，甲方在乙方挂牌设立"格力电器（中山）有限公司技能型人才培训基地"，开办"格力班"。

二、定向培养岗位

岗位：甲方所需一线生产技术工人。

三、学制及教学计划

1. 学制为1.5＋0.5＋1教学模式：学生先在乙方学习1.5年，再进入"格力班"学习0.5年后，最后进入甲方实习1年。

2. 教学计划的制定。

（1）学生进入"格力班"前，须按国家职业教育的正规教学课程进行为期1.5年的学习。

（2）学生进入"格力班"后，仍由乙方学校进行管理，须进行为期0.5年的甲方公司安全意识、质量意识及企业文化方面的教育，并结合部分实践课程进行培养。

（3）上述课程由乙方与甲方共同制定教学计划。

（4）乙方还须定期和不定期地到甲方征求用工信息反馈，以不断改进和提高教学，更好地为甲方服务。

四、"格力班"招生

（一）招生要求

1. 按照乙方招生计划正常招收，并具有正式学籍关系的学生。

2. 在乙方已学习了1.5年的工科类三年制学生。

3. 根据甲方的用工要求，经过甲方人员招聘录取的学生。

4. 其他要求：品质优秀、身体健康、吃苦耐劳、爱岗敬业、认同甲方企业文化、责任心强、具备一定专业技能。

5. 经甲方考试、考察，认为符合甲方录用条件。

（二）招生程序

1. 乙方学生在校学习1年后，甲方派人到乙方按招聘程序及要求进行"格力班"学生的录取。

2. 甲方每年在乙方的春、秋季班组织"格力班"的招生，招生人数预计为每班100人，男女比例为9：1（具体人数视招聘录取情况由甲方决定）。

3. 甲方确定录取的人员，在学校完成1.5年的理论课程学习后，由乙方安排进入"格力班"继续学习。

五、学生管理及分配

1. 进入"格力班"的学生，需在"格力班"学习表现较好，各科学习成绩合格，根据甲方用工需求，可进入甲方进行最后1学年的实习，在实习期间实行双重管理。

2. 学生在甲方实习期间，接受甲方的试用和考核，试用后经考核未能达到要求的学生，甲方可直接退回乙方，由乙方另行安排毕业或推荐到其他单位。

3. 新进人员进入甲方实习的前2个月为试用期，试用期根据公司规定发放试用期工资；其他福利待遇及转正后薪酬待遇，根据岗位性质不同参照甲方当时的标准执行。

4. 学生在试用合格，并取得毕业证和相关的资格证书后，甲方予以正式录用并签订劳动合同。

六、各方权利与义务

（一）甲方权利与义务

1. 与乙方共同制定"格力班"学生的教学计划和课程教学大纲。

2. 按照乙方教学计划，结合单位实际情况，安排学生到甲方工厂实习。确定每次实习的内容、安排专人指导实习过程，以培养到企业实习的学生实际操作能力和职业素质。

3. 对实习学生到公司实习的情况进行全面的评价和考核，为学生的实习考核提供依据。

4. 学生到企业就业期间，根据国家劳动法及企业的薪资标准确定具体的工资。

5. 定期关心"格力班"学生的学习和生活情况。

（二）乙方权利与义务

1. 与甲方共同制定"格力班"的专业教学计划和课程教学大纲。

2. 牌匾的制作，并组织授牌仪式。

3. 在学生实习期间委派专人负责实习学生的跟踪管理，参与对学生的实习指导工作。

4. 为了搞好"格力班"的教学，定期组织教师到甲方公司短期学习。

5. 对"格力班"学生在校期间进行管理及考评。

6. 不得对进入"格力班"的学生在甲方确定是否录用前进行其他分配。

7. 负责"格力班"学生的管理和安全，学生在校期间的人身安全等相关责任由乙方全部负责；实习期间，对学生在厂区外发生的意外事故，乙方负责跟踪处理，甲方协助处理。

8. 对甲方未录用而退回的学生进行安置，另行推荐到其他单位。

七、其他约定

1. 商业秘密保守条款：乙方及乙方学生有为甲方保守商业机密的义务，遵守并严格执行甲方制定的所有保密规定。如乙方或学生违反本约定泄露甲方商业秘密，乙方或学生须对甲方因此而产生的损失（包括并不限于直接损失、间接损失、可得利益损失及因此而支付的诉讼费、律师费等）无条件给予赔偿。此赔偿须在甲方向乙方发出书面通知的五日内付清。

2. 乙方只能对与本校正式建立学籍关系的学生根据甲方需求进行定向培养和输送。未经甲方书面委托，不得以甲方名义对外招收社会人员，更不得直接将学生输送到"格力班"。如有违反，一经发现，甲方有权终止本协议，并取消与乙方的招工合作关系；同时，乙方应当支付给甲方违约金 10 000 元。

3. 乙方设立的"格力班"只能独家为甲方培养及输送人员，在甲方未明确不录用该班学生前，一律不得为其他公司输送"格力班"人员。如有违约，一经发现，乙方应按 1 000 元/人的标准向甲方支付违约金。

4. 本协议合作期间，甲、乙双方友好协作，各自产生的费用由各方自行承担，双方互不支付费用。如果合作过程中另有需要对方承担的费用，双方另行协商，签订补充协议确定。

5. 本协议合作期限为 3 年，从 2022 年 7 月 11 日起至 2025 年 7 月 10 日止，合同期满后，经双方协商可续签。

6. 双方如有一方违反本协议约定内容，另一方可随时解除本协议，并不承担任何责任。

7. 履行本协议过程中如发生争议，双方应友好协商解决；协商不成或经二十日仍未达成补充协议的，任何一方均可向甲方所在地人民法院提起诉讼解决。

8. 本协议一式两份，双方各执一份；经双方代表签字、盖章后生效。

甲方（盖章）：　　　　　　　　　　　　乙方（盖章）：
代表（签字）：　　　　　　　　　　　　代表（签字）：
××××年××月××日　　　　　　　　××××年××月××日

二、情境写作

某学校增建两个机房需购置 80 台电脑，向社会公开招标。在其过程中需制作哪些文书？如何拟制？

第五节　催款书

一、催款书的含义

催款书也叫催款单、催款函，是催款单位对超过规定期限尚未交款的单位进行查询和催收的一种文书。

二、催款书的形式

便函式：以信函的形式写作。
表格式：人们在长期实践基础上约定俗成的固定表格，使用时直接填写即可。

三、催款书的作用

1. 查询。催款函可以及时了解对方单位拖欠款的原因，沟通信息，以便采取相应的对策和措施，协调双方的关系。

2. 催收。债权方为了加速资金流动以及合理周转、扩大再生产，会对债务有意或无意拖欠付款的行为采取催款措施。通过催款可以及时追回拖欠款，尽可能避免或减少经济损失。

3. 凭证。如果由于拖欠付款给债权方造成了实际经济损失，催款函又可以起到记载凭证作用，即当催款单位对有关方面提出追查对方的经济责任时，催款函可以作为一种有力的凭证。

四、催款书的写法

催款书的结构一般由标题和编号、催款和欠款单位的名称和账号、催收内容、处理意见、落款五部分组成。

1. 标题和编号。标题可直接写成"催款函"或"催款单"，如果催收的是紧急款项，可在标题前写上"紧急"二字。标题一般要注明编号，以便查询和联系，并且一旦发生了经济纠纷而走上法庭，它也是一份有力的凭证。也有的不用编号。

2. 催款和欠款单位的名称和账号。催款函要清楚、准确地写上双方单位的全称和账号，必要时，要写明催款单位的地址、电话及经办人的姓名，若是银行代办催款的，还必须写明双方开户银行的名称及双方账号名称和账号。

3. 催收内容。这是催款函的主体部分，应清楚、准确、简明地写出双方发生往来的原因、日期、发票号码、欠款的金额及拖欠的情况，以便让受文单位明确情况，及时地交款。

4. 处理意见。催款方在催款函上提出处理办法和意见。这种意见一般都是从以下三个方面予以说明的：

（1）要求欠款户说明拖欠的原因。
（2）重新确定一个付款的期限，希望对方按时如数交付欠款。
（3）再次逾期不归还欠款将采取的罚金或其他措施。

5. 落款。写明催款单位的全称，并加盖公章，然后注明发文日期。

五、催款书写作注意事项

1. 催款方的信息要明确方便欠款方还款，写明催款方的联系人、联系电话、联系地址。
2. 催款的语气，根据催款性质不同：

（1）通知欠款方并告知付款时间将要到或已经到，让对方企业准时付款，是通知性质，催促语气不宜强烈。

（2）欠款方未按时付款或已长时间拖延付款，收款方不仅是通知，更有严重警告的意思，催促语气比前者强烈，催款的内容、时间更为明确。

出于保持催款单位与欠款方的友好合作关系，催款函可以分阶段发出，如第一阶段予以提醒，第二阶段直接催款，第三阶段"最后通牒"。

3. 尾部写明催款方的处理意见。

在催款函尾部可以增加欠款方经催款函提醒，仍不付款，催款方可根据相关规定（如合同约定、银行规定）加收罚金，或是通过法律途径解决付款事宜。

综上，发送催款函的目的是向欠款方催收款项，在书写过程中，催收方必须对催款函上的各项内容表述明确，尤其是欠款时间、欠款金额、催款方的银行账号、最后付款期限等，方便欠款方还款，从而最大限度地保障催款方的合法利益。

有些人可能顾虑到轻易发函是否会得罪甲方，这种顾虑大可不必。函件行文可以客气、理智、合法，不动声色。函件的力量，不在于言辞是否激烈，而在于处理事情是否在理上，分寸把握是否得当。如果企业觉得没有把握，可以聘请专业人士代为拟函。有水准的函件，既能解决问题，又不伤害承包方与发包方的关系。

【例文】

催款通知单

×××厂财务部：

你单位××年××月××日向我厂订购×××，货款计金额×××元，发票号为××××，该货款至今尚未支付给我厂，影响了我厂资金周转。接到本通知后，请即结算，逾期按银行规定加收×%的罚金。如有特殊情况，望及时和我厂财务部×××联系。我厂地址：×××，电话：××××××××。

×××厂财务部（盖章）
××××年××月××日

【评析】

　　这是一份没有催款编号的催款书，标题直接用"催款通知书"，催款内容清楚，行文简洁，直接写明催款的原因、货物订购的日期、发票号码、欠款的金额以及逾期不还的处理意见。

【技能训练】

　　某建设单位超期2年未按照合同的规定结算工程款，施工单位多次去函催要未果，请你再草拟一函为之催要。

第六节　财务情况说明书

一、财务情况说明书的含义和作用

　　财务情况说明书又叫财务分析报告，是财务部门在检查、分析各项财务数据的基础上，概括、提炼、总结撰写的具有说明性和结论性的经济文书。

　　财务情况说明书是用文字叙述的方式，对会计报表及其附注内容进行补充的文字说明，是企业对自身的财务状况和经营成果做出的自我评价，是为了更全面地说明有关财务状况而编制的，具有"七性"即时效性、准确性、简要性、数据性、真实性、时代性和预测性。

二、财务情况说明书的分类

（一）按编写时间划分

　　1. 定期分析情况说明：财务月报、财务季报、财务半年报、财务年报，具体根据管理要求而定。

　　2. 非定期分析情况说明：主要根据企业（公司）的需要编制。

（二）按编写内容划分

　　1. 综合性分析说明：对公司整体运营情况及财务状况的分析评价。

　　2. 专题分析说明：主要针对运营的某一部分，如资金流量及财务状况分析评价。

　　3. 项目分析说明：对某一个独立运作项目的分析。

三、财务情况说明书结构写法

　　财务情况说明书由标题、正文和落款三部分组成。

（一）标题

由"单位名称+时间界限+分析内容"组成，如：

"××××责任有限公司20××年12月财务情况说明书"。

（二）正文

一般来说，财务情况说明书的正文基本包括：提要段、说明段、分析段、评价段和建议段，即通常所说的"五段论"。

1. 提要段。简要概述企业生产经营的基本情况和财务活动情况。也可附带阐述取得的主要成绩和存在的问题。

2. 说明段。主要说明企业运营及财务现状，重点在于关注企业当前运作情况。

3. 分析段。对企业情况进行分析研究，重点应放在对问题的分析上，寻找问题的原因和症结，达到解决问题的目的。

4. 评价段。对企业的经营情况、财务状况、盈利业绩给予公正、客观的评价和预测。

5. 建议段。财务人员对企业经营运作、投资决策的意见和看法。

除以上必须说明的情况外，企业可根据具体的目的和要求有所取舍，适当增加一些具体内容，如企业财务收支情况、税金缴纳情况、各项财产物资变动情况、或有事项、资本结构及其变动情况和计算方法的变更情况等，但并不一定要全部囊括这五部分内容。

（三）落款

落款包括说明单位和成文日期。

四、财务情况说明书写作要求

1. 突出重点。财务情况说明书应该结合当前生产经营的情况和财务管理的具体要求，抓住重点、突出关键进行分析，层层剖析，说明事物的本质，切忌面面俱到，报流水账。

2. 数据确凿。分析所用数据等材料必须真实、具体、可靠，将定量分析与定性分析结合，将历史资料和现实情况结合，将成绩与缺点结合，将主观态度和客观情况结合。

3. 语言简练。语言简练朴实，通俗易懂，使人一看就懂。文章的开头结尾应该简洁明了，不穿靴戴帽，套话连篇。内容层次清楚明了，不用形容词，更不罗列材料、数字，或者泛泛而谈，作冗长解释。

4. 及时报送。财务情况说明书有特定的时效性，应该随同会计报表一起报送，既可以作为会计报表的附件，对报表的数据作恰当的文字说明，起到画龙点睛的作用，又可以作为考核与分析企业一定时期内经营状况的依据。

五、财务情况说明书编写注意事项

1. 开头不要"套话"连篇，落笔太远，要开门见山。不少财务人员在写财务情况说明书时，喜欢用一些现成的套话入题，如："在××精神的鼓舞下""在××领导下""在×××的支持下""在×××的努力下""在××基础上"，这些套话看似神通广大，在任何时候、任何单位、任何分析报告中都行，成了"通配符"，其实可有可无，完全可以避免。

2. 正文不要罗列现象，避免数字文字化。一是不要罗列现象，只见材料不见观点，使人看了不知道要说明什么问题，要分清主次轻重，在分析上下功夫。二是不要用"数字文字化"来代替具体分析，搞数字游戏。

3. 不要把会计报表编制说明写进财务情况说明书。《企业财务会计报告条例》规定，对会计报表的编制基础、编制依据、编制原则和方法及主要项目所做的解释，属于会计报表附注，它是为便于会计报表使用者理解会计报表的内容而附加的对会计报表编制的说明，不应作为财务情况说明书的内容。

4. 不要把财务情况说明书写成经济活动分析报告。在说明书中所表述的生产经营情况只能是概括的，过于详尽就成了经济活动分析。财务情况说明书主要是由财务部门编写，不仅供内部管理需要，而且要满足企业外部特别是投资者和债权人对本企业了解、考核、评价和监督的要求。

5. 财务情况说明书是根据现成的数据资料经过加工整理编写的，应凭数据说话。不要把财务工作总结、工作报告、经验介绍、调查研究、问题探讨等写入财务情况说明书。

【例文】

河化公司季度财务情况说明书

××××年对于河化公司来说是充满商机、极具挑战的一年。由于受国际磷铵价格和海运费上涨以及国内市场需求增长的影响，预期磷铵市场将出现旺销势头；但原材料供应运输紧张、价格上涨和电力不足又严重制约企业生产。如何抓住机遇，把握商机？去年底鹿化公司外部市场环境对企业内部状况进行了充分研究，提出以"管理重严、生产重稳、经营重效、挖潜重实、员工重责、发展重谋"作为××××年度经营工作方针，制订了年度经营计划。经董事会批准，××××年度的经营目标是生产磷铵22万吨，实现销售收入4.13亿元，年度亏损额控制在8 500万元以内。

一季度在股东单位和政府有关部门的支持下，公司董事会正确领导，经营班子积极组织实施，克服了原材料供应紧张及电力不足等困难，狠抓工艺、设备管理，做好平衡调度，想方设法解决原材料供应和电力不足等问题，使生产实现稳产高产。同时抓住国际市场价格上涨机遇，加大产品出口力度，取得了较好的销售收益。一季度共计生产磷铵64 197.55吨，完成年度目标任务的30%；销售磷铵70 806.01万吨，实现销售收入13 280.63万元，完成年度销售收入的32%；经营亏损957.32万元。与上年一季度相比，磷铵产量增长72%，销量增长43%；亏损额下降74.07%。一季度可说是产销两旺，产销率达110%，资金回笼率100%，实现开门红，为全面完成年度经营目标带来了良好开端。下面将有关情况分别分析汇报。

一、一季度经营状况

（一）生产稳定、产量增加、消耗下降

（二）原材料供应紧张、价格上涨

（三）产品销售量及销售收入大幅增长

（四）成本持续下降

二、资产负债及所有者权益变动情况

三、现金流量分析

四、财务指标综合分析

（一）偿债能力分析

1. 长期偿债能力
2. 短期偿债能力

（二）营运能力分析

（三）盈利能力分析

五、其他指标说明

（一）税金缴纳情况

一季度共计缴纳增值税10.62万元，房产税20万元，城建税及教育费附加0.53万元；获取批准出口退税339.52万元，获取批准免抵税款318.78万元，3月底已申报待审批退税款3.53万元；3月末进项税留底税额6.07万元。

（二）工业总产值、期末职工人数及劳动生产率

六、主要管理措施

（一）工业总产值

工业总产值（1990年不变价）17 000万元。

（二）产品产量计划

（三）产品销售计划

（四）财务成果

下半年计划实现销售收入15 997.88万元，预计管理费用支出1 568.61万元、销售费用支出584.17万元、财务费用支出1 248.38万元，预计亏损6 477.94万元。下半年控亏目标为5 900万元，全年亏损控制在13 000万元以内，主要管理措施如下：

一是在去年整顿改革的基础上，进一步开展企业整顿和"三项制度改革"工作，对生产工艺设备、供应、销售、财务等各个环节进行整顿，建立和完善各项管理制度，实现管理流程再造。对部（室）管理岗位重新进行定员、定岗，实行公开竞聘、择优选聘上岗。建立起以岗位工资＋效能工资为主体的激励工资机制，并于今年三月份起实施，效能工资占工资总额的50％，工资与产量、成本、安全环保挂钩，充分调动了员工的积极性。

二是以成本管理为核心，进一步完善经济责任考核制度，对分厂、部室实行经营承包责任制，以加强对分厂成本和部门费用的控制。按照年度经营计划将产量、成本、费用等指标分解至各分厂、部门，并根据各分厂、部门的不同特点制定较为完善的考核办法，员工收入与责任制考核结果挂钩。通过落实责任制，提高了员工的责任心，充分调动了员工的积极性，使生产逐步稳定，产量逐月提高。

三是加强供应环节的管理，对供应部门实行采购费用包干责任制，以降低采购费用。采购材料的质量与效能工资挂钩，使材料质量得到有效保证。并进一步规范了采购程序，提高原材料质量标准，选择信誉好的供应商供货，使材料供应渠道顺畅，满足生产需要。对部分材料实行招标采购或比价采购，选择质量好、价格合理的供货商供货，有效地降低了采购成本。

四是加强销售管理，促进资金回笼，减少财务压力。今年对销售公司实行销售承包责任制，采取费用包干、责任到人的办法进行管理，按资金回笼额的一定比例提取销售费用，销售人员的收入与产品销售额、资金回笼额挂钩，以促进资金回笼。采用款到发货进行销售或仓储销售，确保资金回收。同时利用公司面向东南亚的区位优势，在化肥销售淡季加大产品出口，减少了存货资金占用，加速资金周转。

五是强化生产工艺、设备管理，确保生产长周期运行。从基础工作入手，狠抓落实工艺操作规程和设备维修规程，严格执行岗位八大制度，并建立设备巡检制度，定期进行设备检查，及时消除事故隐患。各分厂与公司签订了安全环保责任状，以加强工作责任心，防止事故发生。为了保证设备正常运行，降低维修费用，我公司组织攻关小组开展进口设备国产化工作，目前已初见成效。

七、存在问题及建议

（一）存在的主要问题

1. 流动金问题。流动资金不足已严重制约了公司的生存和发展，因企业已连续第三年亏损，向银行增加融资借款已极为困难。

2. 资金缺口问题。已多次行文上报政府有关部门，至今未能解决，拖欠施工单位的工程款无力支付，如都通过诉讼解决，对今后的生产经营将构成很大威胁。

3. 工艺、设备管理问题。上半年工艺、设备事故较多，开停车频繁，设备利用率低，无法实现长周期稳定运行，致使产量下降，直接材料成本升高，产品质量不够稳定。

（二）建议

1. 继续抓好流动资金贷款，加强与金融部门联系，拓宽融资渠道。同时抓好中间产品和副产品销售，多渠道回收资金，加快资金回笼。

2. 想方设法落实基建缺口资金，减轻基建债务负担。

3. 抓好债转股和资产缩水工作，争取国家批准债转股和资产缩水，改变资本结构，以减少负债和降低财务费用和折旧等费用负担，减少还贷压力，降低产品成本，使公司的产品能以低成本参与国际竞争。

4. 加强生产管理，加强设备维护工作，提高设备利用率，降低消耗。

5. 进一步加强财务管理，严格控制成本费用支出，增收节支，提高经济效益。

6. 加强质量管理，推行成本否决制度，对不符合质量要求的原材料及中间产品，禁止进入下道工序，严把质量关。不合格产品禁止出厂销售，要以优质产品参与市场竞争，实现优质优价。

7. 开展ISO9001质量认证工作，促进企业标准化的实施，全面提升企业管理水平。

（资料来源：http://www.wenshubang.com/）

【评析】

本例文是典型的"五段论"正文结构模式，提要段明确了××年度工作目标，一季度目标完成情况。说明段从生产、原材料供应、价格、销售量、成本四方面说明了一季度经营状况及资产负债及所有者权益变动情况。对财务指标、纳税情况等进行了综合分析。对取得的成绩进行了详细的评价，找出存在的问题，水到渠成地进行。建议段，提出七个方面的建议。不足之处在于本文"套话"连篇，落笔遥远，如"××××年对于河化公司来说是充满商机、极具挑战的一年"，又如"一季度在股东单位和政府有关部门的支持下，公司董事会正确领导，经营班子积极组织实施，克服了原材料供应紧张及电力不足等困难，狠抓工艺、设备管理，做好平衡调度，想方设法解决原材料供应和电力不足等问题，使生产实现稳产高产；同时抓住国际市场价格上涨机遇，加大产品出口力度，取得了较好的销售收益"，再如"一季度在股东单位和政府有关部门的支持下，公司董事会正确领导，经营班子积极组织实施，克服了原材料供应紧张及电力不足等困难，狠抓工艺、设备管理，做好平衡调度，想方设法解决原材料供应和电力不足等问题，使生产实现稳产高产。同时抓住国际市场价格上涨机遇，加大产品出口力度，取得了较好的销售收益"，这些冗长、烦琐的表达可以直接删除。

【技能训练】

根据所学的《基础会计》的有关知识，拟写一篇财务情况说明书。

【相关知识】

按照《招标投标法》规定，一个完整的招投标程序，必须包括招标、投标、开标、评标、中标和签订书面合同六个环节。

1. 招标。

招标人按照国家有关规定履行项目审批手续、落实资金来源后，依法发布招标公告或招标邀请书，编制并发售招标文件等具体环节。根据项目特点和实际需要，有些招标项目还要委托招标代理机构，组织现场踏勘、进行招标文件的澄清与修改等，由于这些是招投、标活动的起始程序，招标项目条件、招标人资格条件、评标标准和方法、合同主要条款等各项实质性条件和要求都是在招标环节得以确定，因此，对于整个招标投标过程是否合法、科学，能否实现招标目的，具有基础性影响。

2. 投标。

投标是指投标人根据招标文件要求，编制并提交投标文件，响应招标活动。投标人参与竞争并进行一次性投标报价是在投标环节完成的，在投标截止时间结束后，再不能接受新的投标，投标人也不得再更改投标报价及其他性质内容。因此，投标情况确定了竞争格局，是决定投标人能否中标，招标人能否取得预期招标效果的关键。

3. 开标。

开标是招标人按照招标文件确定的时间和地点，邀请所有投标人到场，当众开启投标人提交的投标文件，宣布投标人名称、投标报价及投标文件中其他重要内容。开标最基本的要求是公开，保障所有投标人的知情权，这也是维护各方合法权益的基本条件。

4. 评标。

招标人依法组建评标委员会，依据招标文件规定和要求，对投标文件进行审查、评审和比较，确定中标候选人。评标是审查确定中标人的必经程序。对于依法必须招标的项目，招标人必须根据评标委员会提出的书面评标报告和推荐的中标候选人确定中标人，因此，评标是否合法、规范、公平、公正，对于招标结果具有决定性的作用。

5. 中标。

中标也称定标，即招标人从评标委员会推荐的中标候选人中确定中标人，并向中标人发出中标通知，并同时将中标结果通知所有未中标的投标人。中标既是竞争结果的确定环节，也是发生异议、投诉、举报的环节，有关行政监督部门应当依法进行处理。

6. 签订书面合同。

中标通知书发出后，招标人和中标人应当按照招标文件和中标人的投标文件在规定时间内订立书面合同，中标人按照合同约定履行义务，完成中标项目。

综合练习

一、填空题

1. 新闻导语内容主要是交代与新闻事实有关的几个要素，即5W1H：When（何时）、Where（何地）、_____、What（何事）、_____、How（如何）。
2. 经济新闻具有_____、新、_____、快、活等特点。
3. 一般情况下，经济新闻由标题、_____、导语、_____、结尾等部分构成。
4. 意向书具有_____、_____、_____和可变性四个特点。
5. 从内容角度，协议书可以分成联营协议书、_____、补充协议书、调解协议书和_____五种。
6. 按照《招标投标法》规定，一个完整的招投标程序，必须包括_____、投标、开标、_____、中标和_____六个环节。
7. 投标书的类型按性质和内容可分为：工程建设投标书、_____、选聘企业经营投标书、企业租赁投标书、_____等。
8. 催款书具有查询、_____和凭证的作用。
9. 财务情况说明书的正文基本包括：_____、说明段、分析段、评价段和_____，即通常所说的_____。
10. 财务情况说明书按编写时间划分可分为定期分析情况说明书、_____。
11. 按文体格式分，意向书可以分为_____和_____两类。
12. 招标书又叫招标说明书、_____、招标广告、_____、招标启事等，是招标者将招标信息和有关事项告知于众，从而招使众多的投资者前来投标，利用投标者之间的竞争性优选投标者的文书。
13. 投标书又称_____，是投标者为了中标而按照招标书提出的项目、条件和要求，以求实现与招标者订立合同，而提供给招标者的承诺文书。
14. 催款书具有查询、_____和凭证的作用。
15. 催款函的结构一般由标题和编号、催款和欠款单位的名称和账号、_____、处理意见、落款五部分组成。
16. 催款函形式有_____和表格式。
17. 财务情况说明书具有时效性、_____、_____、数据性、真实性、时代性、_____"七性"。
18. 财务情况说明书又叫_____，是财务部门在检查、分析各项财务数据的基础上概括、提炼、总结撰写的具有_____和_____的经济文书。

二、判断题

1. 招标书是一种启事。　　　　　　　　　　　　　　　　　　　　　（　　）
2. 招标书可用公文式标题。　　　　　　　　　　　　　　　　　　　（　　）
3. 投标书在介绍自己的优势时可以拔高。　　　　　　　　　　　　　（　　）

4. 投标书常用表格文字综合表述。（ ）
5. 意向书可以表现出我方对关键问题的具体要求。（ ）
6. 凡我方需要上级主管部门解决的问题，也可以写入意向书，因为意向书还不是合同。
（ ）
7. 运用留有余地而不具体地表达数量的词语，恰恰是意向书语言准确性的体现。
（ ）
8. 催款函件行文可以客气、理智、合法，不动声色。（ ）
9. 通知欠款方并告知付款时间将要到或已经到，让对方企业准时付款。此文是通知性质，催促语气不宜强烈。（ ）
10. 发送催款函的目的是向欠款方催收款项，在书写过程中，催收方不须对催款函上的各项内容给予明确，尤其是欠款时间、欠款金额、催款方的银行账号、最后付款期限等。
（ ）

三、简答题

1. 简述经济新闻的特点。
2. 简述意向书的特点。
3. 简述协议书与合同的区别。
4. 简述催款书的形式。
5. 请说明财务情况说明书写作要求。
6. 简述财务情况说明书编写注意事项。

四、写作实训题

1. 根据经济新闻的写作要求，为下面这则经济新闻补写标题和导语。

标题：

导语：

《办法》要求主要股东应向××银行和监管部门逐层说明股权结构直至实际控制人、最终受益人，以及其与其他股东的关联关系或一致行动人关系；存在虚假陈述、隐瞒的股东将可能被限制股东权利。《办法》要求银行加强对股东资质的审查，应对主要股东及其控股股东、实际控制人、关联方、一致行动人、最终受益人信息进行核实并掌握其变动情况；未履行穿透审查职责的，要承担相应的法律责任。

《办法》强化了××银行与股东及相关人员的关联交易管理。对主要股东和相关单位、人员的授信业务额度进行限制，要求对单个主体的授信余额不得超过商业银行资本净额的10%；对股东及其相关单位、人员的合计授信余额不得超过商业银行资本净额的15%。同时，明确授信的内涵和外延。明确授信包括贷款（含贸易融资）、票据承兑和贴现、透支、债券投资、特定目的载体投资、开立信用证、保理、担保、贷款承诺，以及其他实质上由××银行或××银行发行的理财产品承担信用风险的业务。

《办法》明确，基金、保险资管计划、信托计划等金融产品可以在证券市场通过公开交易购买××银行股份，但是受同一控制人控制的金融产品合计持有一家××银行股份比例不得超过5%。此外，××银行主要股东不得以其控制的金融产品同时持有同一××银行股份。

（资料来源：《北京青年报》）

2. 下面是一篇病文，请结合意向书学习的知识，指出其存在的问题。

共建合资企业意向书

1. 甲、乙两方愿以合资或合作的形式建立合资企业，定名称为××有限公司，地址在中国××市××街××号。建设期为××年，即从××××年至××××年全部建成。双方签订意向书后，即向各有关上级申请批准，批准的时限为×个月，即××××年××月至××××年××月完成。然后办理合资企业开业申请。

2. 合资公司经营范围：合资公司从事××产品的生产、研究和开发。新产品在中国国内外市场销售，并进行销售后的技术服务。合资公司的生产规模：生产初期年产×××吨；正常生产期年产×××吨。

3. 合资公司为有限责任公司。合资各方按其在注册资本中的出资额比例分配利润、分担亏损和承担风险。

总投资为××万元，其中注册资本为×××万元，贷款为××万元。××部分投资××万元；××部分投资××万元。甲方投资××万元（以工厂现有厂房、水电设施现有设备等折款投入），占注册资本的百分之××。乙方投资××（以折美元投入，购买设备），占注册资本的百分之××。

4. 合资公司所需要的机械设备、原材料等物资，应首先在中国购买，如果中国国内不能满足供应的，可以在国外购买。

5. 合资企业自营出口或委托有关进出口公司代理出口，价格由合资企业定。

6. 合资年限为×年，即××××年××月至××××年××月。

7. 合资企业其他事宜按《中外合资企业法》有关规定执行。

8. 双方在各方上级批准后，再具体协商有关合资事宜。

9. 本意向书生效后，甲、乙双方应认真遵守本意向书的规定。任何一方因不执行本意向书规定的义务，对方有权向违约一方索取赔偿经济损失的权利。

10. 本意向书用中文和××文写成，两种文本具有同等法律效力。

××厂（甲方）	××××公司（乙方）
代表：	代表：
××××年××月××日	××××年××月××日

3. 协议书是契约一种，它和合同一样签订之后能够确定协议双方各自的权利和义务。如经司法部门公证，会受到法律保护，请阅读下面这份赡养协议书，根据所学知识指出其存在的问题。

遗赠赠养协议书

立协议人　　母　亲：田文兰
　　　　　　二女儿：秦　丽

其母田文兰，今年74岁，常年卧床不起，饮食起居全靠二女儿秦丽照顾。为今后田文兰养老送终之事，特立协议：田文兰有房屋两幢，一幢在临街为铺面屋，一幢在郊区为居室，归女儿所有。要求二女儿秦丽每月给其母80元生活费至其母死亡，并将房契交给二女儿秦丽。

立协议人　　　　　　　　　　　　　　　　　　　　　母　亲：田文兰（私章）
　　　　　　　　　　　　　　　　　　　　　　　　　二女儿：秦　丽（私章）

（附注：其母死后大女儿秦美曾因此协议与二女儿秦丽争执不下，后经法院受理此案重新判处，方才了结此事。）

第六章
礼仪文书

情景导入

突出个性　赢得青睐

　　一家广告公司为了扩大业务进行招聘。参加面试的人已经排了长长一队，有位年轻人排在第37位。面对众多的竞争者，他在考虑对策。过了一会儿，他拿出一张纸，认认真真地写了一行字，并找到秘书小姐，恭敬地对她说："小姐，我有一条好建议，请马上把它交给你的老板，这非常重要！"秘书小姐尽职地交给了老板。老板看了纸条后笑了，纸条上写着："先生，我排在队伍的第37位，在你看到我之前，请不要做出决定。"当他与老板面试交谈后，他得到了这份工作。

　　在求职面试中，如果不能给对方留下深刻印象，就很难求职成功。这位年轻人求职中突出了自己的个性，而且正是他的创意，让老板发现了他——广告公司就应该聘用那些善动脑筋、富有创意的人。这位求职者成功地展示了自己的个性和独创精神，从而赢得了老板的青睐，并获得了一份满意的工作。

第一节　求职信　感谢信　慰问信

一、求职信

（一）求职信的概念、特点

　　1. 求职信的概念。求职信是应聘人向用人单位自我推荐、谋求职位的一种专用书信。它是求职人根据自己的条件和求职意向，向可能聘用自己的单位或者个人介绍自己的情况、争取面试机会的一种书信。

2. 求职信的特点。

（1）自荐性。求职者向用人单位介绍自己的实际情况，供用人单位进行研究、比较，从而择优选择和录用。

（2）单向性。一般的书信是个人与个人、个人与组织或组织与组织之间传递信息、互通情报、交流思想情感的工具，而求职信则是单向的，它只是求职者向用人单位介绍自己、表达意愿的工具。

（3）真实性。求职信中所提供的个人材料必须真实可靠，不能弄虚作假。

（二）求职信的结构和写作要求

1. 求职信的结构。求职信一般由标题、称谓、正文、结束语、落款和附件几个部分构成（见表6-1）。正文写作时，首先要进行自我介绍，或直接说明自己求职的目的、获取职位信息的渠道，或说明自己的优势、表达求职愿望。主体部分重点要对个人的基本情况、能力特长进行说明。结尾部分要感谢招聘单位以及招聘者阅读求职信，表明期待尽快得到招聘方回音。

表6-1　　　　　　　　　　　求职信的结构模板

标题		求职信
称谓		尊敬的××（职务或单位）：
正文	开头	个人简介及求职意向
	主体	重点介绍与招聘岗位对口或者相关的专业背景和工作经历； 恰当展示自己的职业素质和特长。
	结尾	表示胜任工作的决心，恳请对方给予机会。
结束语		此致 敬礼
落款		求职者姓名 ××××年××月××日
附件		证明材料（如获奖证书、毕业证书等） 联系方式

2. 求职信的写作要求。

（1）针对性。求职信的写作目的是得到一份工作，所以要针对应聘单位的具体情况，了解对方的具体需求，并将其与自身的条件联系起来，客观分析自己的优势和劣势，有针对性地撰写求职信。

（2）通俗易懂。求职信的写作要考虑阅读者的知识背景，人事主管未必是岗位专业的行家，所以要避免使用专业性过强的表达，以免对方失去阅读兴趣。

（3）态度诚恳。求职信不需要豪言壮语，也不需要使用华丽的词汇，表达出应聘诚意，让对方读起来亲切自然即可。

【例文】

求 职 信

尊敬的×先生/女士：

  您好！

  感谢您在百忙之中浏览我的求职信。

  我是××大学经济管理专业2020届本科毕业生，获悉贵公司正在招聘公司业务部经理，我自信符合应聘条件，写此信应征该岗位。现将个人情况介绍如下：

  我大学毕业后一直在××单位担任××岗位，从事××工作，于2022年8月取得××职称。

  由于业务熟练、上进心强、勇于创新，我取得了良好的业绩，于2021年被评为公司先进工作者，2022年初又被评为总公司先进工作者，但我仍发觉自己有很多不足之处，需要继续努力。

  人总要在不同的环境中磨练自己，多方面、多角度检验自己的才智，实现自己的人生价值。也正因如此，我希望到贵单位工作。

  现随信附上有关证件和材料，望贵公司考虑我的求职请求，给予面试机会。

  此致

敬礼

×××敬上

××××年××月××日

附：

1. 个人简历1份；
2. 学历证书复印件1份；
3. 获奖证书复印件2份。

通信地址：××市××区××路××号

邮编：××××××

联系电话：×××××××××

【评析】

  这封求职信的求职者首先交代了自己获取岗位信息的渠道及个人意愿，其次简要介绍个人基本信息、竞争优势、工作经验和业务水平。最后附上个人简历及相关证书的复印件，留下联系方式。该求职信语言简练，不卑不亢，内容具体，材料较为详尽。

【病例】

求 职 信

亲爱的总经理：

  在您百忙之中，冒昧写信打扰，还请见谅！我见到贵公司的招聘启事，得知贵公司要招聘一名会计，我毕业于××财经大学会计专业，特来应聘。

我的专业是会计，我热爱我的专业。我一直期望毕业后能从事与所学专业相关的职业。在校期间，我学习成绩优良，曾连续三年被评为学院的三好生。我获得了会计从业资格证书，英语通过了国家六级考试，还通过了国家计算机技能考试，能熟练地运用计算机处理各种会计业务。

我很重视社会实践。在毕业前夕，我曾在×××商厦进行了为期五个月的会计实习，积累了一定的会计工作经验。在实践中我受益匪浅，实习期结束时，得到了所在单位领导的肯定和同事的好评。我相信，如果我能在贵公司工作，我一定会奉献上我的所学，向前辈学习，与公司同仁携手，为公司的进一步发展尽心尽力奋斗。

我的简历、学历证书、英语六级证书、计算机技能证书、会计从业资格证书及相关证件、奖状等的复印件随信附上，请查验。如蒙慨允给我一次面试的机会，我将十分感激。热切盼望您的回信！

此致

敬礼！

求职人：×××
2020 年 6 月 10 日

【评析】

这份求职信有四处错误：

1. 称谓中不应该使用"亲爱的"，应该用"尊敬的"。
2. 没有使用问候语。
3. 应该说明是从何途径知道对方的招聘事宜。
4. 没有留下自己的联系方式。

二、感谢信

（一）感谢信的概念、特点

1. 感谢信的概念。感谢信是对某个单位或个人的关心、帮助、支持等表示感谢而写的信。感谢信是一种表示谢意的专用书信，它在表达谢意之外还有表扬的意思。所以这种书信可以直接寄给对方或对方所在单位，也可以张贴到对方单位适宜的公共场所，还可以送到报社刊登或送到电台、电视台等媒体机构播映宣传以示谢意。

2. 感谢信的特点。

（1）确指性。即被感谢者是特定的单位或个人。

（2）事实性。即写感谢信的缘由为已成事实，其时间、地点和事件，都是真实的。

（3）感激性。感谢信中包含着对对方的感激之情。

（二）感谢信的结构和写作要求

1. 感谢信的结构。感谢信的结构一般由标题、称谓、正文、结尾和落款五个部分组成。

（1）标题。在页首居中的位置，直接写上"感谢信"或"致××的感谢信"等字样，字体可稍大。

（2）称谓。在标题下一行顶格写被感谢的单位名称或个人的姓名。

（3）正文。

①要简练地叙述被感谢单位或个人的好品德、好作风及模范事迹。在叙述的过程中一定要把被感谢的人物、时间、地点、原因、结果及事情的经过交代清楚，重点叙述对方的关心、帮助、支持所产生的效果和意义。

②热情地赞颂对方的可贵精神及影响，表达自己对此事的态度和向对方学习的决心。

③表达感激和谢意，如"表示衷心的感谢"等。

（4）结尾。写上致敬等结束语，如"此致敬礼"等。

（5）落款。在结尾下一行的右下方署上单位的名称或个人的姓名，在署名的下方写上发信的日期。

2. 感谢信的写作要求。

（1）内容真实。感谢信的内容必须真实，评誉要恰当，不可夸大溢美。感谢信以感谢为主，兼有表扬，所以表达谢意时要真诚。

（2）用语适度。感谢信的内容以事迹为主，详略得当，篇幅不宜过长，点到为止。感谢信的用语要求精练、简洁，遣词造句要把握好度，不可过分修饰，否则给人一种不真实、虚伪的感觉。

【例文】

感 谢 信

××公司：

　　××月×日下午，我公司业务员××和××到百货商场购买物品，不慎丢失皮包一个，内有人民币五万余元、工作证一个及单位发票单据若干张。在我们焦急寻找之时，贵公司职工××女士主动将捡到的皮包送回了我公司。我们再三感谢并欲赠送纪念品，××女士却说这是她应该做的并一再拒绝接受。她拾金不昧的高尚品德使我公司员工深受感动，纷纷表示要向××女士学习！在此特对贵公司××女士和贵公司诚表谢意，并建议对××女士的高尚行为予以表扬。

　　此致

敬礼

×××公司
20××年××月××日

【评析】

　　这封感谢信篇幅虽短，但内容充实。第一部分简述丢失钱物的时间、地点和心态，其后简述××女士拾金不昧的表现。第二部分颂扬和评价对方的高尚品德，表示向对方学习，在向对方表示深深感谢的同时，还建议对方公司对××给予表扬。全文格式规范，语言简练，感情真挚，值得借鉴。

【病例】

感 谢 信

××市百货公司采批站：

你好！

　　此次我们财会专业六位同学在您站进行毕业实习期间，得到您站全体同志的热情接待和无微不至的关怀。采批站不仅为我们妥善安排了食宿，生活上悉心照顾，在思想素质的提高上更是时时、处处、事事给予我们热情关怀和教导。使我们懂得了许多书本上学不到的知识。使我们在短短一个半月的时间取得很大进步，达到预期的目的。毕业实习马上要结束了，但是我们在这里所看到、学到的一切将永远激励着我们，成为我们今后工作和学习的动力。在这里我们全组同学再次向贵站领导和全体职工表示诚挚的谢意！

　　此致

敬礼

××××年××月××日

【评析】

　　这份感谢信有三处错误：

　　1. 在称谓下不必加问候语。

　　2. 在感谢对方给予的生活照顾和思想素质提高上的关怀后，还应该感谢对方在业务上的指导和严格要求。

　　3. 在落款没有署上感谢的单位名称。

三、慰问信

（一）慰问信的概念和特点

　　1. 慰问信的概念。慰问信是以组织、群众或个人的名义，向有关集体或个人表示慰劳、问候、致意的书信。这一应用文样式被政府机关、各人民团体广泛运用。从慰问信的内容来看，慰问信主要用于以下的三种情况：

　　（1）向在工作中做出突出贡献的集体或个人表示慰问，肯定他们的成绩与贡献，鼓励其戒骄戒躁、继续前进。

　　（2）向由于某种原因而遭到重大损失或困难的集体或个人表示同情和慰问，鼓励他们战胜困难、加倍努力、改变现状。

　　（3）在某些特定的节日来临之际，向有关单位或集体致以节日的问候。

　　慰问信可以直接寄给对方，也可以通过登报或广播、电视等媒体传达。它能够充分体现组织的温暖、集体的热情关怀和同志之间的友谊。

　　2. 慰问信的特点。

　　（1）发文的公开性。慰问信可以直接寄给本人，但大多是以张贴、登报、在电台或电视上播放的形式出现，所以具有公开性。

　　（2）情感的沟通性。无论是对有突出贡献者的慰问还是对遭遇困难者的慰问，情感的沟通是支撑慰问信的一个深层基础。慰问正是通过这种表达赞扬崇敬之情或表达同情关切之意的方式来达成双方的情感交流的。节日的慰问，尤其是为某一群体而设的节日慰问，更是起着相互沟通情感的作用。如"三八妇女节""教师节"等的节日慰问。

（二）慰问信的结构和写作要求

1. 慰问信的结构。慰问信的结构一般由标题、称谓、正文、结尾和落款五个部分组成。

（1）标题。在页首居中的位置，直接写上"感谢信""致××的感谢信"等字样，或是加上慰问一方的名称，如"××省委省政府致××市委市政府的慰问信"。

（2）称谓。在标题下一行顶格写被慰问对象的名称或个人的姓名，要写全称。如果对象多，要一一列举出来；在对象的名称前面可加上合适的敬语以示尊重。若是写给个人的，则可以加上"同志"或"先生"等字样。

（3）正文。

①说明因何事向对方写慰问信，如"值此佳节来临之际"，然后写表示慰问的话语，"特向你们致以亲切的问候"等。

②全面具体地叙述对方的英雄事迹或对方所遭受到的重大损失、困难等，并向对方表示敬佩和慰问。

③结合当前的形势和任务，提出希望或鼓励对方战胜困难。

④表示共同的愿望或决心，接着用一段鼓励或祝愿的话作总结。

（4）结尾。结尾处写上礼节性的问候语，如"祝节日快乐"等。

（5）落款。在结尾下一行的右下方署上单位名称或个人姓名，在署名的下方写上发信的日期。

2. 慰问信的写作要求。慰问信在写作时要向对方表示亲切关怀，使对方有温暖如春的感觉。或者要较全面地概括对方的可贵精神，并提出希望，勉励他们继续努力工作，刻苦奋斗，取得胜利。行文要诚恳、真切，措辞要恰当，篇幅精简短小。

【例文】

致雅安地震灾区的慰问信

中共雅安市委、雅安市人民政府：

4月20日8时02分，雅安市芦山县7.0级地震给雅安市特别是芦山县造成重大人员伤亡和财产损失。灾情传来，凉山人民感同身受，深表关切。在此，中共凉山州委、州人民政府和全州497万各族人民，谨向你们表示诚挚的慰问，向战斗在抗震救灾前线的广大干部群众、医护人员、人民解放军指战员、消防救援人员和公安干警致以崇高的敬意！

雅安、凉山山水相连、人文相通，凉山人民和灾区人民心连心，灾区人民的困难就是我们的困难。州委、州政府派出由40余名消防救援人员、180余名应急民兵、50余名医护人员组成的首批抢险队伍抵达灾区投入救援，紧急调拨1 000顶帐篷起运驰援灾区；500名武警官兵和18支公安民警应急分队完成集结即将奔赴灾区。

我们坚信，在党中央、国务院亲切关怀和省委、省政府坚强领导下，雅安市委、市政府一定能够带领灾区人民，弘扬伟大的抗震救灾精神，众志成城，顽强拼搏，尽快战胜这场重大地震灾害，早日恢复生产，重建美好家园，夺取抗震救灾全面胜利！

凉山州人民政府
××××年××月××日

【评析】

写慰问信的目的在于充分表达慰问之情，但具体写作内容会根据不同对象和不同事迹的特点有所区别。上述例文所针对的对象是雅安市受灾群众，目的在于向受灾群众表示同情和慰问，同时尽自己最大能力去帮助雅安市受灾群众，这封慰问信中的慰问之情溢于言表。

【病例】

慰 问 信

亲爱的全体指战员同志们：

值此佳节来临之际，我们代表全市人民向你们致以亲切的问候和节日祝贺！

在过去的一年里，你们牢记人民军队的宗旨，全心全意为人民服务；继承和发扬光荣的传统，同我市人民鱼水情深，骨肉相连，结下了深厚的情谊。特别是在去年的洪灾中，你们发扬大无畏的精神，同洪水斗争，帮助我们抢险救灾，为国家和集体挽回了不少的损失，保障了人民群众的生命财产安全。你们的英雄事迹在我市人民群众中广为传颂。我们为有你们这样的子弟兵而自豪！

亲爱的同志们，让我们在党中央的领导下，更加紧密地团结起来，心连心，肩并肩，为建设我们伟大的祖国而共同奋斗！

×××市人民政府
××××年××月××日

【评析】

这份慰问信有三处错误：

1. 称谓上不明确，在"全体指战员"前面应该加上"××××部队"。
2. 是在什么节日向对方表示慰问要明确，比如"新春"等。
3. 在结尾时没有使用问候语。

【技能训练】

一、阅读下列这则感谢信，分析并指出问题所在

感 谢 信

××公司总经理：

目前，我们"中美贸易洽谈会"××分团正担忧为赴美选带什么礼品时，时总经理您毅然伸出友谊的手，××公司的姑娘们昼夜加班，赶制出一份丰厚独特的礼品，使我们深深感到，××公司的产品美，礼品更美；××公司的姑娘们手巧，心更美。

让我们再次感谢总经理和××公司姑娘们的支持和诚挚友情。

"中美贸易洽谈会"××分团
2020年4月20日

二、情境写作

设计一个人才招聘会，学生分别模拟招聘方和应聘方进行问答。

第二节　个人简历

一、个人简历的含义和用途

个人简历是求职者客观简要地介绍自己的学习经历、实践或工作经历、能力、个性、业绩等个人基本情况，突出个人特长和特点，以达到求职或应聘目的的文书。简而言之，个人简历是为求职或应聘而准备的个人情况简介。

二、个人简历的特点

1. 真实性。个人简历必须客观真实地叙述个人学习经历、实践或工作经历等情况，任何编造都可能给求职或应聘造成难以预料的后果。

2. 自评性。个人简历需对个人的专业特长做出自评，突出个人特点，讲求毛遂自荐，让用人单位了解自己，以达到求职或应聘的目的。

3. 简要性。简历就是简要、简洁地介绍个人的学习经历等相关情况。

三、个人简历的类型

按写作方式分，个人简历可分为表格式简历、文字式简历和文字表格综合式简历。大学生求职通常选用表格式简历。

四、个人简历的结构和写作要求

1. 个人简历的结构。

（1）标题。个人简历的标题一般有"个人简历""简历"和"求职简历"等写法。

（2）正文。

①基本信息。包括姓名、年龄或出生日期、性别、籍贯、民族、政治面貌、专业、学历、毕业院校、毕业时间和联系方式等。

②教育履历。包括个人从高中阶段至所获最高学历阶段之间的就读学校及专业，需注意前后年月排列的逻辑顺序。

③主要学习课程。主要学习的专业课程或选修课程及成绩。

④社会实践。突出大学阶段的社会实践工作或各种实习经历，如果担任了职务也应写具体。

⑤获奖情况。填写各种获奖项目、等级或名次。

⑥个人能力。主要包括技能证书、特长和个性评价三个方面。介绍要恰如其分，尽可能使你的专长、兴趣、性格与你所谋求的职业特点、要求相吻合。

⑦求职意向。简短清晰，表明本人对哪些岗位、行业感兴趣。

2. 个人简历的写作要求。

（1）内容真实客观，切忌凭空杜撰。

（2）突出亮点，切忌堆砌。多表述自己的优点和特长，并注重适当的自我评价。

（3）针对性强。注重介绍与自己谋求的职位相关的学习课程、专业知识和个人特长。

（4）注意装帧。图文美观，各种证书应附复印件，并附上自己的免冠近照。

【例文】

个人简历的结构及写作示例如表6-2所示。

表6-2　　　　　　　　　　　　　　　个人简历

姓名	×××	性别	男	照片
出生日期	2000.11.1	民族	汉族	
户籍	云南省××市	学历	大学本科	
政治面貌	共青团员	学历	大专	
毕业院校	云南财经职业学院	所学专业	会计	
联系电话	138×××××××	E-mail	×××@qq.com	
通信地址	云南省昆明市龙泉路×××号	邮政编码	×××××	
教育简历	×××年××月××日—×××年××月××日　就读于××市××中学			
	×××年××月××日—×××年××月××日　就读于云南财经职业学院会计专业			
核心课程	会计基础、财经法规……			
实践经历	×××年××月××日—×××年××月××日　任班团支部书记			
	×××年××月××日—×××年××月××日　任××系学生会副主席			
	×××年××月××日—×××年××月××日　在××有限公司实习，从事会计相关工作			
获奖情况	×××年××月××日获学院年度"优秀学生干部"			
	×××年××月××日被评为"优秀社团会员"			
	×××年××月××日校园诗歌征文比赛二等奖			
等级证书	全国计算机一级；英语四级			
求职意向	××公司会计岗位			
个性评价	本人性格开朗、稳重、有活力，待人热情、真诚。对工作认真负责，积极主动，吃苦耐劳，有较强的组织能力、实际动手能力和团队协作精神，能迅速适应各种环境并融入其中。曾多次组织策划学院学生会活动和社团活动，具备一定的组织领导能力；积极参加社会实践活动，在××有限公司进行了为期三个月的实习，锻炼了自己不怕苦不怕累的精神；注重自身道德修养，热心公益事业，多次参加无偿献血、义务劳动及捐款活动。			

【评析】

这份大学生表格式求职简历，介绍了求职者的基本信息，教育简历，在校期间的学习以及自我鉴定等个人情况，不尚空谈而注重以事实说话。结构清晰，信息具体。

【病例】

阅读如表6-3所示的个人简历，并指出其不足之处。

表6-3　　　　　　　　　　　　个人简历

姓名	×××	性别	女	照片
出生日期	2000.11.1	联系方式	137××××1234	
政治面貌	共青团员	学历	大学本科	
家庭住址	××小区2幢2单元			
求职意向	英语助教（实习）			
兴趣爱好	篮球、乒乓球；唱歌；旅游、摄影；古典文学；英语口语			
学业状况	××大学文学与新闻传播学院2019级汉语言文学专业本科三年级			
个人经历	2019年9月—2020年8月： 　1. 文学与新闻传播学院担任学生会体育部干事，期间参与并举办了大大小小40多项比赛活动，个人集体意识大大加强，协调能力也得到很大提升。 　2. 10月，参加了中国红十字基金会举行的"粉红丝带 心系你我——2018'爱的行走'大型公益竞走活动"，此次活动旨在救助贫困乳腺癌患者，关爱女性健康。 　3. 积极参加学校与学院举办的各类活动，如参加院篮球赛，获得女子第三名；参加"文学之夜"大型文艺活动和"五月鲜花"合唱比赛；参加学校冬季长跑比赛，获得第八名等。 在这一年中，个人集体意识和责任感加强，能理智地处理一些矛盾和纠纷，协调交际能力得到提升。参加各种有益活动，积攒了很多宝贵经验。 2020年9月—2021年8月： 　1. ××大学文学与新闻传播学院学生会部长。 　2. 被聘为《双语时代》杂志驻校兼职人员，负责校园信息采集、杂志征订、双语俱乐部活动开展、读者服务等具体工作。 　3. 先后两次到行知农民工小学进行捐赠活动，给孩子们送学习用品和生活用品，并代表班级对一位小女孩进行为期一年的学费捐赠。 入学第二年，除了学习，我的主要精力和时间主要投入了学生会的工作和志愿者活动中。同时，在《双语时代》杂志的实习中，增强了自身的语言沟通、客户服务、组织协调目标管理和执行力。 2021年9月—2022年： 　1. 中国注册志愿者、北京红十字基金会志愿者，多次参加大学生志愿活动。 　2. 在中国移动公司市场营销部门实习两个月，主要负责客户信息的整理、采集和管理，对信息处理有一定经验。			
所获荣誉	1. 全国普通话评定：一级乙等 2. 被评为××大学文学与新闻传播学院2018—2019年度团总支学生会优秀学生干部 3. 被评为××大学文学与新闻传播学院2019—2020年度团总支学生会优秀学生干部			
外语水平	英语六级 可用英语进行简单的沟通，能阅读英文报纸及短篇文章			
电脑操作	计算机二级 熟练使用常用办公软件编辑文档，打字速度快			

续表	
个人评价	我在新东方上过多次培训班，如《新概念3册》、六级高分精讲、听说速成三级精讲精练班等等，对新东方的教学方式和管理有一定了解。我喜欢新东方独特的教学方式，经过几次报班学习，我的英语各方面能力都得到很大的提升，同时更点燃了我对英语学习的热情和激情。 　　在生活中，我乐观开朗；在工作中，我有较强的责任心和交际能力。我有坚持到底的勇气和信心。希望新东方给我这个机会，我会积极工作，服从管理，虚心学习；我会和团队成员一起精诚合作，充分发挥自己的创造力和集体主义精神，出色地完成交给我的任务。

【评析】

　　这份简历存在以下问题：第一，材料组织不当。这是一份求职英语助教的个人简历，但内容并没有着重突出该同学英语方面的能力和兴趣。该同学花了很大篇幅介绍自己参加各种课外活动，但很少涉及个人英语能力，这样的简历从整体来看并不能抓住用人单位的眼球。第二，"外语水平"和"电脑操作"都是技能类，可一并放入"等级证书"中。

【技能测试】

　　请按照简历的写作要求，给自己写一份求职简历。

第三节　邀请函

一、邀请函的含义

　　邀请函是行政机关、企事业单位、社会团体或个人邀请有关人士前往某地参加某项活动或事宜的专用书信。一般多用于集体，很少用于个人。

二、邀请函的特点

1. 确指性。即邀请函的发送对象是特定的单位或个人。
2. 礼仪性。邀请函要求措辞谦敬，表达尊重之意，具有礼仪性。

三、邀请函的结构和写作要求

1. 邀请函的结构。
（1）标题。一般使用"邀请函"三字，有的邀请函也可采用公文式标题。
（2）称谓。即被邀请者（单位或个人）名称。单位要用全称，个人姓名之后可加职称或尊称。
（3）正文。正文一般先简单介绍活动和表达邀请之意，然后分条列出本次活动的相关事宜。文末写"敬请光临""恭候光临"等礼貌用语。

（4）落款。落款注明邀请单位的名称和发出邀请的时间。

2. 邀请函的写作要求。

（1）要有很强的告知性。用极其简练的语言表述重要信息，如邀请人姓名、受邀人姓名、活动内容、准确的活动时间和地点等。

（2）要突出礼仪性文书的特点，一般来说，邀请函要求文辞典雅得体，宜用谦敬、期盼性语言，以表诚邀之意。

【例文】

邀 请 函

尊敬的校友：

　　光阴似箭，岁月如梭。在这世纪的金秋，××大学迎来了百年华诞。承载着每一届校友敦实的足音，母校走过了一个世纪的历程。春华秋实，如今已是桃李芬芳。在母校百年华诞即将到来之际，××大学会计系全体师生员工，感谢您在自己的岗位上为母校争光；感谢您所创造的业绩，为母校树立了良好的公众形象；感谢您无时无刻不心系母校的建设和发展！为此，我们诚挚地邀请您在百忙之中亲历母校百年华诞庆典，新老校友共聚一堂，同庆佳日。

校庆庆典时间：2020年11月16日

校庆庆典地点：××大学城××大学南校区

会计系报到时间及地点：2020年11月16日上午8：00在××大学城××大学南校区理工楼二楼

　　校庆庆典大会后，我系将在南校区理工楼二楼设立接待室，热忱欢迎会计系各届校友返校座谈指导。部分校友因工作单位或住址变更无法收到邀请函，望各位相互转告，期待您的光临。

××大学
2020 年 10 月 10 日

【评析】

　　这是一封校庆邀请函，内容简洁、得体，表述流畅、清楚、准确，使受邀者看后感到愉快和温暖。从格式上看，各部分内容齐备、规范。

【病例】

邀 请 函

吴老师：

　　您好！我班定于12月30日在本班教室举行迎新茶话会，特邀您参加，希望您百忙之中抽出时间，一定到会。谢谢！

　　此致

敬礼

班委会谨邀
2020 年 12 月 28 日

【评析】这份邀请书有三处错误：

1. 删去"您好"，邀请书中不必问候。
2. "12月30日"时间不够具体。
3. "特邀您参加，希望您百忙之中抽出时间，一定到会。谢谢！"应改为"届时敬请光临。"

【技能训练】

一、试指出下面这份邀请函中存在的问题

网聚财富主角
——阿里巴巴年终答谢会邀请函

尊敬的××先生/女士：

过往的一年，我们用心搭建平台，您是我们关注和支持的财富主角。

新年即将来临，我们倾情实现网商大家庭的快乐相聚。为了感谢您一年来对阿里巴巴的大力支持，我们特于20××年1月10日在青岛丽晶大酒店一楼丽晶殿举办20××年度阿里巴巴客户答谢会，届时将有精彩的节目和丰厚的奖品等待着您，期待您的光临。

让我们同叙友谊，共话未来，迎接来年更多的财富，更多的快乐！

阿里巴巴
20××年1月1日

二、情境写作

你是某房产公司的职员，你们公司准备搞一个新楼盘发布会，请你给新闻媒体写一封邀请书，邀请媒体光临你们的发布会。

第四节 启 事

一、启事的概念、特点

1. 启事的概念。启事，就是公开陈述事情。单位或个人将需要向大众公开说明并希望获得关心、理解、支持和协助的事情简写成应用文书。

2. 启事的特点。

（1）公开性。启事通过传媒向社会广泛发布，无秘密可言。

（2）事项单一性。启事的事项要求单一，不掺杂无关的内容。

（3）期望性。启事不是行政公文，没有行政约束力，它只期望得到人们的了解、支持和协助，而不强制读者承担责任和义务。

二、启事的类型

启事的种类很多,根据内容大致可分为12类:找寻启事,招领启事,征集启事,招聘启事,开业、庆典启事,迁址启事,停业启事,遗失、作废启事,征婚启事,征订启事,致歉启事,更正启事等。

三、启事的结构和写作要求

1. 启事的结构。

(1) 标题。启事的标题要醒目,通常在标题中写出事由。如《开业启事》《招聘启事》。有的"启事"前冠单位名称,如《××公司招聘技术员启事》。若事项重要或紧急,可在启事前加"重要"或"紧急"字样,如《××股份公司紧急启事》等。

(2) 正文。正文用明晰、简练的语言说清楚启事的目的、原因、具体事项、要求、联系方式和联系人等。如果内容较多,可分条列项,逐一交代明白。正文部分是体现各种启事不同性质和特点的关键部分,应依据不同启事的内容和要求变通处理,写法不强求一律。

开业启事一般要写明企业性质、宗旨、经营范围及地址、电话等,而且要写上"欢迎惠顾"一类词语。有的开业启事还要写上负责人的姓名,也有的另列上祝贺单位名称。

搬迁启事一般要写清迁移日期、新址、电话以及方便联系的有关事项。

招聘启事和招工启事要写明招聘人员的职别和工种,应具备的条件、报名事项、考场及录用办法,有的还需说明待遇。

征集启事,一般要说明征集目的、有关背景、设计要求、奖励办法及截稿日期。

若希望对方与启事方联系,则需写明联系方式。

(3) 落款。落款处写启事单位名称或个人姓名及日期。如果标题或正文中已写明单位名称,此处可略。以机关、团体、单位名义张贴的启事,一般应加盖公章。

启事的结构如表6-4所示。

表6-4　　　　　　　　　　启事的结构模板

标题	××××启事
正文	写明发布启事的原因
	启事的具体内容
	地址和联系方式
落款	启事者名称(单位或个人) ××××年××月××日

2. 启事的写作要求。

(1) 启事的事由要真实、准确,不能产生歧义。

(2) 行文要简洁明了,不要铺排渲染,以写清事实为准。

(3) 特别注意写明联系人和联系方式,便于咨询。

【例文】

招领启事

　　学校保安于201×年××月××日下午三点半左右在教学楼三楼305教室门口拾到一部手机，请失主到学校门卫室认领。

××学院安保部
××××年××月××日

寻物启事

　　本人于××年××月××日中午12点左右，在龙泉路××学校食堂丢失黑色皮质钱包一个，内有身份证、驾照等重要证件，银行卡一张，现金若干。望好心人捡到能联系归还，必有重谢！

　　联系人：刘先生

　　联系电话：×××××××

××××年××月××日

搬迁启事

　　因业务需要，云南××公司北市区分公司营业厅自2017年1月1日起已由昆明市龙泉路××号搬迁至霖雨路××号，联系电话0871-×××××××。

　　由此给您带来不便，敬请谅解。同时，感谢社会各界和广大客户长期以来对我公司发展的关爱和支持。

云南××公司北市区分公司
××××年××月××日

××公司招聘启事

　　××公司成立于××年，主营装修设计施工、建材销售等业务，现因公司业务发展需要，面向社会诚聘销售管理人员。

　　1. 招聘要求：大专以上学历，市场营销或工商管理类专业，工作认真扎实，具有较强的沟通协调能力和团队协作意识，有责任心，男女不限，学生会干部或班干部优先录取。

　　2. 招聘人数：5人。

　　3. 招聘岗位：销售管理人员。

　　4. 主要职责：销售市场管理，设计产品推销，建材进货与销售，联系房产企业等业务。

　　5. 工资待遇：试用期基本工资××××元/月，试用期6个月。试用期满考核合格，缴纳三险一金，实行基本工资加奖金的薪酬制度。

　　6. 报名方式：打电话报名登记，或直接到本公司××销售部报名。公司将按报名顺序统一组织面试，应聘者可登录××人才网查询招聘信息。

　　7. 报名日期：××年××月××日×点。

8. 面试日期：××年××月××日上午9点（请携带毕业证、身份证、近期一寸免冠照片1张、简历1份参加面试）。

9. 面试地点：××销售部（××路××号）。

联系人：×××

联系电话：×××××××

愿您的加入给我们带来新的活力，我们也将为您提供广阔的发展空间！

××公司
××××年××月××日

【评析】

以上四则启事均具备启事的公开性、事项单一性和期望性特点。各例文标题主旨鲜明，正文内容目的、原因、事项及要求齐全，联系方式清楚。各例文格式规范，文字简洁、明晰，值得借鉴。

【病例】

寻物启事

本人丢失一个书包，请捡到者交上。

包谢

【评析】

这份启事语言简洁，但错误有三处：

1. 书包的大小、样式、颜色、内装何物以及在什么地方丢失的，都应该写清楚。
2. 失主的地址、联系方法应写清楚。
3. 最后应有礼貌用语，如"谢谢"之类的话，不能用"交上"，显得生硬。

【技能训练】

一、下面是一则庆典"启事"，请指出其毛病，并写出修改稿

××大学（19××—20××）百年校庆征文启事

今年10月2日，将是中国近代名校即我校的百年诞生日。

为了迎接百年校庆，百年校庆筹备委员会，恭请全世界凡在北洋大学、天南大学学习和工作过的师生员工回母校活动。同时学校拟编《校史资料集》《优秀论文集》，请各界校友踊跃支持。

热烈欢迎海内外校友为母校的发展贡献力量。

邮政编码：××××××

联系电话：××××××

电子信箱：××××××

二、情境写作

某商场因为内部装修,需要停业一个月,请你写个启事。

第五节 申请书

一、申请书的概念及类型

1. 申请书的概念。申请书是个人、单位、集体因某种需要,向领导或组织表达愿望或提出有关请求事项,要求批准或帮助解决问题的专用书信。

2. 申请书的类型。

(1) 按作者分类,可分为个人申请书和单位、集体公务申请书。

(2) 按解决的事项内容分,可分为入团、入党、开业、建房、领证、承包、贷款、困难补助、调换工作、专利申请、商标注册等申请书。

二、申请书的结构和写作要求

1. 申请书的结构。申请书一般包括标题、称谓、主体和落款四个部分。

(1) 标题。标题有两种写法,一是直接写文种"申请书",另一种是"申请事项+文种",如"入团申请书""调换工作申请书""公租房申请书""开业登记申请书"等,通常用第二种写法。

(2) 称谓。在标题下一行顶格写接收申请书的组织、机关或社会团体的名称或是其领导人的名称(申请书一般不写给个人,所以称谓多为集体或组织的名称),如:"××党支部""××市税务局"等。

(3) 主体。申请书的主体写明申请的事项、申请的理由、申请人的态度三部分内容。

①开头。开门见山、清楚明白地向组织或领导提出申请事项。

②主体。说明申请理由。理由要写得客观、充分,抓住要点、突出重点。同时,应根据申请的事项,向组织或领导提出诚恳的希望和要求。

③结尾。视具体情况而写,可用"特此申请"或"恳请领导帮助解决""希望领导研究批准""如能尽快解决,将不胜感激",也可用"此致""敬礼"等表示希望、感谢、敬意的话结尾。

(4) 落款。在右下角注明申请人姓名或单位名称,写明具体日期。

申请书的结构如表6-5所示。

表6-5　　　　　　　　　　申请书的结构模板

标题	事项+文种
称谓	受文单位

续表

正文	开头	写明申请事项
	主体	写明申请人的基本情况，阐明申请理由及希望、要求
	结尾	恳请领导批准
落款		申请人：××× ××××年××月××日

2. 申请书的写作要求。

（1）应具备申请的三要素，即申请的事情是必要的，申请的条件是符合的，申请的理由是充分的。三者有机结合，缺一不可。

（2）要把申请的事项、理由、意愿、要求和具体情况写清楚，让受文者能透彻地了解，以便加以研究处理。

（3）不要虚夸和杜撰，否则难以得到上级领导的批准。

【例文】

国家奖学金申请书

尊敬的系领导：

你们好！我是×××专业××班学生×××。在这一学年里我始终要求自己保持积极向上的心态，时刻以一个合格甚至优秀的大学生的标准来要求自己，努力使自己成为一个全面发展的大学生。本人认为自己在各方面均符合学院励志奖学金的评选条件，故申请我校奖学金。为使各领导有一个详细的评选参考，现将本人的基本情况介绍如下：

学习情况：在过去的一年里，每次的考试均名列专业前五，平均成绩在90分以上，单科成绩在80分以上，两学期的量化排名均为第一。然而单凭成绩，并不能证明自己是一名当代优秀大学生。因此，我努力参加各种技能活动，旨在提高自己，并取得了一系列的成绩：

1. 在第五届"南方测绘杯"测量比赛中获优秀奖；
2. 在××学院第二届"职业技能竞赛月"获"办公自动化"一等奖；
3. 在××学院第二届"职业技能竞赛月"获"手工制图"三等奖；
4. 在××学院第二届"职业技能竞赛月"获"道路工程制图"三等奖。

生活情况：因为家庭情况的原因，家里给的生活费只能勉强维持自己一个月的花销。因此，上一学年我申请到勤工助学岗位，以补贴一下自己的生活费。然而，随着现在信息化水平的高速发展，接受信息设备较迟的我遇到了非常大的挑战。为此，我利用暑假、寒假打工挣钱，给自己买了一台笔记本电脑，每到空余时间就学习CAD等走上工作岗位能用得上的电脑技术，努力使自己成为一名合格的工程人员。

工作情况：进入大学以来，由于各方面的优势及全班同学师生的肯定，我被大家选为"学习委员"，对此，我深感荣幸，也乐意担当。在工作上，我努力做好同学们跟老师之间的桥梁，加强老师与同学们的交流；带头鼓励大家参加各种"技能活动"，加快每个同学以及全班整体素质的提高。因为，只有当每一个同学的素质提高了，整个班级才能有质的飞跃。

在这一学年中，我在各个方面都取得了巨大的进步，学习成绩和综合素质等方面，也获得了很大的提高，特申请奖学金。在此，我要特别感谢领导的大力支持和老师的辛勤指导，以及同学们在工作和生活上对我的支持和帮助。在今后的日子里，我要以更加严格的标准来要求和激励自己，以求更优异的表现。

以上为本人的基本情况，敬请各位领导审核。
　　此致
敬礼

申请人：×××
××××年××月××日

【评析】
　　这是一个大学生关于国家奖学金的申请书，格式完备，内容完整。申请人通过学习情况、生活情况和工作情况三方面把申请的事情和理由陈述清楚，使读者能够透彻了解申请者的具体情况。但值得注意的是，此类申请书要求申请人如实阐述自己的真实情况，切忌夸大其词，不切实际。

【病例】

申 请 书

　　××文学社：
　　我是本校大一学生×××。我从小酷爱文学，喜欢写作，但收效甚微。为了取得该社的培养和社友们的帮助，特申请加入××文学社，请酌情批准为盼。
　　此致
敬礼

申请人：×××
××××年××月××日

【评析】
　　这份申请书有五处错误：
1. "××文学社"应顶格写。
2. "收效甚微"应改为"提高不显著"。
3. "取得该社"应改为"取得贵社"。
4. "此致"应空两格；"敬礼"应顶格写。
5. "请酌情批准为盼"应改为"望研究批准"。

【技能训练】
　　一、根据下面所提供的材料，写一份财产保全申请书，不明确的内容以"××"表示
　　2011年1月，基建包工头毛××为支付民工工资而向张××借款2万元，口头约定3个

月内偿还。2011年底,张××多次催讨未果,遂于2012年3月20日将毛××告到法院。法院判决毛××偿还所欠借款。但毛××此时已身无分文,连自己的一栋楼房也在诉讼开始时悄悄变卖,张××赢了官司却得不到本该得到的2万元,除了摇头叹息,别无他法。

二、情境写作

某学校团委要举办一次ERP沙盘的比赛,需要场地和相关费用,请你代团委写一份申请书给相关部门。

【相关知识】

辞 职 信

一、辞职信的概念、特点

1. 辞职信的概念。

辞职信是劳动者由于各种原因要中止与用人单位的合同而辞去工作或职务时所写的专用书信。一般来讲应提前30天以书面形式通知用人单位。

2. 辞职信的特点。

(1) 意图明确。写辞职信的目的就是要告知用人单位自己辞职的愿望。除法律、法规另有规定外,无须得到批准,这就决定了辞职信的写作意图应该准确、明白。

(2) 语气委婉。虽然辞职信应该明确表意,但行文语气要委婉,注意礼貌得体。

二、辞职信的结构和写作要求

1. 辞职信的结构。辞职信的结构由标题、称谓、正文、结束语和落款五个部分组成。辞职信开门见山,明确地表明自己的辞职意愿;然后申明理由;最后可根据工作实际表示对现任领导和工作岗位的感激或怀念之情等。

2. 辞职信的写作要求。

(1) 抓住关键点。辞职信一般不会长篇大论,因此在辞职信的开头就应该直接表明自己辞职的意图,并且抓住关键点进行简要的说明解释。

(2) 用词平和。无论是自己决定,还是被要求辞职,撰写辞职信时,措辞切记要适当、平和,千万不要把辞职信当作发泄的工具。

【例文】

辞 职 信

尊敬的领导:

您好!

经过深思熟虑,我决定辞去在公司所担任的职位,因为考虑到目前行业的现状以及我自身的专业水平,我需要重返学校进一步深造,以适应今后的发展。

在此辞呈递交之后2—4周我将离职,这样您将有时间去寻找合适人选,来填补因我离职而造成的空缺,同时我也能够协助您对新人进行入职培训,使他尽快熟悉工作。另外,如果您觉得我在某个时间段内离职比较合适,不妨给我个建议或尽早告知我。

我非常重视我在公司工作的这段经历，也很荣幸自己曾是公司的一员，我确信我在公司里的这段经历将为我今后的发展带来非常大的帮助。再次对您和公司表示感谢！

此致

敬礼

×××

××××年××月××日

【评析】

这封辞职信开门见山提出辞职的事由，合情合理，而且处处体现着为他人着想，并表达了对公司的感谢，符合辞职信的写作要求。

综合练习

一、填空题

1. 求职信是应聘人向用人单位_____、_____的一种专用书信。
2. 求职信的特点有_____、_____、_____。
3. 求职信的结构一般由_____、_____、_____、_____、_____和_____几个部分构成。
4. 我国的《中华人民共和国劳动法》规定，劳动者解除劳动合同时，除法律另有规定外，应提前_____天以书面形式通知用人单位。
   A. 15 B. 30
   C. 60 D. 90
5. 感谢信具有_____、_____和_____三个特点。
6. 慰问信的特点有_____和_____。
7. 个人简历是求职者客观简要地介绍自己的学习经历、实践或工作经历、能力、个性、业绩等个人基本情况，突出个人特长和特点，以达到_____和_____目的的文书。
8. 个人简历具有_____、_____和_____三个特点。
9. 启事具有_____、_____和_____三个特点。
10. 启事通常在标题中写出_____。
11. 申请书是个人、单位、集体因某种需要，向领导或组织表达愿望或提出有关请求事项，要求_____或_____的专用书信。
12. 申请书按作者分类，可分为_____和单位、集体_____。

二、判断题

1. 感谢信的正文可以不简述事迹，不说明效果。（   ）
2. 感谢信的正文可以不颂扬、不评价对方的品德，但要表示向对方学习。（   ）

三、试为自己撰写一份个人简历，要求如下

1. 整理自己在学习方面、工作（含实习和社会实践）方面、技能水平、获奖荣誉等材料；
2. 思考自己感兴趣的工作岗位，尽可能地多了解该岗位的性质和特点；
3. 参加一次招聘会，感受用人单位和求职者双方的不同心态；
4. 与优秀毕业生进行一次求职前的经验分享交流。

四、根据下面内容，请以该学院的名义拟写一份邀请函

×××先生系××大学历史系教授，在中国古代服饰文化方面造诣极高。××××大学设计学院拟于××××年三月九日的校庆活动中，邀请×××先生到该学院××楼多功能厅进行中国古代服饰研究方面的讲座。

五、李先生打算为他上高三的儿子请一个英语家教，请你代李先生写一份招聘启事

六、请根据下列材料，以××市××县×乡中心学校的领导和全体师生的名义给李教授写一封感谢信

李教授一直非常关心农村失学儿童，自2005年以来每年都要给自己的家乡××市××县×乡寄一万元钱，帮助失学儿童重返校园接受教育。至今用于帮助失学儿童的钱款已有十万余元。特别是在今年的3月份，李教授把他出版专著所得的版税收入8.6万元一次性全部捐赠给家乡××市××县×乡的中心学校，用于危房改造。

主要参考文献

1. 许亚非,江芳,梁伟业:《应用文写作》,北京理工大学出版社,2021 年版。
2. 高翔,袁红兰:《应用文写作》,北京理工大学出版社,2021 年版。
3. 王荣珍,张雪,周杰:《大学生常用应用文写作教程》,西南交通大学出版社,2021 年版。
4. 彭海河:《新编经济应用文读写教程》,北京理工大学出版社,2021 年版。
5. 张蓉,王英,田丰:《应用文写作教程》,西南交通大学出版社,2020 年版。
6. 缪临平,朱勇:《高职高专应用文写作教程》,同济大学出版社,2020 年版。
7. 陈建生:《应用文写作》,电子科技大学出版社,2019 年版。
8. 黄靖:《应用文写作基础》,电子科技大学出版社,2018 年版。
9. 郭志宏,李全才,黄思明:《应用文写作》,吉林人民出版社,2018 年版。
10. 王斌,刘焕丰,成卓华:《应用文写作》,吉林人民出版社,2018 年版。
11. 程宁宁:《应用文写作》,北京邮电大学出版社,2017 年版。
12. 陈丽红:《经济应用文写作(第2版)》,北京理工大学出版社,2017 年版。
13. 黄传虎:《应用文写作》,北京邮电大学出版社,2016 年版。
14. 赵荣凤:《应用文写作》,北京理工大学出版社,2016 年版。
15. 徐立瑾:《新编应用文写作教程》,电子科技大学出版社,2016 年版。
16. 陈芳:《财经与管理应用文写作实务》,湖南人民出版社,2016 年版。
17. 由亚萍,陈宏:《应用文写作教程》,清华大学出版社,2015 年版。
18. 周爱荣,游路湘:《财经应用文写作》,中国财政经济出版社,2015 年版。
19. 李晖,李人杰:《应用文写作》,武汉大学出版社,2014 年版。
20. 王德发:《财务报表分析》,中国人民大学出版社,2014 年版。
21. 杨文丰:《高职应用写作》,高等教育出版社,2014 年版。
22. 赵绍全:《财经应用写作》,西南财经大学出版社,2014 年版。
23. 周涛:《财经应用写作》,北京邮电大学出版社,2014 年版。
24. 吕娟霞:《财经应用写作》,上海交通大学出版社,2014 年版。
25. 谭靖仪:《应用文写作》,北京理工大学出版社,2019 年版。
26. 耿云巧:《现代应用文写作》,清华大学出版社,2007 年版。
27. 倪文锦:《语文》,高等教育出版社,2009 年版。

附录

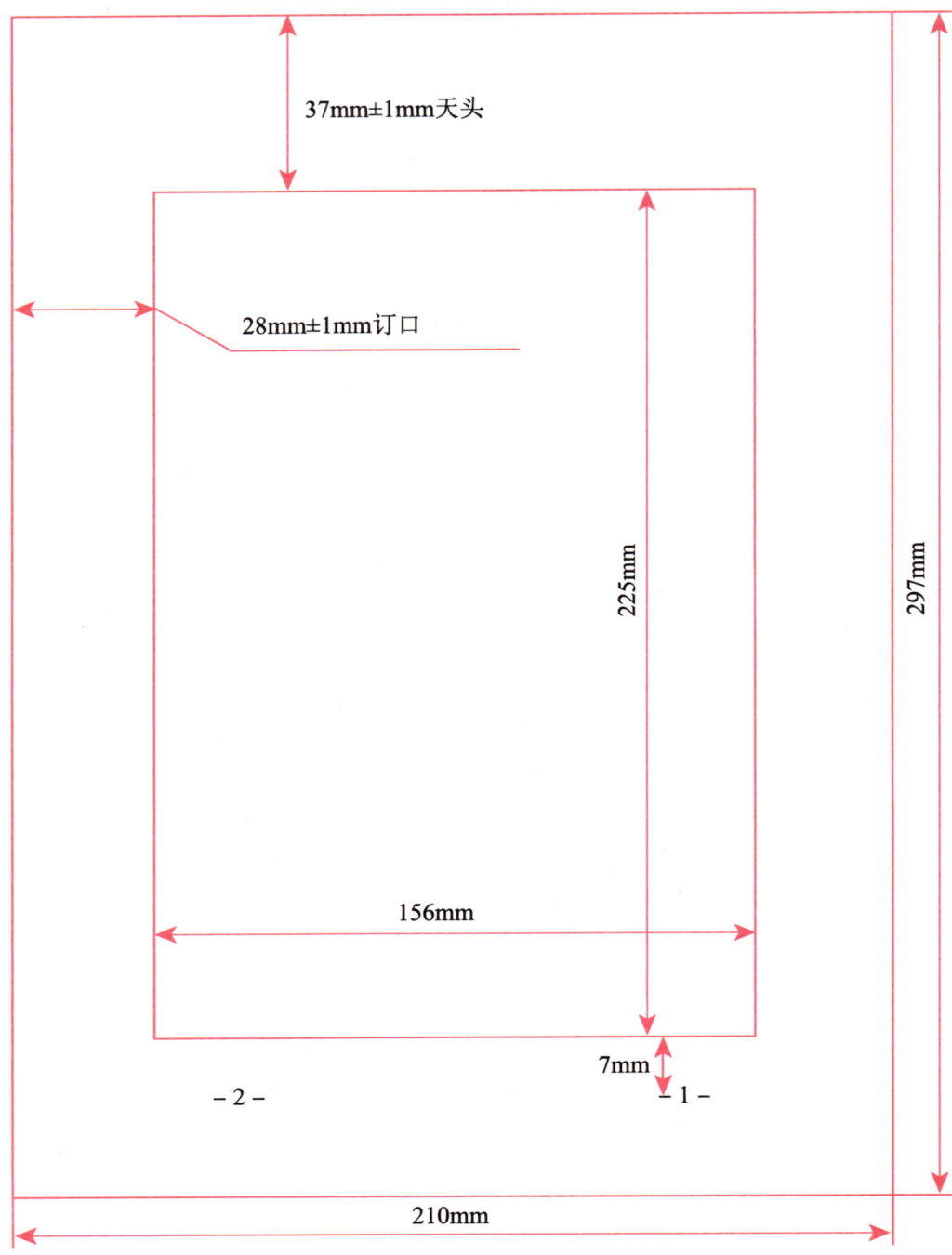

图1　A4型公文用纸页边及版心尺寸

附　录

000001

机密★1年

特急

×××〔××××〕××号

×××××关于××××××的通知

×××××××××：
　　××××××××××××××××××××××××
××××××××××××××××××××××××××
××××××××××××××××××××××××××
××××。
　　××××××××××××××××××××××××
××××××。
　　××××××××××。
　　××××××××。××××××××××××××××
××××××××××××××××××××××××××
×××××××××××××××××××

— 1 —

图2　公文首页版式

注：版心实线框仅为示意，在印制公文时并不印出。

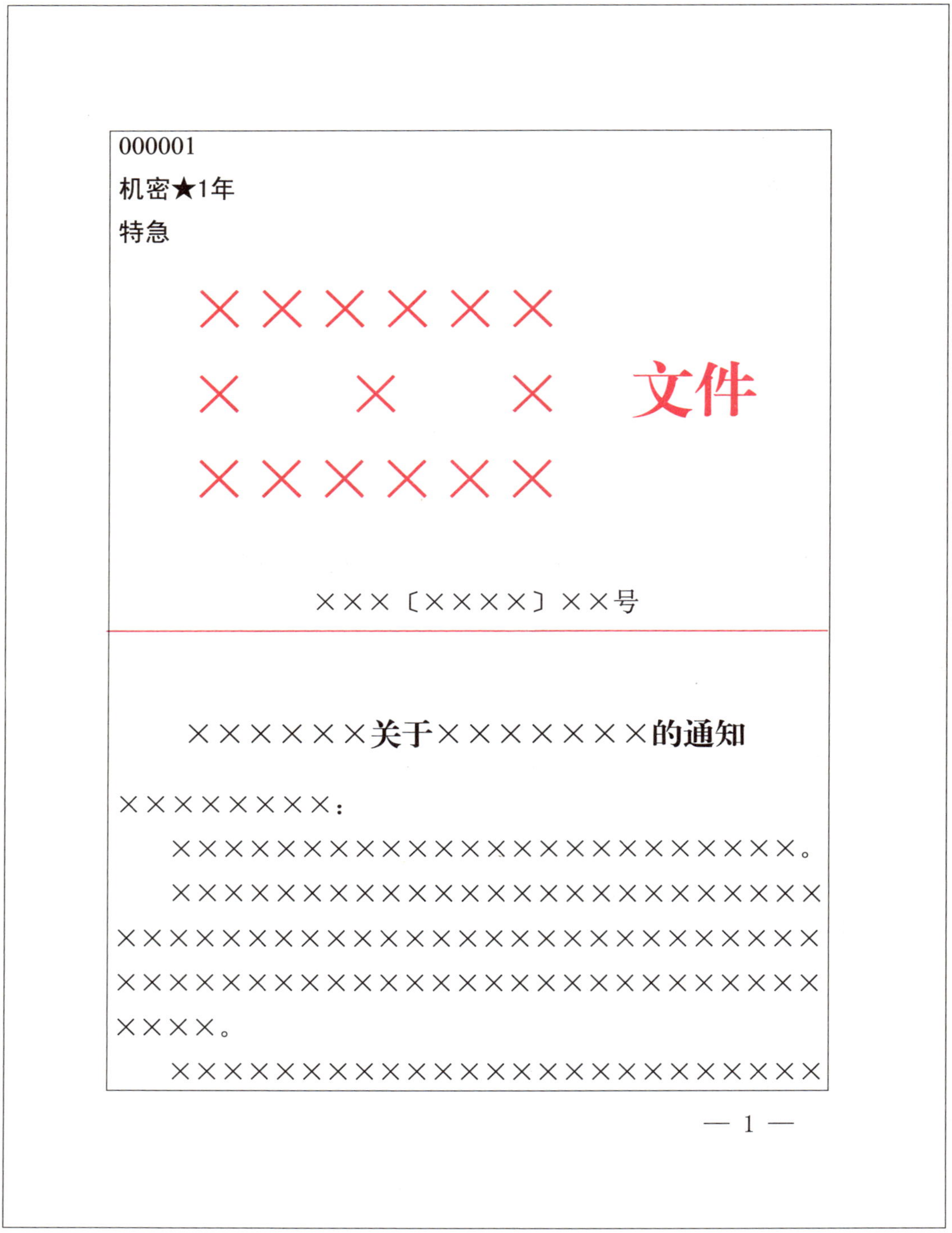

```
000001
机密★1年
特急
```

×××××

× × × **文件**

×××××

×××〔××××〕××号

×××××× 关于××××××的通知

××××××××：

××。

——1——

图3　联合行文公文首页版式1

注：版心实线框仅为示意，在印制公文时并不印出。

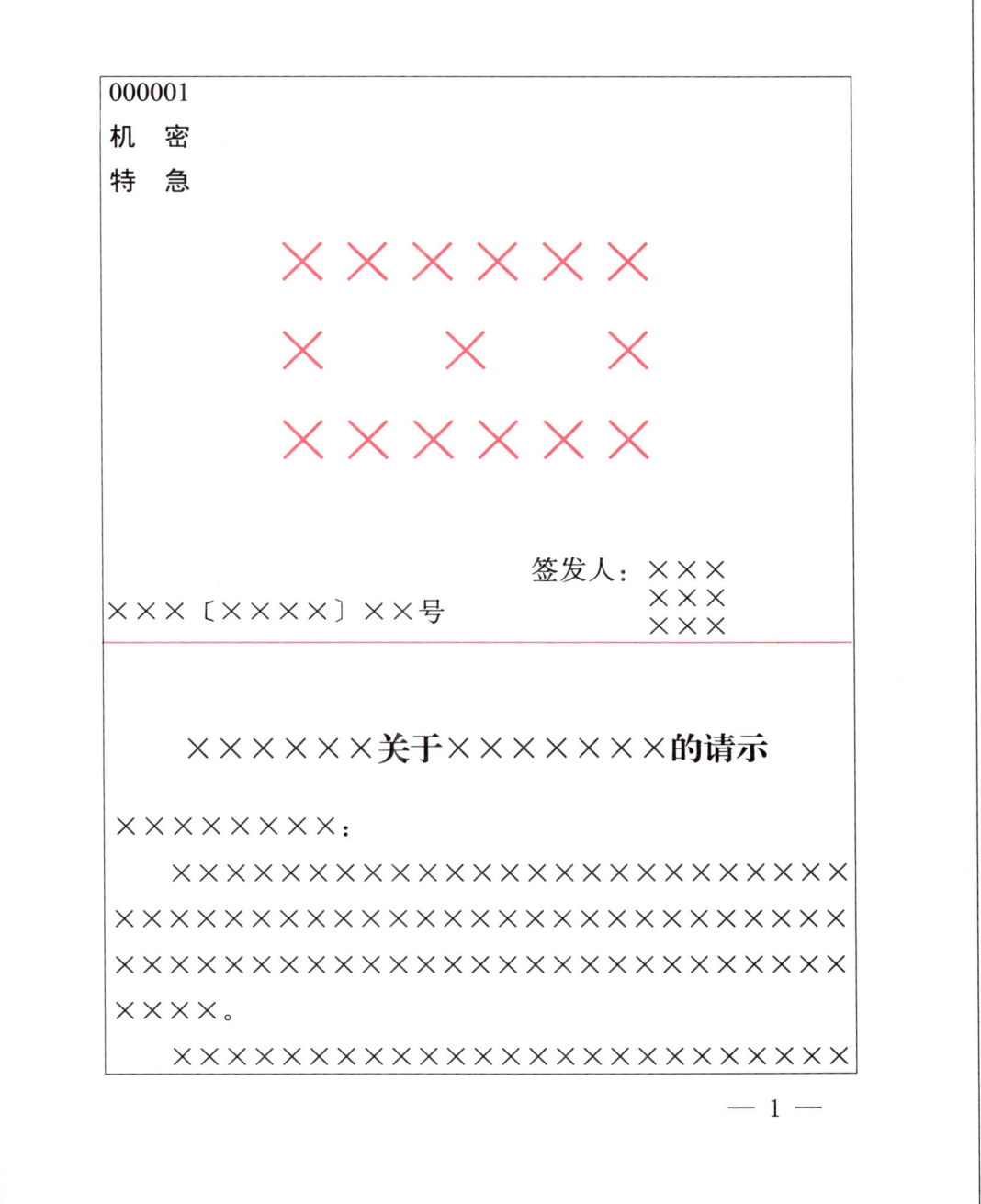

图 4　联合行文公文首页版式 2

注：版心实线框仅为示意，在印制公文时并不印出。

```
××××××××××××××××。
    ××××××××××××××××××××××
××××××××××××××××××××××××
××××××××××。

                            (印章)
                            ××  部
                       ××××年××月××日




（×××××）




抄送：××××××××，××××××，×××××，×××××，
     ×××××。
××××××××                              ××××年××月××日印发
— 2 —
```

图 5　公文末页版式 1

注：版心实线框仅为示意，在印制公文时并不印出。

附　录

```
××××××××××××××。
    ××××××××××××××××××××
××××××××××××××××××××
×××××××。

                    ××××××××××
                ××××年××月××日
（×××××）
```

抄送：××××××××，××××××，×××××，×××××，
　　　×××××。
×××××××××　　　　　　××××年××月××日印发

— 2 —

图 6　公文末页版式 2

注：版心实线框仅为示意，在印制公文时并不印出。

×××××××××××××。
　　××。

　　　　　　　　　　中共中央×××× 中华人民共和国××××
　　　　　　　　　　　××部　　　　　××部
　　　　　　　　　　　　　　××××年××月××日

（×××××）

抄送：××××××××，××××××，×××××，×××××，
　　　×××××。

×××××××× 　　　　　　　　　　××××年××月××日印发

— 2 —

图7　联合行文公文末页版式1

注：版心实线框仅为示意，在印制公文时并不印出。

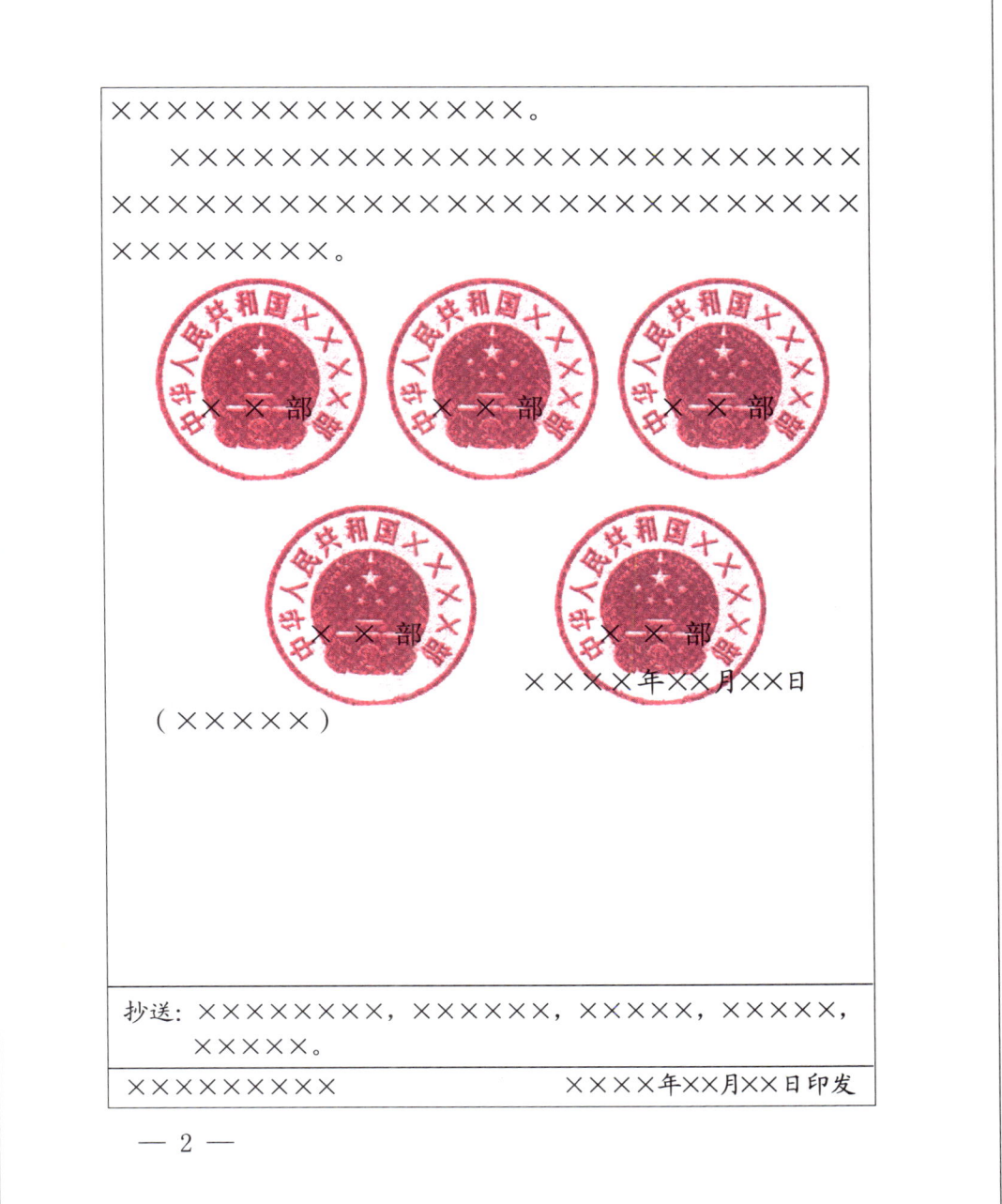

图 8 联合行文公文末页版式 2

注：版心实线框仅为示意，在印制公文时并不印出。

```
    ××××××××××××××。
       ××××××××××××××××××××××
    ××××××××××××××××××××××××
    ××××××××××。
       附件：1.××××××××××××××××××××
            ×××××
          2.×××××××××××
                              ×××××××
                              ×  ×   ×
                           ××××年××月××日
    （×××××）




                      — 2 —
```

图 9　附件说明页版式

注：版心实线框仅为示意，在印制公文时并不印出。

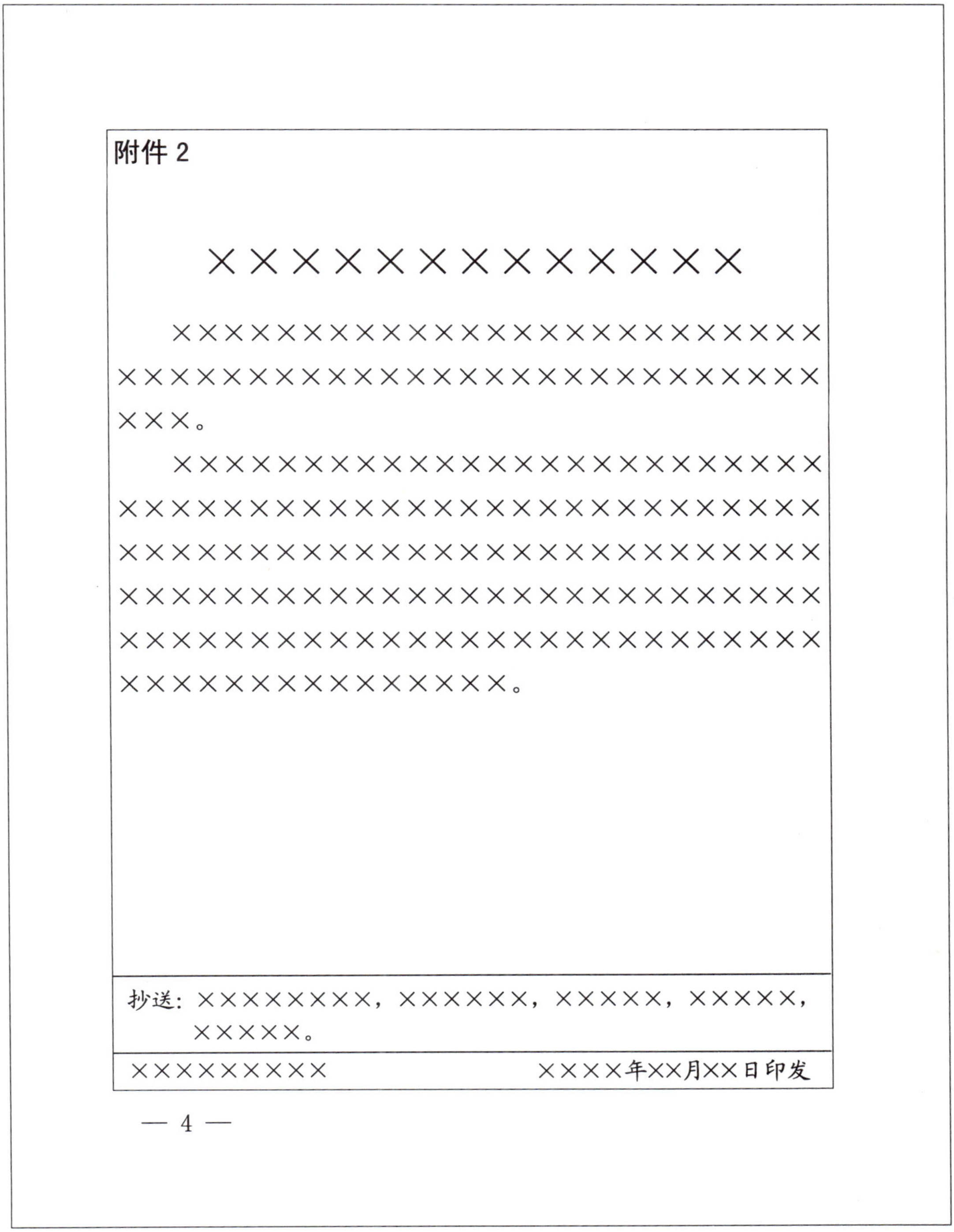

附　录

附件2

×××××××××××

　　××。
　　××。

抄送：××××××××，××××××，×××××，×××××，
　　　××××。

××××××××　　　　　　　××××年××月××日印发

— 4 —

图10　带附件公文末页版式

注：版心实线框仅为示意，在印制公文时并不印出。

中华人民共和国×××××部

000001　　　　　　　　　　×××〔××××〕××号

机　密

特　急

×××××关于×××××××的通知

××××××××：
　　××。
　　××。
　　××。

图11　信函格式首页版式

注：版心实线框仅为示意，在印制公文时并不印出。

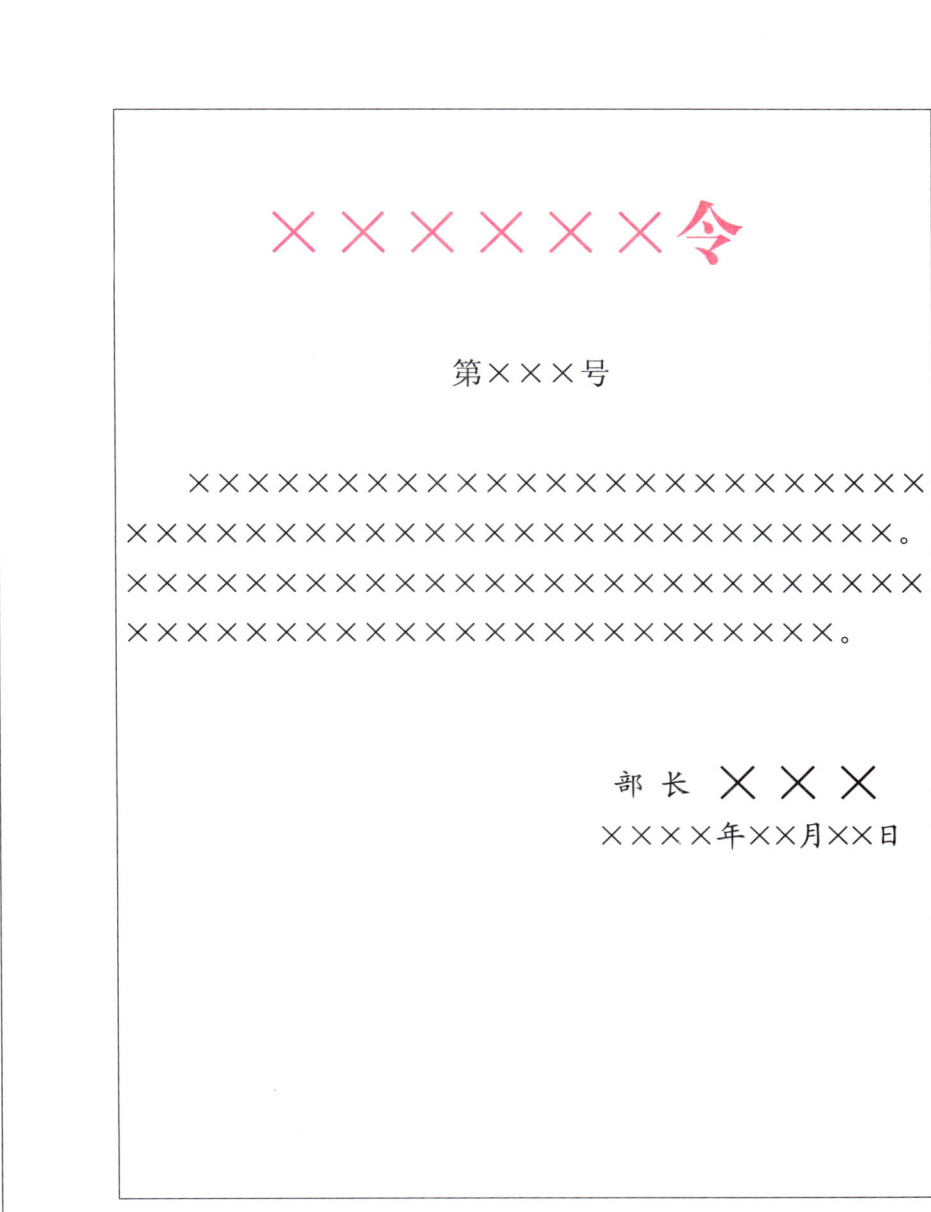

图 12　命令（令）格式首页版式

注：版心实线框仅为示意，在印制公文时并不印出。